普通高等教育“十二五”系列教材（高职高专教育）

工程成本核算与控制

主　编　方忠良
副主编　彭培鑫　麻晓芳
编　写　张　璠　李逸萍
主　审　沈小平

中国电力出版社
CHINA ELECTRIC POWER PRESS

内 容 提 要

本书为普通高等教育“十二五”系列教材（高职高专教育）。全书共分八个项目，主要内容为认知会计基础工作、认知工程成本会计、掌握工程成本的分项核算、掌握工程成本的综合核算、掌握收入、费用和利润的核算、掌握施工企业会计报表的编制、掌握工程成本的控制与分析、掌握附属企业生产成本核算。本书以2006年2月财政部发布的《企业会计准则》和2006年12月颁布的《企业财务通则》等最新法律法规为依据，以国家注册造价师考试内容为指导，结合各位编者的本课程多年教学经验和实践经验，符合培养高职人才的教学要求。本书内容安排采用项目化，以实践为中心，以能力为本位。前有项目要求、项目内容、重点难点、项目引例，中间有案例、单项训练、综合实训题、项目提问，后有项目小结、练习，有利于教学过程“边学边做，学做合一”，“学中做”和“做中学”；有利于加强对学生基本知识的掌握，突出培养学生的实践能力。

本书可作为高职高专院校工程造价专业的教材，也可作为工程管理、会计类专业的教材，还可供在职财会人员、工程管理人员、工程技术人员学习参考。

图书在版编目（CIP）数据

工程成本核算与控制/方忠良主编. —北京：中国电力出版社，2013.1（2024.4 重印）

普通高等教育“十二五”规划教材．高职高专教育

ISBN 978-7-5123-3831-9

Ⅰ.①工… Ⅱ.①方… Ⅲ.①建筑工程-成本计算-高等职业教育-教材②建筑工程-成本管理-高等职业教育-教材 Ⅳ.①TU723.3

中国版本图书馆CIP数据核字（2012）第299989号

中国电力出版社出版、发行

（北京市东城区北京站西街19号 100005 http：//www.cepp.sgcc.com.cn）

北京九州迅驰传媒文化有限公司印刷

各地新华书店经售

*

2013年1月第一版 2024年4月北京第九次印刷

787毫米×1092毫米 16开本 15印张 363千字

定价 **45.00** 元

前　言

建筑业是我国国民经济的支柱产业。随着楼市宏观调控及适应现代企业管理要求，建筑业必须逐步提高经济管理水平。工程成本会计人员随着会计行业的不断改革，也面临着知识更新、人员更替、层次提高的问题。工程成本会计方面的教材数量少，质量也有待提高。

本书内容安排采用项目化，以实践为中心，以能力为本位。前有项目要求、项目内容、重点难点、项目引例，中间有案例、单项训练、综合实训题、项目提问，后有项目小结、练习，有利于教学过程“边学边做，学做合一”，“学中做”和“做中学”；有利于加强对学生基本知识的掌握，突出培养学生的实践能力。

本书以 2006 年 2 月财政部发布的《企业会计准则》和 2006 年 12 月颁布的《企业财务通则》等最新法律法规为依据，以国家注册造价师考试内容为指导，结合各位编者的本课程多年教学经验和实践经验，符合培养高职人才的教学要求。

本书由浙江同济科技职业学院方忠良、徐州建筑职业技术学院彭培鑫、温州职业技术学院麻晓芳、中天建设集团有限公司张璠、长业建设集团有限公司李逸萍编写。由浙江同济科技职业学院沈小平主审。编者中有教学经验丰富的老师，也有实践经验丰富的会计工作者。本书为校企合作开发的教材，提供电子教案和训练题答案。

本书可作为高职高专院校工程造价专业的教材，也可作为工程管理、会计类专业的教材，还可供在职财会人员、工程管理人员、工程技术人员学习参考。

在本书的编写过程中，得到了有关专家和学者的支持和帮助，参考了相关教材的文献资料，在此深表谢意。由于编者水平有限，书中不妥之处，恳请批评指正。

编　者

2012 年 11 月

目　录

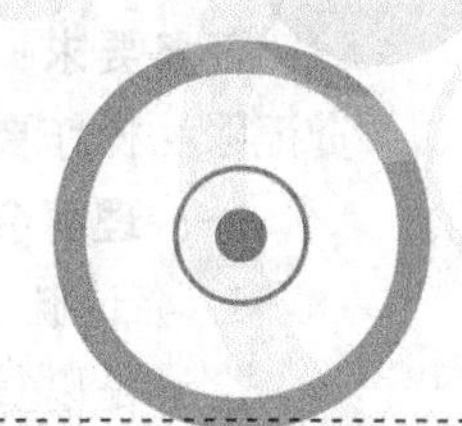

项目一 认知会计基础工作

▶ 项目要求： 通过熟悉借贷记账法、账务处理程序、本项目综合实训三个任务，能认知会计基础工作，掌握会计基本理论与记账技术。

▶ 项目内容： 会计及其职能；会计要素与会计等式；会计科目与账户；借贷记账法基本内容；会计凭证、会计账簿、会计报表及会计核算流程。

▶ 重点难点： 会计要素与会计等式；会计科目与账户；借贷记账法的基本内容及会计处理流程。

▶ 项目引例：

会计信息作为一种“商业语言”，在市场经济中发挥着重要的作用。会计有自身的职能和一系列的方法，有相关的法律、法规对其进行规范。会计向所有人解释着经济生活的运行，大到国家的财政核算，小到企业的财务状况，都是可以通过会计反映出来。

无论作为经理、专业人员或投资者，会计学都是在管理学中学到的最实用的知识之一。如果经营一家公司，就要依靠账目告诉公司是盈利了还是亏损了。如果想购买一家公司的股票，一定会想办法了解这家公司的业绩，其中，最重要的途径是看该公司的财务报告。

学会计对人的发展也很重要。很多叱咤风云的金融、保险、投行人士都有会计背景，很多公司高级管理人员都是学财务学会计出身。这也说明了通过会计专业的学习，你不仅仅是具备做一个会计的技术，还会学到很多会计技术以外的更深层次的东西，会帮助你对公司运作和经济行为的理解。

通过本项目学习，能认知会计工作，掌握基本会计理论与记账技术。

任务一 熟悉借贷记账法

任务要求：理解会计及其职能，熟悉会计要素及其关系，认识会计科目和账户，熟悉借贷记账法操作要点，学会简单经济业务的账务处理。

一、理解会计及其职能

1. 会计概念

会计是以货币为主要计量单位，以凭证为依据，采用专门的技术方法，对一定单位的资金运动进行全面、综合、连续和系统的核算和监督，提供会计信息、参与经营管理以提高经济效益的一种经济管理工作。

会计学则是人们对会计工作规律的认识，或者说是研究会计工作的学问。会计学基础主要阐述会计的基本理论、基本方法和基本技能，它是会计学的入门学科。

2. 会计职能

会计的基本职能是核算和监督，随着社会经济的发展，会计又产生了会计预测、决策、控制、分析与考核等新职能。

会计的基本职能包括会计核算和会计监督两个方面。

会计核算职能是指会计以货币为主要计量单位，对一个单位（特定主体）的经济活动进行记账、算账、报账，为各有关方面提供会计信息的功能。

会计监督职能是指会计人员在进行会计核算的同时，对一个单位经济活动的合法性、合理性进行审核、检查、督促。

会计的核算职能与监督职能是相辅相成、辩证统一的。会计核算是会计监督的基础；会计监督是会计核算的保障。

3. 如何学好

有人给学会计的人提了三条建议：

（1）选择了就要好好学。

（2）不要低估会计专业可以授予你的东西，把握机会，从会计给你打开的窗里看到更大的世界。

（3）任何事情都是联系着的，学会计不可以孤立的学，同时要注意培养自己的经济头脑，分析经济问题的能力，这样才能持久发展。

4. 会计岗位

会计工作岗位一般可分为会计机构负责人或者会计主管人员，出纳，财产物资核算，工资核算，成本费用核算，财务成果核算，资金核算，往来结算，总账报表，稽核，档案管理等。开展管理会计的单位，可以根据需要设置相应工作岗位，也可以与其他工作岗位相结合。

会计工作岗位，可以一人一岗、一人多岗或者一岗多人。但出纳人员不得兼管稽核、会计档案保管和收入、费用、债权债务账目的登记工作。会计人员的工作岗位应当有计划地进行轮换。

二、熟悉会计要素及其关系

会计要素是对会计对象所作的基本分类。企业会计要素分为六类：资产、负债、所有者权益、收入、费用及利润。其中资产、负债和所有者权益是反映财务状况的会计要素，收入、费用和利润是反映经营成果的会计要素。

1. 会计要素

资产是指过去的交易、事项形成的、由企业拥有或者控制、预期会给企业带来经济利益的资源。资产按其流动性质可以分为流动资产和非流动资产两大类。

流动资产是指可以在一年内或者超过一年的一个营业周期内变现或者耗用的资产，包括库存现金及各种存款、应收及预付款项、存货（材料、产品）等。

非流动资产是指凡不符合流动资产条件的资产均为非流动资产，包括长期投资、固定资产、无形资产和其他资产。

负债是指过去的交易、事项形成的、预期会导致经济利益流出企业的现时义务。负债按其流动性质可以分为流动负债和非流动负债两大类。

流动负债是指将在一年或者超过一年的一个营业周期内偿还的债务，包括短期借款，应付账款、应付职工薪酬、应交税费等。

非流动负债是指偿还期在一年或者超过一年的一个营业周期以上的债务，包括长期借款、应付债券、长期应付款等。

所有者权益是指企业的资产扣除负债后由所有者享有的剩余权益。

公司的所有者权益又称为股东权益。所有者权益通常分为以下四个项目：

实收资本是指投资者投入企业的构成注册资本的那部分资金。

资本公积金包括资本（或股本）溢价、外币资本折算差额等。

盈余公积金是指按照国家有关规定从利润中提取的公积金。

未分配利润是企业留于以后年度分配的利润或待分配利润。

收入是指企业在日常活动中形成的，会导致所有者权益增加的、与所有者投入资本无关的经济利益的总流入。按照日常活动在企业所处的地位，收入可分为：

主营业务收入是企业为完成其经营目标而从日常活动中取得的主要收入。如建筑企业的合同收入、工商企业的销售商品收入等。

其他业务收入是从主营业务以外其他日常活动取得的主要收入。如施工企业提供机械作业劳务收入、工商企业的销售材料收入等。

费用是指企业在日常活动中发生的，会导致所有者权益减少的，与向所有者分配利润无关的经济利益的总流出。按照费用与收入的关系，费用可以分为：

营业成本是指所销售商品或提供劳务的成本。营业成本按照其在企业日常活动中所处的地位可以分为主营业务成本和其他业务成本。

期间费用是指费用发生时直接计入当期损益的费用。期间费用包括管理费用、销售费用和财务费用。

利润是企业在一定期间的经营成果。利润包括收入减去费用后的净额；直接计入当期利润的利得和损失。按其构成通常分为营业利润、利润总额、净利润三个项目。

2. 会计等式

会计等式是指反映会计要素数量关系的等式。会计等式有下列表示方式。

(1) 资产＝负债＋所有者权益

这是会计基本等式。企业的资产来源于所有者的投入资本和债权人的借入资金及其在生产经营中所产生的效益，分别归属于所有者和债权人。归属于所有者的部分形成所有者权益；归属于债权人的部分形成债权人权益（即企业的负债）。资产来源于权益（包括所有者权益和债权人权益），资产与权益必然相等。

资产与权益的恒等关系是设置账户、试算平衡、复式记账的理论基础，也是企业编制资产负债表的依据。

（2）收入－费用＝利润

这个等式反映了收入、费用和利润之间的关系，是企业编制利润表的基础。在实际工作中，收入减去费用，还要再进行调整，才等于利润。

（3）资产＝负债＋所有者权益＋收入－费用

这是会计综合等式。它标明会计主体的财务状况与经营成果之间的联系。企业的经营成果最终会影响企业的财务状况。

企业发生的经济业务，会引起会计等式中各个会计要素的增减变动，但不会破坏会计基本等式的平衡。

【例 1-1】 某厂刚成立，假定 8 月初有银行存款 2 000 000 元，短期借款 200 000 元，实收资本 1 800 000 元。

8 月发生下列经济业务：

（1）接收投资者投入的金额 3 000 000 元支票一张，存入厂银行账户；

（2）从银行借入 1 年期的借款 800 000 元，款已经划入厂银行账户。

要求在表 1-1 中，计算该厂 8 月末资产、负债、所有者权益。

表 1-1　　资产、负债、所有者权益计算表

题号	资产	负债	所有者权益
月初	2 000 000	200 000	1 800 000
(1)	＋3 000 000		＋3 000 000
(2)	＋800 000	＋800 000	
期末	5 800 000	1 000 000	4 800 000

验证　资产＝5 800 000 元

负债＋所有者权益＝1 000 000＋4 800 000＝5 800 000 元

得到　资产＝ 负债＋所有者权益

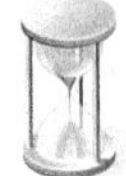

训练1-1

某厂刚成立，假定 8 月初有银行存款 980 000 元，实收资本 980 000 元。

8 月发生下列经济业务：

（1）接收投资者投入的金额 1 000 000 元支票一张，存入厂银行；

（2）从银行借入 1 年期的借款 200 000 元，款已经划入厂银行账户；

（3）赊购材料 300 000 元，材料已经验收入库。

要求在表 1-2 中计算该厂 8 月末资产、负债、所有者权益。

表 1-2　资产、负债、所有者权益计算表

题号	资产	负债	所有者权益
月初			
(1)			
(2)			
(3)			
期末			

三、认识会计科目和账户

1. 会计科目

简称“科目”，是对会计要素的具体内容进行分类核算的项目。

会计科目必须根据合法性、相关性、实用性原则设置。企业在不影响会计核算要求和会计报表指标汇总，以及对外提供统一的财务报告的前提下，可以根据实际情况自行增设、减少或合并某些会计科目。

为了正确地掌握和运用会计科目，可以按照下列标准对会计科目进行适当的分类。

按其所归属的会计要素即经济内容不同分类，执行《企业会计准则》的企业会计科目可以划分为资产类科目、负债类科目、所有者权益类科目、共同类、成本类科目和损益类科目六大类。具体见企业科目表。

会计科目按其所提供信息的详细程度及其统驭关系不同，分为总分类科目和明细分类科目。前者是对会计要素具体内容进行总括分类、提供总括信息的会计科目；后者是对总分类科目作进一步分类、提供更详细更具体会计信息的科目。对于明细科目较多的总账科目，可在总分类科目与明细科目之间设置二级或多级科目，见表 1-3。

表 1-3　科目举例表

总分类科目（一级科目）	明细分类科目	
	子目（二级科目）	细目（三级科目）
原材料	主要材料	钢材
		水泥
		木材
	结构件	
	机械配件	
	其他材料	

企业会计科目见表 1-4。

表 1-4　　企业会计科目表

序号	编号	会计科目名称	序号	编号	会计科目名称	序号	编号	会计科目名称
一、资产类			36	1701	无形资产	**五、成本类**		
1	1001	库存现金	37	1702	累计摊销	69	5001	生产成本
2	1002	银行存款	38	1703	无形资产减值准备	70	5101	制造费用
3	1101	交易性金融资产	39	1711	商誉	71	5201	劳务成本
4	1121	应收票据	40	1801	长期待摊费用	72	5301	研发支出
5	1122	应收账款	41	1811	递延所得税资产	73	5401	工程施工
6	1123	预付账款	42	1901	待处理财产损溢	74	5402	工程结算
7	1131	应收股利	**二、负债类**			75	5403	机械作业
8	1132	应收利息	43	2001	短期借款	**六、损益类**		
9	1221	其他应收款	44	2201	应付票据	76	6001	主营业务收入
10	1231	坏账准备	45	2202	应付账款	77	6011	利息收入
11	1401	材料采购	46	2203	预收账款	78	6041	租赁收入
12	1402	在途物资	47	2211	应付职工薪酬	79	6051	其他业务收入
13	1403	原材料	48	2221	应交税费	80	6061	汇兑损益
14	1404	材料成本差异	49	2231	应付利息	81	6101	公允价值变动损益
15	1405	库存商品	50	2232	应付股利	82	6111	投资收益
16	1406	发出商品	51	2241	其他应付款	83	6301	营业外收入
17	1407	商品进销差价	52	2401	递延收益	84	6401	主营业务成本
18	1408	委托加工物资	53	2501	长期借款	85	6402	其他业务成本
19	1411	周转材料	54	2502	应付债券	86	6403	营业税金及附加
20	1471	存货跌价准备	55	2701	长期应付款	87	6411	利息支出
21	1501	持有至到期投资	56	2702	未确认融资费用	88	6421	
22	1502	持有至到期投资减值准备	57	2711	专项应付款	89	6601	销售费用
23	1503	可供出售金融资产	58	2801	预计负债	90	6602	管理费用
24	1511	长期股权投资	59	2901	递延所得税负债	91	6603	财务费用
25	1512	长期股权投资减值准备	**三、共同类**			92	6701	资产减值损失
26	1521	投资性房地产	60	3101	衍生工具	93	6711	营业外支出
27	1531	长期应收款	61	3201	套期工具	94	6801	所得税费用
28	1532	未实现融资收益	62	3202	被套期项目	95	6901	以前年度损益调整
29	1541	存出资本保证金	**四、所有者权益类**					
30	1601	固定资产	63	4001	实收资本			
31	1602	累计折旧	64	4002	资本公积			
32	1603	固定资产减值准备	65	4101	盈余公积			
33	1604	在建工程	66	4103	本年利润			
34	1605	工程物资	67	4104	利润分配			
35	1606	固定资产清理	68	4201	库存股			

2. 账户

账户是根据会计科目开设的，具有一定结构、用以分类核算会计要素情况的载体。

账户的基本结构，在金额部分通常划分为左、右两方，用以记录各项会计要素增加和减少的数额。如果在右方记增加额，则在左方记减少额；反之亦然。

账户左右两方的金额栏，其中一方记录增加额，一方记录减少额。增减金额相抵后的差额，称为账户的余额。因此，在账户中所记录的金额，可以分为期初余额、本期增加额、本期减少额和期末余额。这四项金额的关系，可以用下列关系式表示

期末余额＝期初余额＋本期增加发生额－本期减少发生额

每个账户的期末余额一般在增加方。为了便于说明，可将上列账户左右两方略去有关栏次，用简化的账户格式表示如图 1-1 所示。

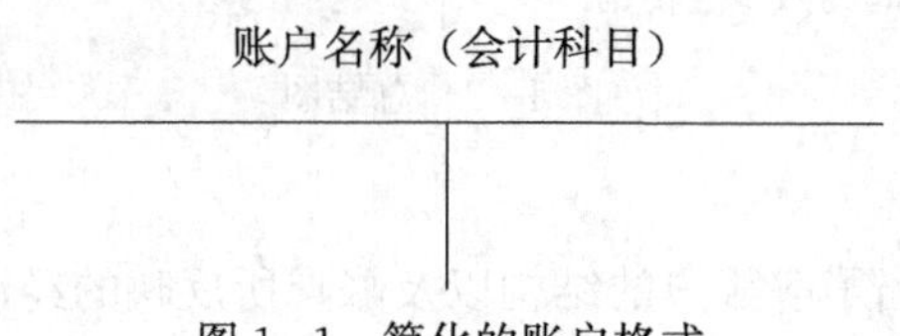

图 1-1 简化的账户格式

账户的基本结构在金额部分为左、右两方，由于这种格式很像英文字母“T”，所以简化称为“T”形账户。至于账户左右两方，用哪一方登记增加额，用哪一方登记减少额，则取决于账户的性质及类型。

账户按提供会计信息的详细程度分为总分类账户和明细分类账户。总分类账户又称总账账户，指按照总分类科目开设，用来反映某一类经济业务总括资料的账户。明细分类账户又称明细账户，指按照明细科目开设，来反映某一类经济业务详细资料的账户。

四、熟悉借贷记账法操作要点

借贷记账法是以会计等式为依据，以“借”、“贷”作为记账符号的一种复式记账法。

所谓复式记账法，就是对任何一项经济业务，都必须用相等的金额在两个或两个以上的有关账户中相互联系的进行登记的一种记账方法。

借贷账记账法要点有以下这些：

1. 记账符号：借、贷

借贷记账法以“借”、“贷”为记账符号，分别作为账户的左方和右方。至于“借”表示增加还是“贷”表示增加，则取决于账户的性质及结构。

“借”、“贷”两字原指意大利的借贷商人记账时，借款人记借主，贷款人记贷主。现在，“借”、“贷”两字已失去了原来的含义，成为记账符号。“借”通常表示账户的左方，而“贷”则表示账户的右方。

在结合具体不同性质的账户时，“借”和“贷”则有了明确的含义。借表示资产增加、负债减少、所有者权益减少、收入减少、费用增加及利润减少，实质表示资金的形式或去向；贷具体表示正好相反，实质表示资金的来源。

“借”、“贷”在账户中则表现为记录方位，被称为借方贷方，它们是登记会计要素的增加额或减少额的方向位置。正是这种借方贷方方位相反的记录方法，使借贷记账法在记录方法上具有既科学又简便的特点，由此形成了一套科学完整的方法体系。

总结如图 1-2 所示。

账户名称（会计科目）

借方	贷方
资产的增加	资产的减少
成本费用的增加	成本费用的减少
负债的减少	负债的增加
所有者权益的减少	所有者权益的增加
收入的减少（转销）	收入的增加
利润的减少（转销）	利润的增加

图 1-2　总结图

2. 账户分类及其结构

掌握借贷记账法，应当了解账户的结构以及账户所反映的经济内容，才能正确地运用记账规则，登记账簿。

在借贷记账法下，账户按内容划分为资产类账户、负债类账户、所有者权益类账户、共同类账户、成本类账户和损益类账户六大类。

各类账户的结构：

资产类和成本类账户的结构是：借方登记增加、贷方登记减少、余额在借方。

负债类和所有者权益类账户的结构是：借方登记减少、贷方登记增加、余额在贷方。

损益类账户中费用类账户的结构是：借方登记增加、贷方登记减少、期末一般无余额。

损益类账户中收入账户的结构是：借方登记减少、贷方登记增加、期末一般无余额。

在借贷记账法下，账户按余额方向划分为余额方向在借方的账户和余额方向一般在贷方的账户、余额方向不一定的账户和无余额的账户。

对于资产类和成本类账户的余额一般在借方，其余额计算公式为

资产类账户期末借方余额＝期初借方余额＋本期借方发生额－本期贷方发生额

对于负债类、所有者权益类和收入类账户，借方登记减少数，贷方登记增加数，如有余额，余额一般在借方。

负债类和所有者权益类账户的期末余额一般出现在贷方，其余额计算公式为

权益类账期末贷方余额＝期初贷方余额＋本期贷方发生额－本期借方发生额

注意：

个别资产类账户的余额在贷方，例如累计折旧、坏账准备等；有些资产类账户的余额既可能在借方也可能在贷方，例如对于“应收账款”账户，如果本期收回的款项大于应收款项（即存在预收款项），则期末“应收账款”账户的余额在贷方，表示预收的款项，此时“应收账款”账户变成负债性质的账户了。

个别负债、所有者权益类账户的期末余额可能在借方，如利润分配-未分配利润、应付账款。

3. 记账规则

以“有借必有贷，借贷必相等”作为记账规则，即对于每一笔经济业务都要在两个或两

个以上相互联系的账户中以借方和贷方相等的金额进行登记。

从资产、权益角度讲，四类基本经济业务的记录情况，见表 1-5。

表 1-5　　基本经济业务的记录情况

<table>
<tr><th rowspan="2">经济业务类型</th><th colspan="2">各类账户应记方向</th><th rowspan="2">记入金额</th><th rowspan="2">总量情况</th><th rowspan="2">结论：记账规则</th></tr>
<tr><th>资产类</th><th>权益类</th></tr>
<tr><td>1. 资产、权益同时增加</td><td>借</td><td>贷</td><td>等量增加</td><td>总量增加</td><td rowspan="4">有借必有贷
借贷必相等</td></tr>
<tr><td>2. 资产、权益同时减少</td><td>贷</td><td>借</td><td>等量减少</td><td>总量减少</td></tr>
<tr><td>3. 资产内部一增一减</td><td>借、贷</td><td></td><td>等量增减</td><td>总量不变</td></tr>
<tr><td>4. 权益内部一增一减</td><td></td><td>贷、借</td><td>等量增减</td><td>总量不变</td></tr>
</table>

【例 1-2】 要求从资产、权益角度，在借贷记账法下运用“有借必有贷，借贷必相等”记账规则在表 1-6 中填制、记录下列基本经济业务的情况：

（1）从银行存款中提取库存现金 1 000 元备用。

（2）开出商业汇票 2 000 元偿还前欠外单位货款。

（3）从外单位赊购一批材料，金额 3 000 元。

（4）以银行存款 4 000 元偿还前欠货款。

表 1-6　　基本经济业务的记录情况

<table>
<tr><th rowspan="2">经济业务基本类型</th><th rowspan="2">题号</th><th colspan="2">账户应记方向</th><th colspan="2">记入金额</th></tr>
<tr><th>资产类</th><th>权益类</th><th>借方</th><th>贷方</th></tr>
<tr><td>1. 资产、权益同时增加</td><td>(3)</td><td>借</td><td>贷</td><td>3 000</td><td>3 000</td></tr>
<tr><td>2. 资产、权益同时减少</td><td>(4)</td><td>借</td><td>贷</td><td>4 000</td><td>4 000</td></tr>
<tr><td>3. 资产内部一增一减</td><td>(1)</td><td>借、贷</td><td></td><td>1 000</td><td>1 000</td></tr>
<tr><td>4. 权益内部一增一减</td><td>(2)</td><td></td><td>贷、借</td><td>2 000</td><td>2 000</td></tr>
<tr><td>合计</td><td></td><td></td><td></td><td>10 000</td><td>10 000</td></tr>
</table>

训练1-2

某厂刚成立，假定 8 月初有银行存款 1 000 000 元，短期借款 200 000 元，实收资本 500 000 元，资本公积 300 000 元。

8 月发生下列经济业务：

（1）接收投资者投入的金额 1 000 000 元支票一张，存入银行；

（2）用银行存款归还 1 年期的借款 20 000 元；

（3）用资本公积 300 000 元增加实收资本；

（4）从银行存款中提取库存现金 1 000 元备用。

要求：计算在表 1-7 中该厂 8 月末资产、负债、所有者权益。

表 1-7 资产、负债、所有者权益计算表

题号	经济业务类型	各类账户增减金额		
		资产类	负债类	所有者权益类
月初				
(1)				
(2)				
(3)				
(4)				
合计				

4. 账户对应关系

一项经济业务所涉及的账户之间的借贷关系，称为账户的对应关系；而具有对应关系的账记，则称为对应账户。

为了保证记录的正确性和便于检查，要采用确定账户对应关系及其金额的方法，即编制会计分录。会计分录是指对某项经济业务标明其应借应贷会计科目及其金额的记录。简称分录。

按照所涉及账户的多少，会计分录分为简单会计分录和复合会计分录。简单会计分录指只涉及一个账户借方和另一个账户贷方的会计分录，即一借一贷的会计分录；复合会计分录指由两个以上（不含两个）对应账户所组成的会计分录，即一借多贷、一贷多借或多借多贷的会计分录。

在一般情况下，借贷记账法的账户对应关系清楚。为了使账户之间保持清晰的对应关系，在借贷记账法下，一般编制一借一贷、一借多贷或多借一贷的会计分录，尽量避免编制多借多贷的会计分录。因为从多借多贷的会计分录中无法看出账户对应关系。

会计分录的编制步骤：

(1) 分析经济业务事项，确定涉及哪些账户。

(2) 分析涉及的账户，是增加，还是减少；是资产（费用、成本），还是权益（收入），确定账户的记录方向借方和贷方。

(3) 分析涉及的账户的金额，确定应借应贷账户的金额，借贷方金额是否相等。

【例 1-3】 根据下列经济业务，编制会计分录。

(1) 从银行存款中提取库存现金 2 200 元备用。编制会计分录如下：

借：库存现金　　2 200
　　贷：银行存款　　2 200

(2) 某企业采购一批原材料，价款为 600 000 元，其中 500 000 元已用银行存款支付，余下的 100 000 元货款尚未支付。编制会计分录如下：

借：原材料　　600 000
　　贷：银行存款　　500 000
　　　　应付账款　　100 000

训练1-3

根据下列经济业务，编制会计分录。

(1) 从银行存款中提取库存现金 1 000 元备用。

(2) 开出商业汇票 2 000 元偿还前欠外单位货款。

(3) 从外单位赊购一批材料，金额 3 000 元。

(4) 以银行存款 4 000 元偿还前欠货款。

5. 试算平衡

借贷记账法下试算平衡是运用借贷记账规则和会计等式的原理检查验证各个账户记录是否正确的一种方法。借贷记账法下的平衡方法主要有发生额平衡和余额平衡两种。

(1) 发生额试算平衡法。

它是根据本期所有账户借方发生额合计与贷方发生额合计的恒等关系，检验本期发生额记录是否正确的方法，公式为

全部账户本期借方发生额合计＝全部账户本期贷方发生额合计

(2) 余额试算平衡法。

它是根据本期所有账户借方余额合计与贷方余额合计的恒等关系，检验本期账户记录是否正确的方法。根据余额时间不同又分为期初余额平衡与期末余额平衡两类。

全部账户的借方期初余额合计＝全部账户的贷方期初余额合计

全部账户的借方期末余额合计＝全部账户的贷方期末余额合计

实际工作中，余额试算平衡通过编制试算平衡表方式进行。试算平衡，说明记账基本正确，但不是绝对正确。因为有些登记错误，试算平衡表无法发现，如漏记或重记某项业务。

训练1-4

某厂刚成立，假定 8 月初有银行存款 1 000 000 元，短期借款 200 000 元，实收资本 500 000 元，资本公积 300 000 元。

8 月发生下列经济业务：

(1) 接收投资者投入的金额 1 000 000 元支票一张，存入银行；

(2) 用银行存款归还 1 年期的借款 20 000 元；

(3) 用资本公积 300 000 元增加实收资本；

(4) 从银行存款中提取库存现金 1 000 元备用。

要求：编制会计分录；编制试算平衡表，见表1-8。

表1-8 **试算平衡表**

年 月 日

会计科目	期初余额		本期发生额		期末余额	
	借方	贷方	借方	贷方	借方	贷方
库存现金						
银行存款						
短期借款						
实收资本						
资本公积						
合计						

任务二 熟悉账务处理程序

任务要求：熟悉会计凭证、熟悉账簿、熟悉报表这三大会计工作载体，熟悉会计账务处理程序中的科目汇总表账务处理程序。

一、熟悉会计凭证

（一）熟悉会计凭证概念和种类

1. 会计凭证的概念

会计凭证是记录经济业务事项发生或完成情况的书面证明，也是登记账簿的依据。

合法地取得、正确地填制和审核会计凭证，是会计核算工作的起点。

2. 会计凭证的种类

会计凭证按照编制的程序和用途不同，分为原始凭证和记账凭证。

原始凭证又称单据，是在经济业务发生或完成时取得或填制的，用以记录或证明经济业务的发生或完成情况的文字凭据。它是登记账簿的原始依据。

记账凭证又称记账凭单，是会计人员根据审核无误的原始凭证按照经济业务事项的内容加以归类，并据以确定会计分录后所填制的会计凭证。它是登记账簿的直接依据。

3. 原始凭证按照填制手续及内容不同分类

（1）一次凭证。一次凭证指一次填制完成、只记录一笔经济业务的原始凭证。一次凭证是一次有效的凭证，如领料单。领料单要“一料一单”地填制，即一种原材料填写一张单据，一般一式四联（表1-9）。第一联为存根联，留领料部门备查；第二联为记账联，留会计部门作为出库材料核算依据；第三联为保管联，留仓库作为记材料明细账依据；第四联为业务联，留供应部门作为物质供应统计依据。领料单由车间经办人员填制，车间负责人、领料人、仓库管理员和发料人均需在领料单上签字，无签章或签章不全的均无效，不能作为记账的依据。

表1-9 领 料 单

领料部门：一车间

用途：生产甲产品 2002年5月10日 凭证编号：023

材料编号	材料名称及规格	计量单位	数量		价格	
			请领	实发	单价	金额
65214	A材料	千克	36	36	20.60	741.60
备注：					合计	￥741.60

第二联 记账联

记账：(印) 审批人：(印) 领料人：(印) 发料人：(印)

(2) 累计凭证。累计凭证指在一定时期内多次记录发生的同类型经济业务的原始凭证。其特点是在一张凭证内可以连续登记相同性质的经济业务，随时结出累计数及结余数，并按照费用限额进行费用控制，期末按实际发生额记账。累计凭证是多次有效的原始凭证。如限额领料单，此单由生产、计划部门根据下达的生产任务和材料消耗定额，按每种材料用途分别开出，一单一料（表1-10）。

表1-10 限额领料单

2002年6月

领料部门：一车间 号库

编号：021 发料仓库：2用途：生产甲产品

材料编号	材料名称	规格	计量单位	领用限额	单价	全月实用	
						数量	金额
1201	钢材	20mm圆钢	千克	1 000	5元	950	4 750

领料日期	请领数量	实发数量	领料人签章	发料人签章	限额结余
4	200	200			800
9	300	300			500
15	200	200			300
23	100	100			200
28	150	150			50
合计	950	950			

供应部门负责人：(印) 生产部门负责人：(印) 仓库管理员：(印)

(3) 汇总凭证。汇总凭证指对一定时期内反映经济业务内容相同的若干张原始凭证，按照一定标准综合填制的原始凭证。如发料凭证汇总表。此表是根据领料单按部门、材料类别编制而成的（表 1-11）。

表 1-11 **发料汇总表**

附领料单 25 份 2002 年 6 月 30 日 单位：元

会计科目	领料部门	原材料	燃料	合计
基本生产成本	一车间	5 000	10 000	15 000
	二车间	8 000	14 000	22 000
	小计	13 000	24 000	37 000
辅助生产成本	供电车间	7 000	2 000	9 000
	锅炉车间		4 000	4 000
	小计	7 000	6 000	13 000
制造费用	一车间	400		400
	二车间	600		600
	小计	1 000		1 000
管理费用		200	300	500
合计		21 200	30 300	51 500

会计主管：（印） 审核：（印） 制单：（印）

4. 记账凭证按内容分类

（1）收款凭证。收款凭证是指用于记录现金和银行存款收款业务的会计凭证。

（2）付款凭证。付款凭证是指用于记录现金和银行存款付款业务的会计凭证。

（3）转账凭证。转账凭证是指用于记录不涉及现金和银行存款业务的会计凭证。

温馨提示

企业记账凭证也可以不分收、付、转凭证，采用一种通用记账凭证。

（二）掌握原始凭证的填制与审核

1. 掌握原始凭证的填制要求

（1）记录要真实。原始凭证所填列的经济业务内容和数字，必须真实可靠，符合实际情况。

（2）内容要完整。原始凭证所要求填列的项目必须逐项填列齐全，不得遗漏和省略。

（3）手续要完备。单位自制的原始凭证必须有经办单位领导人或者其他指定的人员签名盖章；对外开出的原始凭证必须加盖本单位公章；从外部取得的原始凭证，必须盖有填制单位的公章；从个人取得的原始凭证，必须有填制人员的签名盖章。

（4）书写要清楚、规范。原始凭证要按规定填写，文字要简要，字迹要清楚，易于辨认，不得使用未经国务院公布的简化汉字。大小写金额必须相符且填写规范，小写金额用阿拉伯数字逐个书写，不得写连笔字。在金额前要填写人民币符号“￥”，人民币符号“￥”与阿拉伯数字之间不得留有空白。金额数字一律填写到角、分，无角、分的，写“00”或符号“—”；有角无分的，分位写“0”，不得用符号“—”。大写金额前未印有“人民币”字样的，应加写“人民币”三个字，“人民币”字样和大写金额之间不得留有空白。大写金额到元或角为止的，后面要写“整”或“正”字；有分的，不写“整”或“正”字。如小写金额为￥1 008.00，大写金额应写成“壹仟零捌元整”。

（5）编号要连续。如果原始凭证已预先印定编号，在写坏作废时，应加盖“作废”戳记，妥善保管，不得撕毁。

（6）不得涂改、刮擦、挖补。原始凭证有错误的，应当由出具单位重开或更正，更正处应当加盖出具单位印章。原始凭证金额有错误的，应当由出具单位重开，不得在原始凭证上更正。

（7）填制要及时。各种原始凭证一定要及时填写，并按规定的程序及时送交会计机构、会计人员进行审核。

温馨提示

大写金额用汉字壹、贰、叁、肆、伍、陆、柒、捌、玖、拾、佰、仟、万、亿、元、角、分、零、整等，一律用正楷或行书字书写。

2. 原始凭证的审核内容

原始凭证的审核内容主要包括：原始凭证的真实性、合法性、合理性、完整性、正确性和及时性。

经审核的原始凭证应根据不同情况处理：

（1）对于完全符合要求的原始凭证，应及时据以编制记账凭证入账。

（2）对于真实、合法、合理但内容不够完整、填写有错误的原始凭证，应退回给有关经办人员，由其负责将有关凭证补充完整、更正错误或重开后，再办理正式会计手续。

（3）对于不真实、不合法的原始凭证，会计机构和会计人员有权不予接受，并向单位负责人报告。

出纳人员在办理收款或付款业务后，应在原始凭证上加盖“收讫”或“付讫”的戳记，以避免重收重付。

训练1-5

2012年10月12日，长明电视厂收到职工张沿的现金赔款100元。要求：填制收据，见表1-12。

表1-12 **收 据**

年 月 日 No.

付款单位____________收款方式______ 人民币（大写）____________￥______ 收款事由：	第二联记账凭证

收款单位： 财务主管： 出纳：

训练1-6

2012 年 10 月 15 日，长明电视厂（纳税人登记号为 256314256897156，开户行为建设银行三支行，账号为 21354689），从大地公司购进型号 CP—29 显像管 500 个，单价 620 元，增值税率 17%，款项用支票支付。要求：填制支票及收料单，见表 1-13、表 1-14。

表 1-13　　支　　票

中国建设银行转账支票存根
支票号码：
签发日期：

收款人：
金额：
用途：
备注：

单位主管：　　会计：

中国建设银行转账支票　　支票号码：

签发日期（大写）：　　年　　月　　日　开户行名称：

收款人：　　签发人账号：

人民币（大写）	千	百	拾	万	千	百	拾	元	角	分

用途：

上列款项请从　　复核
我账户内支付　　记账
签发人盖章　　验印

表 1-14　　收　料　单

供货单位：

发票号码：　　年　　月　　日　　单位：元

材料编号	材料名称及规格	计量单位	数量		价格	
			应收	实收	单价	金额
备注：					合计	

第二联　记账联

仓库负责人：　　记账：　　仓库保管：　　收料：

（三）掌握记账凭证的填制与审核

1. 记账凭证的编制基本要求

（1）记账凭证各项内容必须完整。

（2）记账凭证应连续编号。一笔经济业务需要填制两张以上记账凭证的，可以采用分数编号法编号。

（3）记账凭证的书写应清楚、规范。相关要求同原始凭证。

（4）记账凭证可以根据每一张原始凭证填制，或根据若干张同类原始凭证汇总编制，也可以根据原始凭证汇总表填制；但不得将不同内容和类别的原始凭证汇总填制在一张记账凭证上。

（5）除结账和更正错误的记账凭证可以不附原始凭证外，其他记账凭证必须附有原始凭证。

（6）填制记账凭证时若发现错误，应当重新填制。已登记入账的记账凭证在当年内发现填写错误时，可以用红字填写一张与原内容相同的记账凭证，在摘要栏注明"注销某月某日某号凭证"字样，同时再用蓝字重新填制一张正确的记账凭证，注明"订正某月某日某号凭证"字样。如果会计科目没有错误，只是金额错误，也可将正确数字与错误数字之间的差额另编一张调整的记账凭证，调增金额用蓝字，调减金额用红字。发现以前年度记账凭证有错误的，应当用蓝字填制一张更正的记账凭证。

（7）记账凭证填制完经济业务事项后，如有空行，应当自金额栏最后一笔金额数字下的空行处至合计数上的空行处划线注销。

2. 记账凭证的编制具体要求

（1）收款凭证的编制要求。

收款凭证左上角的"借方科目"按收款的性质填写"现金"或"银行存款"；日期填写的是编制本凭证的日期；右上角填写编制收款凭证的顺序号："摘要"填写对所记录的经济业务的简要说明："贷方科目"填写与收入现金或银行存款相对应的会计科目："记账"是指该凭证已登记账簿的标记，防止经济业务事项重记或漏记；"金额"是指该项经济业务事项的发生额；该凭证右边"附件　张"是指本记账凭证所附原始凭证的张数；最下边分别由有关人员签章，以明确经济责任。

（2）付款凭证的编制要求。

付款凭证的编制方法与收款凭证基本相同，只是左上角由"借方科目"换为"贷方科目"，凭证中间的"贷方科目"换为"借方科目"。

对于涉及"现金"和"银行存款"之间的经济业务，一般只编制付款凭证，不编收款凭证。如从银行提取现金 50 000 元，以备零星开支，要填付款凭证。

（3）转账凭证的编制要求。

转账凭证将经济业务事项中所涉及全部会计科目按照先借后贷的顺序记入"会计科目"栏中的"一级科目"和"二级及明细科目"，并按应借、应贷方向分别记入"借方金额"或"贷方金额"栏。其他项目的填列与收、付款凭证相同。

3. 记账凭证的审核内容

记账凭证的审核内容主要包括：内容是否真实，项目是否齐全，科目是否正确，金额是否正确，书写是否正确。

【例 1-4】 2010 年 1 月 5 日，收回甲公司所欠的货款 125 000 元，存入银行。填制收款凭证，见表 1-15。

表 1-15 **收 款 凭 证**

借方科目：银行存款　　2010 年 1 月 5 日　　收字第 3 号

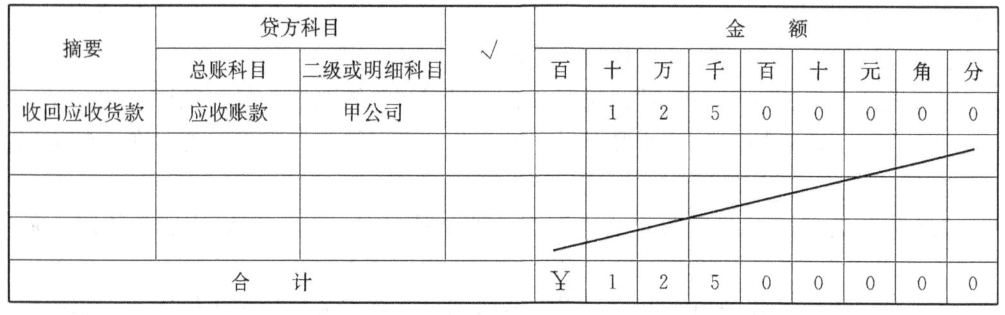

摘要	贷方科目		√	金额									
	总账科目	二级或明细科目		百	十	万	千	百	十	元	角	分	
收回应收货款	应收账款	甲公司			1	2	5	0	0	0	0	0	附件1张
合　计				¥	1	2	5	0	0	0	0	0	

会计主管：（印）　记账：（印）　出纳：×××　复核：（印）　制单：×××

【例 1-5】 2010 年 1 月 8 日，用银行存款购买汽车一辆，货款 351 000 元。填制付款凭证，见表 1-16。

表 1-16 **付 款 凭 证**

贷方科目：银行存款　　2010 年 1 月 8 日　　付字第 6 号

摘要	贷方科目		√	金额									
	总账科目	二级或明细科目		百	十	万	千	百	十	元	角	分	
购汽车一辆	固定资产	汽车			3	5	1	0	0	0	0	0	附件2张
合　计				¥	3	5	1	0	0	0	0	0	

会计主管：（印）　记账：（印）　出纳：×××　复核：（印）　制单：×××

【例 1-6】 2010 年 1 月 10 日，生产 A 产品领用乙材料 15 000 元。填制转账凭证，见表 1-17。

表 1-17 **转 账 凭 证**

2010 年 1 月 10 日　　转字第 8 号

摘要	总账科目	明细科目	√	借方金额									贷方金额									
				百	十	万	千	百	十	元	角	分	百	十	万	千	百	十	元	角	分	
领用材料	生产成本	A 产品				1	5	0	0	0	0	0										附件1张
	原材料	乙材料													1	5	0	0	0	0	0	
合　计					¥	1	5	0	0	0	0	0		¥	1	5	0	0	0	0	0	

会计主管：（印）　记账：（印）　复核：（印）　制单：×××

【例 1-7】 2010 年 1 月 31 日，结转完工产品成本，其中 A 产品 279 757 元，B 产品 169008 元。填制通用记账凭证，见表 1-18。

表 1-18　　　　　　　记账凭证　　　　第 11 号

2010 年 1 月 31 日　　　　　　　　记第11号　附件 5 张

摘要	总账科目	明细科目	借方									√	贷方									√
			百	十	万	千	百	十	元	角	分		百	十	万	千	百	十	元	角	分	
结转完工产品成本	库存商品	A 产品		2	7	9	7	5	7	0	0											
		B产品		1	6	9	0	0	8	0	0											
	生产成本	基本生产——A 产品												2	7	9	7	5	7	0	0	√
		——B产品												1	6	9	0	0	8	0	0	√
合计			¥	4	4	8	7	6	5	0	0		¥	4	4	8	7	6	5	0	0	

会计主管：(印)　　　记账：(印)　　　复核：(印)　　　制单：×××

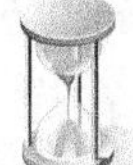

训练1-7

资料：某工业企业 2006 年 6 月份 1～10 日发生下列经济业务：

(1) 1 日，从银行提取现金 1 000 元备用。

(2) 2 日，华丰厂购进甲材料一批，已验收入库，货款 5 000 元，增值税进项税 850 元，款以银行存款付讫。

(3) 5 日，销售给向阳工厂 A 产品一批，货款为 10 000 元，增值税销项税 1 700 元，款收存银行。

(4) 6 日，车间领用甲材料一批，其中用于 A 产品生产 3 000 元，用于车间一般消耗 500 元。

(5) 8 日，销售给华远公司甲材料一批，货款为 2 000 元，增值税销项税 340 元，款收存银行。

(6) 9 日，车间领用甲材料一批，其中用于 A 产品生产 2 000 元，用于车间一般消耗 200 元。

(7) 10 日，销售给华远公司 A 产品一批，货款为 10 000 元，增值税销项税1 700 元，款项尚未收到。

(8) 10 日，车间领用乙材料一批，其中用于 A 产品 5 000 元，用于车间一般消耗 1 000 元。

要求：根据以上经济业务编制收款凭证、付款凭证、转账凭证（表 1-19～表 1-26）。

表 1-19 **收 款 凭 证**

借方科目： 年 月 日 字第 号

摘要	贷方科目		√	金额								
	总账科目	二级或明细科目		百	十	万	千	百	十	元	角	分
合 计												

附件 张

会计主管： 记账： 出纳： 复核： 制单：

表 1-20 **收 款 凭 证**

借方科目： 年 月 日 字第 号

摘要	贷方科目		√	金额								
	总账科目	二级或明细科目		百	十	万	千	百	十	元	角	分
合 计												

附件 张

会计主管： 记账： 出纳： 复核： 制单：

表 1-21 **付 款 凭 证**

贷方科目： 年 月 日 字第 号

摘要	借方科目		√	金额								
	总账科目	二级或明细科目		百	十	万	千	百	十	元	角	分
合 计												

附件 张

会计主管： 记账： 出纳： 复核： 制单：

表 1-22 **付 款 凭 证**

贷方科目： 年 月 日 字第 号

摘要	借方科目		√	金额								
	总账科目	二级或明细科目		百	十	万	千	百	十	元	角	分
合 计												

附件 张

会计主管： 记账： 出纳： 复核： 制单：

表 1-23

转账凭证

年 月 日 字第 号

摘要	总账科目	明细科目	√	借方金额									贷方金额								
				百	十	万	千	百	十	元	角	分	百	十	万	千	百	十	元	角	分
合计																					

附件 张

会计主管：(印) 记账：(印) 复核：(印) 制单：

表 1-24

转账凭证

年 月 日 字第 号

摘要	总账科目	明细科目	√	借方金额									贷方金额								
				百	十	万	千	百	十	元	角	分	百	十	万	千	百	十	元	角	分
合计																					

附件 张

会计主管：(印) 记账：(印) 复核：(印) 制单：

表 1-25

转账凭证

年 月 日 字第 号

摘要	总账科目	明细科目	√	借方金额									贷方金额								
				百	十	万	千	百	十	元	角	分	百	十	万	千	百	十	元	角	分
合计																					

附件 张

会计主管：(印) 记账：(印) 复核：(印) 制单：

表 1-26

转账凭证

年 月 日 字第 号

摘要	总账科目	明细科目	√	借方金额									贷方金额								
				百	十	万	千	百	十	元	角	分	百	十	万	千	百	十	元	角	分
合计																					

附件 张

会计主管：(印) 记账：(印) 复核：(印) 制单：

二、熟悉会计账簿

（一）熟悉会计账簿概念和种类

1. 会计账簿的概念和意义

会计账簿是指由一定格式账页组成的，以经过审核的会计凭证为依据，全面、系统、连续地记录各项经济业务的簿籍。各单位应当按照国家统一的会计制度的规定和会计业务的需要设置会计账簿。

设置和登记账簿是编制会计报表的基础，是连接会计凭证与会计报表的中间环节，在会计核算中具有重要意义。通过账簿的设置和登记，可以记载、储存会计信息，分类、汇总会计信息，检查、校正会计信息，编报、输出会计信息。

2. 会计账簿与账户的关系

账户存在于账簿之中，账簿中的每一账页就是账户的存在形式和载体，没有账簿，账户就无法存在；账簿序时、分类地记载经济业务，是在个别账户中完成的。因此，账簿只是一个外在形式，账户才是它的真实内容。账簿与账户的关系是形式和内容的关系。

3. 会计账簿的分类

（1）按账页格式分类。

1）两栏式账簿。两栏式账簿是指只有借方和贷方两个基本金额栏目的账簿。

2）三栏式账簿。三栏式账簿是设有借方、贷方和余额三个基本栏目的账簿。各种日记账、总分类账以及资本、债权、债务明细账都可采用三栏式账簿。三栏式账簿又分为设对方科目和不设对方科目两种，区别是在摘要栏和借方科目栏之间是否有一栏“对方科目”。有“对方科目”栏的，称为设对方科目的三栏式账簿；不设“对方科目”栏的，称为不设对方科目的三栏式账簿。

3）多栏式账簿。多栏式账簿是在账簿的两个基本栏目借方和贷方按需要分设若干专栏的账簿。收入、费用明细账一般均采用这种格式的账簿。

4）数量金额式账簿。数量金额式账簿的借方、贷方和余额三个栏目内，都分设数量、单价和金额三小栏，借以反映财产物资的实物数量和价值量。原材料、库存商品、产成品等明细账一般都采用数量金额式账簿。

5）横线登记式。横线登记式分类账是采用横线登记，即将每一相关的业务登记在一行，从而可依据每一行各个栏目的登记是否齐全来判断该项业务的进展情况。该分类账适用于登记材料采购业务、应收票据和一次性备用金业务。

（2）按用途分类。

1）序时账簿。序时账簿又称日记账，是按照经济业务发生或完成时间的先后顺序逐日逐笔进行登记的账簿。在我国大多数单位一般只设库存现金日记账和银行存款日记账。

2）分类账簿。分类账簿是对全部经济业务事项按照会计要素的具体类别而设置的分类账户进行登记的账簿。按照总分类账户分类登记经济业务事项的是总分类账簿，简称总账；按照明细分类账户分类登记经济业务事项的是明细分类账簿，简称明细账。分类账簿提供的核算信息是编制会计报表的主要依据。

3）备查账簿。备查账簿简称备查簿，是对某些在序时账簿和分类账簿等主要账簿中都不予登记或登记不够详细的经济业务事项进行补充登记时使用的账簿。

(3) 按外形特征分类。

1) 订本账。订本账是启用之前就已将账页装订在一起，并对账页进行了连续编号的账簿。这种账簿一般适用于总分类账、现金日记账、银行存款日记账。

2) 活页账。活页账是在账簿登记完毕之前并不固定装订在一起，而是装在活页账夹中。当账簿登记完毕之后（通常是一个会计年度结束之后），才将账页予以装订，加具封面，并给各账页连续编号。各种明细分类账一般采用活页账形式。

3) 卡片账。卡片账是将账户所需格式印刷在硬卡上。严格说，卡片账也是一种活页账，只不过它不是装在活页账夹中，而是装在卡片箱内。在我国单位一般只对固定资产的核算采用卡片账形式。

(二) 熟悉会计账簿的内容、启用与记账规则

1. 会计账簿的基本内容

(1) 封面，主要标明账簿的名称。

(2) 扉页，主要列明科目索引、账簿启用和经管人员一览表。

(3) 账页，是账簿用来记录经济业务事项的载体，包括账户的名称、登记账户的日期栏、凭证种类和号数栏、摘要栏、金额栏、总页次、分户页次等基本内容。

2. 会计账簿的启用

启用会计账簿时，应当在账簿封面上写明单位名称和账簿名称，并在账簿扉页上附启用表。启用订本式账簿应当从第一页到最后一页顺序编定页数，不得跳页、缺号。使用活页式账页应当按账户顺序编号，并须定期装订成册；装订后再按实际使用的账页顺序编定页码，另加目录，记明每个账户的名称和页次。

3. 会计账簿的记账规则

(1) 登记会计账簿时，应当将会计凭证日期、编号、业务内容摘要、金额和其他有关资料逐项记入账内，做到数字准确、摘要清楚、登记及时、字迹工整。

(2) 登记完毕后，要在记账凭证上签名或者盖章，并注明已经登账的符号表示已经记账。

(3) 账簿中书写的文字和数字上面要留有适当空格，不要写满格，一般应占格距的$\frac{1}{2}$。

(4) 登记账簿要用蓝黑墨水或者碳素墨水书写，不得使用圆珠笔（银行的复写账簿除外）或者铅笔书写。

(5) 下列情况，可以用红色墨水记账：

1) 按照红字冲账的记账凭证，冲销错误记录。

2) 在不设借贷等栏的多栏式账页中，登记减少数。

3) 在三栏式账户的余额栏前，如未印明余额方向的，在余额栏内登记负数余额。

4) 根据国家统一的会计制度的规定可以用红字登记的其他会计记录。

(6) 各种账簿应按页次顺序连续登记，不得跳行、隔页。如果发生跳行、隔页，应当将空行、空页划线注销，或者注明“此行空白”、“此页空白”字样，并由记账人员签名或者盖章。

(7) 凡需要结出余额的账户，结出余额后，应当在“借或贷”等栏内写明“借”或者“贷”等字样。没有余额的账户，应在“借或贷”栏内写“平”字，并在“余额”栏用“Q”表示。

(8) 每一账页登记完毕结转下页时，应当结出本页合计数及余额，写在本页最后一行和下页第一行有关栏内，并在摘要栏内注明“过次页”和“承前页”字样；也可以将本页合计数及金额只写在下页第一行有关栏内，并在摘要栏内注明“承前页”字样。

对需要结计本月发生额的账户，结计“过次页”的本页合计数应当为自本月初起至本页末止的发生额合计数；对需要结计本年累计发生额的账户，结计“过次页”的本页合计数应当为自年初起至本页末止的累计数；对既不需要结计本月发生额，也不需要结计本年累计发生额的账户，可以只将每页末的余额结转次页。

温馨提示

数字书写注意：

不得连笔书写，每个数字一般要紧贴底线书写，并有60°左右的倾斜度。书写数字“6”时，上端比其他数字高出1/4，书写数字“7”和“9”时，下端比其他数字伸出1/4。在记账时，规范的书写如图1-3所示。

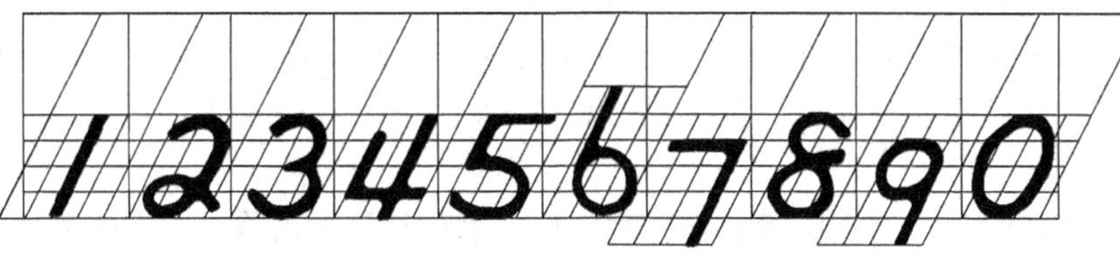

图1-3　记账时规范的书写格式

(三) 掌握会计账簿的格式和登记方法

1. 日记账的格式和登记方法

(1) 现金日记账的格式和登记方法。

1) 现金日记账的格式。现金日记账是用来核算和监督库存现金每天的收入、支出和结存情况的账簿，其格式有三栏式和多栏式两种。无论采用三栏式还是多栏式现金日记账，都必须使用订本账。

2) 现金日记账的登记方法。现金日记账由出纳人员根据同现金收付有关的记账凭证，按时间顺序逐日逐笔进行登记，并根据“上日余额＋本日收入－本日支出＝本日余额”的公式，逐日结出现金余额，与库存现金实存数核对，以检查每日现金收付是否有误。现金日记账（三栏式）见表1-27。

表1-27　　现金日记账（三栏式）

2012年		凭证字号	摘要	对应科目	借方	贷方	借或贷	余额
月	日							
6	1		期初余额				借	1 600.00
	5	现付1	预付差旅费	其他应收款		400.00	借	1 200.00
	6	银付3	提取现金	银行存款	500.00		借	700.00

(2) 银行存款日记账的格式和登记方法

银行存款日记账是用来核算和监督银行存款每日的收入、支出和结余情况的账簿。银行存款日记账应按企业在银行开立的账户和币种分别设置，每个银行账户设置一本日记账。

银行存款日记账的格式和登记方法与现金日记账相同。

2. 总分类账的格式和登记方法

(1) 总分类账的格式。

总分类账是按照总分类账户分类登记以提供总括会计信息的账簿。总分类账最常用的格式为三栏式，设置借方、贷方和余额三个基本金额栏目，见表 1-28。

表 1-28　　总分类账（三栏式）

账户名称：原材料

×年		凭证字号	摘要	借方											贷方											借或贷	余额										
月	日			亿	千	百	十	万	千	百	十	元	角	分	亿	千	百	十	万	千	百	十	元	角	分	贷	亿	千	百	十	万	千	百	十	元	角	分
12	1		期初余额																							借											

(2) 总分类账的登记方法。

总分类账可以根据记账凭证逐笔登记，也可以根据经过汇总的科目汇总表或汇总记账凭证等登记。

3. 明细分类账的格式和登记方法

(1) 明细分类账的格式。

明细分类账是根据二级账户或明细账户开设账页，分类、连续地登记经济业务以提供明细核算资料的账簿，其格式有三栏式、多栏式、数量金额式和横线登记式（或称平行式）等多种。

1) 三栏式明细分类账。三栏式明细分类账是设有借方、贷方和余额三个栏目，用以分类核算各项经济业务，提供详细核算资料的账簿，其格式与三栏式总账格式相同，适用于只进行金额核算的账户。

2) 多栏式明细分类账。多栏式明细分类账是将属于同一个总账科目的各个明细科目合并在一张账页上进行登记，适用于成本费用类科目的明细核算。

3) 数量金额式明细分类账。

数量金额式明细分类账其借方（收入）、贷方（发出）和余额（结存）都分别设有数量、单价和金额三个专栏，适用于既要进行金额核算又要进行数量核算的账户，见表 1-29。

表 1-29 **库存材料明细账**

材料类别：主要材料　　　　　　　　　　　　　　　　存放地点：

材料名称及规格：32.5 级水泥　　　　　　　　　　　　计量单位：吨

年		凭证		摘要	收入			发出			结存		
月	日	种类	号数		数量	单价	金额	数量	单价	金额	数量	单价	金额
	1			月初结存							550	285	156 750
		记	01	领用材料				400	285	114 000	150	285	42 750
		记	05	领用材料				100	285	28 500	50	285	14 250
		记	10	材料退库	2	285	570				52	285	14 820
				本期发生额及余额	2	285	570	500	285	142 500	52	285	14 820

4）横线登记式明细分类账。横线登记式明细分类账是采用横线登记，即将每一相关的业务登记在一行，从而可依据每一行各个栏目的登记是否齐全来判断该项业务的进展情况。该明细分类账适用于登记材料采购业务、应收票据和一次性备用金业务。

（2）明细分类账的登记方法。

不同类型经济业务的明细分类账可根据管理需要，依据记账凭证、原始凭证或汇总原始凭证逐日逐笔或定期汇总登记。固定资产、债权、债务等明细账应逐日逐笔登记；库存商品、原材料、产成品收发明细账以及收入、费用明细账可以逐笔登记，也可定期汇总登记，见表 1-30。

表 1-30 **基本生产成本明细账** 总第　页

成本对象：A 产品　　生产车间：一车间　　投产时间：　　　　　　　　　　字第×页

××年		凭证		摘要	成本项目			合计
月	日	字	号		直接材料	直接人工	制造费用	
1	31		1⅓	分配原材料费用	170 000			170 000
	31		3½	分配工资费用		40 000		40 000
	31		4½	分配社保费用		14 400		14 400
	31		10	分配制造费用			78 835	78 835
	31			生产费用合计	170 000	54 400	78 835	303 235
	31		11	结转完工产品成本	153 000	51 755	75 002	279 757
	31			月末在产品成本	17 000	2 645	3 833	23 478

（四）掌握对账

1. 账证核对

账证核对是指核对会计账簿记录与原始凭证、记账凭证的时间、凭证字号、内容、金额是否一致，记账方向是否相符。

2. 账账核对

账账核对是指核对不同会计账簿之间的账簿记录是否相符，具体包括以下内容：

（1）总分类账簿有关账户的余额核对。

（2）总分类账簿与所属明细分类账簿核对。

（3）总分类账簿与序时账簿核对。

（4）明细分类账簿之间的核对。

3. 账实核对

账实核对是指各项财产物资、债权债务等账面余额与实有数额之间的核对，具体包括以下内容：

（1）现金日记账账面余额与库存现金数额是否相符。

（2）银行存款日记账账面余额与银行对账单的余额是否相符。

（3）各项财产物资明细账账面余额与财产物资的实有数额是否相符。

（4）有关债权债务明细账账面余额与对方单位的账面记录是否相符。

（五）掌握错账更正方法

账簿记录发生错误，不准涂改、挖补、刮擦或者用药水消除字迹，不准重新抄写，必须更正。

1. 划线更正法

在结账前发现账簿记录有文字或数字错误，而记账凭证没有错误，采用划线更正法。更正时，可在错误的文字或数字上划一条红线，在红线的上方填写正确的文字或数字，并由记账及相关人员在更正处盖章。

对于错误的数字，应全部划红线更正，不得只更正其中的错误数字。对于文字错误，可只划去错误的部分。

2. 红字更正法

记账后在当年内发现记账凭证所记的会计科目错误，或者会计科目无误而所记金额大于应记金额，从而引起记账错误，采用红字更正法。

更正方法是：

记账凭证会计科目错误时，用红字填写一张与原记账凭证完全相同的记账凭证，以示注销原记账凭证，然后用蓝字填写一张正确的记账凭证，并据以记账。

记账凭证会计科目无误而所记金额大于应记金额时，按多记的金额用红字编制一张与原记账凭证应借、应贷科目完全相同的记账凭证，以冲销多记的金额，并据以记账。

3. 补充登记法

记账后发现记账凭证填写的会计科目无误，只是所记金额小于应记金额时，采用补充登记法。更正方法是：按少记的金额用蓝字编制一张与原记账凭证应借、应贷科目完全相同的记账凭证，以补充少记的金额，并据以记账。

训练1-8

在2011年6月7日，发现6月5日财务处用现金预付张明差旅费500元，记账凭证和账上，均记为400元。在现金日记账、其他应收款明细账上，记账具体见表1-31、表1-32。

表1-31 现金日记账（三栏式）

2011年		凭证字号	摘要	对应科目	借方	贷方	借或贷	余额
月	日							
6	1		期初余额				借	1 600.00
	5	现付1	预付差旅费	其他应收款		400.00	借	1 200.00
	6	银付3	提取现金	银行存款	500.00		借	1 700.00

表1-32 其他应收款明细账

明细账户：张明

2011年		凭证字号	摘要	对应科目	借方	贷方	借或贷	余额
月	日							
6	5	现付1	预付差旅费	库存现金	400.00		借	400.00

要求：说出采用的更正方法：

写出更正的会计分录：

根据分录记账。

（六）掌握结账

结账是指将本期发生或调整、结转的经济业务事项全部登记入账的基础上，结算出有关账户的本期发生额和余额的工作。

1. 结账的程序

（1）将本期发生的经济业务事项全部登记入账，并保证其正确性。

(2) 根据权责发生制的要求，调整有关账项，合理确定本期应计的收入和应计的费用。

(3) 将损益类科目转入“本年利润”科目，结平所有损益类科目。

(4) 结算出资产、负债和所有者权益科目的本期发生额和余额，并结转下期。

2. 结账的方法

(1) 对不需按月结计本期发生额的账户，每次记账以后，都要随时结出余额，每月最后一笔余额即为月末余额。月末结账时，只需要在最后一笔经济业务事项记录之下通栏划单红线，不需要再结计一次余额。

(2) 现金、银行存款日记账和需要按月结计发生额的收入、费用等明细账，每月结账时，要结出本月发生额和余额，在摘要栏内注明“本月合计”字样，并在下面通栏划单红线。

(3) 需要结计本年累计发生额的某些明细账户，每月结账时，应在“本月合计”行下结出自年初起至本月末止的累计发生额，登记在月份发生额下面，在摘要栏内注明“本年累计”字样，并在下面通栏划单红线。12 月末的“本年累计”就是全年累计发生额，全年累计发生额下通栏划双红线。

(4) 总账账户平时只需结出月末余额。年终结账时，将所有总账账户结出全年发生额和年末余额，在摘要栏内注明“本年合计”字样，并在合计数下通栏划双红线。

(5) 年度终了结账时，有余额的账户，要将其余额结转下年，并在摘要栏注明“结转下年”字样；在下一会计年度新建有关会计账户的第一行余额栏内填写上年结转的余额，并在摘要栏注明“上年结转”字样。

温馨提示

建账步骤：

(1) 启用账簿。

(2) 设置账户：在账簿中开设出原材料、库存商品等有期初余额的账户。

(3) 登记期初余额：根据相关资料在有关账户中登记期初余额。

(4) 粘贴账户标签。

训练1-9

资料：某工厂 2002 年 7 月 1 日现金日记账的期初余额为 960 元，该厂 7 月份发生下列有关经济业务：

(1) 1 日，车间技术员李英预借差旅费 300 元，以现金支付。

(2) 1 日，厂长江海预借差旅费 600 元，以现金支付。

(3) 2 日，开出现金支票，从银行提取现金 650 元备用。

(4) 2 日，以现金购买财务科办公用品 100 元。

(5) 3 日，以现金支付车间设备修理费 170 元。

(6) 10 日，以现金支付法律咨询费 160 元。

(7) 11 日，开出现金支票，从银行提取现金 29 000 元，备发工资。

(8) 12 日，以现金 29 000 元发放工资。

(9) 30 日，车间技术员李英报销差旅费 260 元，其余 40 元以现金退付。

(10) 30 日，厂长江海报销差旅费 660 元，多余部分以现金补付。

要求：

(1) 设置三栏式现金日记账（表 1-33），将 7 月 1 日期初余额记入现金日记账。

(2) 根据以上业务登记现金日记账，并结出发生额和余额。

表 1-33　　　　现金日记账（三栏式）

年		凭证字号	摘要	对方科目	收入	支出	余额
月	日						

三、认知财务报表

（一）熟悉财务报表概述

1. 概念

财务报表是对企业财务状况、经营成果和现金流量的结构性表述。它是财务会计报告的主要组成部分。财务报告是企业对外提供的反映企业某一特定日期的财务状况和某一会计期间的经营成果、现金流量等会计信息的文件。财务报告包括财务报表和其他应当在财务报告中披露的相关信息和资料。

财务报告的目标，是向财务报告使用者提供与企业财务状况、经营成果和现金流量等有关的会计信息，反映企业管理层受托责任履行情况，有助于财务报告使用者作出经济决策。财务报告使用者通常包括投资者、债权人、政府及其有关部门和社会公众等。

2. 企业财务报表的分类

(1) 按反映的经济内容分为：资产负债表、利润表、现金流量表、所有者权益（或股东权益，下同）变动表及附注。

（2）按编报的时间分为：年度财务报表、中期财务报表（分为半年度、季度和月度财务报表）。

（3）按报表提供对象分为：对外报表和内部报表。

（4）按编报的主体分为：个别报表和合并报表。

3. 财务报告的编制要求

单位编制的财务会计报告应当相关可比、真实可靠、全面完整、编报及时、便于理解。

财务报表附注是对在资产负债表、利润表、现金流量表和所有者权益变动表等报表中列示项目的文字描述或明细资料，以及对未能在这些报表中列示项目的说明等。

附注应当披露财务报表的编制基础，相关信息应当与资产负债表、利润表、现金流量表和所有者权益（或股东权益，下同）变动表等报表中列示的项目相互参照。

通过附注与资产负债、利润表、现金流量表和所有者权益变动表列示项目的相互参照关系，以及对未能在报表中列示项目的说明，可以使报表使用者全面了解企业的财务状况、经营成果和现金流量。

（二）认识资产负债表

1. 资产负债表的概念

资产负债表是反映企业某一特定日期（如月末、季末、年末等）财务状况的会计报表。

通过资产负债表，可以反映企业在某一特定日期所拥有或控制的经济资源、所承担的现时义务和所有者对净资产的要求权，帮助财务报表使用者全面了解企业的财务状况、分析企业的偿债能力等情况，从而为其作出经济决策提供依据。

2. 资产负债表编制依据

它是根据“资产＝负债＋所有者权益”这一会计等式，依照一定的分类标准和顺序，将企业在一定日期的全部资产、负债和所有者权益项目进行适当分类、汇总、排列后编制而成的。

（三）认识利润表

1. 利润表的概念

利润表是反映企业在一定会计期间经营成果的报表。

通过利润表，可以反映企业在一定会计期间收入、费用、利润（或亏损）的数额、构成情况，帮助财务报表使用者全面了解企业的经营成果，分析企业的获利能力及盈利增长趋势，从而为其作出经济决策提供依据。

2. 利润表的编制依据

它根据“收入－费用＝利润”这一公式编制，反映的是企业收入、成本和费用及净利润（或亏损）的实现及构成情况。

（四）了解现金流量表、所有者权益变动表

1. 现金流量表

现金流量表是反映企业在一定会计期间现金和现金等价物流入和流出的报表。

通过现金流量表，可以为报表使用者提供企业一定会计期间内现金和现金等价物流入和流出的信息，便于使用者了解和评价企业获取现金和现金等价物的能力，据以预测企业未来现金流量。

现金是企业库存现金以及可以随时用于支付的存款，包括库存现金、银行存款和其他货币资金（如外埠存款、银行汇票存款、银行本票存款等）等。不能随时用于支付的存款不属于现金。

现金等价物，是指企业持有的期限短、流动性强、易于转换为已知金额现金、价值风险很小的投资。

（1）期限短是指从购买日起三个月内到期。

（2）流动性强是指能够在市场上进行交易。

（3）易于转换为已知金额现金主要是指准备持有至到期的债权性投资（不包括股权性投资）。

（4）价值变动风险很小是指债券等（股票价值风险变动较大）。

2. 所有者权益变动表

所有者权益变动表是反映构成所有者权益的各组成部分当期的增减变动情况的报表。

通过所有者权益变动表，既可以为报表使用者提供所有者权益总量增减变动的信息，也能为其提供所有者权益增减变动的结构性信息，特别是能够让报表使用者理解所有者权益增减变动的根源。

在所有者权益变动表上，企业至少应当单独列示反映下列信息的项目：净利润；直接计入所有者权益的利得和损失项目及其总额；会计政策变更和差错更正的累积影响金额；所有者投入资本和向所有者分配利润等；提取的盈余公积；实收资本或资本公积、盈余公积、未分配利润的期初和期末余额及其调节情况。

四、掌握账务处理程序

（一）熟悉账务处理程序的意义和种类

1. 账务处理程序的意义

账务处理程序也称会计核算组织程序或会计核算形式，是指会计凭证、会计账簿、会计报表相结合的方式，包括会计凭证和账簿的种类、格式，会计凭证与账簿之间的联系方法，由原始凭证到编制记账凭证、登记明细分类账和总分类账、编制会计报表的工作程序和方法等。科学合理地选择适用于本单位的账务处理程序，对于有效地组织会计核算具有重要意义。

2. 账务处理程序的种类

常用的账务处理程序主要有记账凭证账务处理程序、汇总记账凭证账务处理程序和科目汇总表账务处理程序。

（二）掌握科目汇总表账务处理程序

1. 科目汇总表账务处理程序

科目汇总表账务处理程序又称记账凭证汇总表账务处理程序，它是根据记账凭证定期编制科目汇总表，再根据科目汇总表登记总分类账的一种账务处理程序。科目汇总表账务处理程序的一般程序是：

（1）根据原始凭证编制汇总原始凭证。

（2）根据原始凭证或汇总原始凭证编制记账凭证。

（3）根据收款凭证、付款凭证逐笔登记现金日记账和银行存款日记账。

（4）根据原始凭证、汇总原始凭证和记账凭证登记各种明细分类账。

（5）根据各种记账凭证编制科目汇总表。

（6）根据科目汇总表登记总分类账。

（7）期末，现金日记账、银行存款日记账和明细分类账的余额同有关总分类账的余额核对相符。

（8）期末，根据总分类账和明细分类账的记录，编制财务报表。

科目汇总表账务处理程序减轻了登记总分类账的工作量，并可做到试算平衡，简明易懂，方便易学。其缺点是：科目汇总表不能反映账户对应关系，不便于查对账目。它适用于经济业务较多的单位。

2. 科目汇总表编制

科目汇总表账务处理程序也称“记账凭证汇总表”，是指定期对全部记账凭证进行汇总，按各个会计科目列示其借方发生额和贷方发生额的一种汇总凭证。依据借贷记账法的基本原理，科目汇总表中各个会计科目的借方发生额合计与贷方发生额合计应该相等，因此，科目汇总表具有试算平衡的作用。科目汇总表是科目汇总表核算形式下总分类账登记的依据。

科目汇总表编制时，首先将需要汇总的记账凭证所涉及的会计科目，填在表内的“会计科目”栏；然后按各科目分别计算出借方发生额和贷方发生额合计，填入表内与各科目相应的“借方”栏和“贷方”栏；最后计算出所有科目的借方发生额合计和贷方发生额合计，并进行试算平衡。平衡无误后，即可据以登记总分类账。编制时间视业务量而定。

小知识

会计核算工作基本流程可以归纳为五步：建账、制证（接到或填制原始凭证，填制记账凭证）、记账（含、结账、算账）、对账（含更正错账）、报账（做报表，报税）。

任务三 项目综合实训

任务要求：学会简单经济业务的账务处理，熟悉建账、制证（接到或填制原始凭证，填制记账凭证）、记账、对账、报账。

一、福华制造厂 2012 年 1 月 1 日各账户余额

福华制造厂 2012 年 1 月 1 日各账户余额见表 1 - 34。

表 1-34 福华制造厂 2012 年 1 月 1 日各账户余额 单位：元

账户名称	借方金额	账户名称	贷方金额
银行存款	207 600	应付账款——长业水电公司	1 000
原材料——甲材料	62 400	实收资本	680 000
固定资产	580 000	资本公积	169 000
合 计			

注 1. 原材料按实际成本核算，月初结存甲材料 10 400kg，单价 6 元；

2. 该厂只生产 A 产品。

二、该公司 1 月份发生的经济业务

（1）8 日，远东公司对该公司追加投资，投入新车床一台，价值 80 000 元。

（2）12 日，通过银行发放本月职工工资 8 020 元。

（3）15 日，为生产 A 产品，领用甲材料 5 500kg。

（4）25 日，发生本月水电费，其中：A 产品耗用 1 550 元，车间一般耗用 400 元，行政管理部门耗用 300 元，款未向长业水电公司支付。

（5）28 日，生产完工并且验收入库 3 500 件 A 产品；向黄河公司销售 A 产品 3 000 件，每件售价 20 元，增值税率 17%，产品已发出，款已经收存银行。

（6）31 日，分配本月工资，其中：A 产品生产工人工资 4 000 元，生产车间管理人员工资 1 800 元，行政管理人员工资 2 220 元。

（7）31 日，计提固定资产折旧费用，其中：生产用固定资产折旧费 700 元，行政管理部门固定资产折旧费 480 元。

（8）31 日，结转本月发生的制造费用入 A 产品生产成本。

（9）31 日，结转本月完工 3 500 件 A 产品的生产成本（单位成本 10 元，其中材料 7 元，人工 2 元，制造费用 1 元）。

（10）31 日，结转本月已销 A 产品的生产成本。

（11）31 日，按本月利润总额的 20%计提应交所得税。

（12）31 日，将各损益类账户余额转入“本年利润”账户。

三、实训要求

1. 建账

开设三栏式银行存款日记账、有关明细账（原材料、应付账款、制造费用、生产成本）、有关总分类账，登记各有关账户的期初余额（其他账，略）。

2. 填制、审核记账凭证

根据 1 月份发生的经济业务编制并且审核记账凭证，见表 1-35～表 1-47。

3. 登记日记账、有关明细账

根据该企业 1 月份所编的记账凭证逐日逐笔登记银行存款日记账、有关明细账，见表 1-48～表 1-52。

4. 编制科目汇总表

根据记账凭证编制科目汇总表（1 月汇 1 张），进行试算平衡，见表 1-53。

5. 登记总账

根据科目汇总表登记总账（现在选择以下账户记账练习，其他略）表 1-54～表 1-57。

表 1 - 35 **记 账 凭 证**

年 月 日 字第 号

摘要	总账科目	明细科目	√	借方金额									贷方金额								
				百	十	万	千	百	十	元	角	分	百	十	万	千	百	十	元	角	分
合计																					

附件 张

会计主管：(印) 记账：(印) 复核：(印) 制单：

表 1 - 36 **记 账 凭 证**

年 月 日 字第 号

摘要	总账科目	明细科目	√	借方金额									贷方金额								
				百	十	万	千	百	十	元	角	分	百	十	万	千	百	十	元	角	分
合 计																					

附件 张

会计主管：(印) 记账：(印) 复核：(印) 制单：

表 1 - 37 **记 账 凭 证**

年 月 日 字第 号

摘要	总账科目	明细科目	√	借方金额									贷方金额								
				百	十	万	千	百	十	元	角	分	百	十	万	千	百	十	元	角	分
合 计																					

附件 张

会计主管：(印) 记账：(印) 复核：(印) 制单：

表 1 - 38 **记 账 凭 证**

年 月 日 字第 号

摘要	总账科目	明细科目	√	借方金额									贷方金额								
				百	十	万	千	百	十	元	角	分	百	十	万	千	百	十	元	角	分
合 计																					

附件 张

会计主管：(印) 记账：(印) 复核：(印) 制单：

表 1-39　　**记　账　凭　证**

年　　月　　日　　　　　　　　字第　号

摘要	总账科目	明细科目	√	借方金额									贷方金额								
				百	十	万	千	百	十	元	角	分	百	十	万	千	百	十	元	角	分
合　计																					

附件　张

会计主管：(印)　　记账：(印)　　复核：(印)　　制单：

表 1-40　　**记　账　凭　证**

年　　月　　日　　　　　　　　字第　号

摘要	总账科目	明细科目	√	借方金额								贷方金额									
				百	十	万	千	百	十	元	角	分	百	十	万	千	百	十	元	角	分
合　计																					

附件　张

会计主管：(印)　　记账：(印)　　复核：(印)　　制单：

表 1-41　　**记　账　凭　证**

年　　月　　日　　　　　　　　字第　号

摘要	总账科目	明细科目	√	借方金额								贷方金额									
				百	十	万	千	百	十	元	角	分	百	十	万	千	百	十	元	角	分
合　计																					

附件　张

会计主管：(印)　　记账：(印)　　复核：(印)　　制单：

表 1-42　　**记　账　凭　证**

年　　月　　日　　　　　　　　字第　号

摘要	总账科目	明细科目	√	借方金额									贷方金额								
				百	十	万	千	百	十	元	角	分	百	十	万	千	百	十	元	角	分
合　计																					

附件　张

会计主管：(印)　　记账：(印)　　复核：(印)　　制单：

表 1-43

记 账 凭 证

年 月 日 字第 号

摘要	总账科目	明细科目	√	借方金额									贷方金额								
				百	十	万	千	百	十	元	角	分	百	十	万	千	百	十	元	角	分
合 计																					

附件 张

会计主管：(印) 记账：(印) 复核：(印) 制单：

表 1-44

记 账 凭 证

年 月 日 字第 号

摘要	总账科目	明细科目	√	借方金额									贷方金额								
				百	十	万	千	百	十	元	角	分	百	十	万	千	百	十	元	角	分
合 计																					

附件 张

会计主管：(印) 记账：(印) 复核：(印) 制单：

表 1-45

记 账 凭 证

年 月 日 字第 号

摘要	总账科目	明细科目	√	借方金额									贷方金额								
				百	十	万	千	百	十	元	角	分	百	十	万	千	百	十	元	角	分
合 计																					

附件 张

会计主管：(印) 记账：(印) 复核：(印) 制单：

表 1-46

记 账 凭 证

年 月 日 字第 号

摘要	总账科目	明细科目	√	借方金额									贷方金额								
				百	十	万	千	百	十	元	角	分	百	十	万	千	百	十	元	角	分
合 计																					

附件 张

会计主管：(印) 记账：(印) 复核：(印) 制单：

表 1-47 **记 账 凭 证**

年 月 日 字第 号

摘要	总账科目	明细科目	√	借方金额									贷方金额								
				百	十	万	千	百	十	元	角	分	百	十	万	千	百	十	元	角	分
合 计																					

附件 张

会计主管：（印） 记账：（印） 复核：（印） 制单：

表 1-48 **银行存款日记账（三栏式）**

年		凭证字号	摘要	对方科目	收入	支出	余 额
月	日						

表 1-49 ____________**明细账（三栏式）**

明细账户名称：

年		凭证号数	摘要	借方金额	贷方金额	借或贷	余额
月	日						

表 1-50 **原 材 料 明 细 分 类 账**

材料名称： 计量单位：

年		凭证号数	摘要	收 入			发 出			结 存		
月	日			数量	单价	金额	数量	单价	金额	数量	单价	金额

表 1 - 51　　**制造费用明细账**

生产车间：

年		摘要	借　方							贷方	余额
月	日		原材料	工资及福利费	折旧费	修理费	水电费	其他费用	合计		

表 1 - 52　　**生产成本明细账**

产品品种：

年		凭证号数	摘要	借方（成本项目）					
月	日			直接材料	直接人工	制造费用	合计		

表 1 - 53　　**科目汇总表**

年　　月　　日至　　日

会计科目	本期发生额		注
	借方	贷方	
银行存款			
原材料			
库存商品			
生产成本			
制造费用			
累计折旧			
应付账款			
应付职工薪酬			
应交税费			
实收资本			
资本公积			
本年利润			
主营业务收入			
主营业务成本			
管理费用			
所得税费用			
合计			

表 1 - 54 **总 分 类 账**

账户名称：银行存款

年		凭证号数	摘要	借方金额	贷方金额	借或贷	余额
月	日						

表 1 - 55 **总 分 类 账**

账户名称：生产成本

年		凭证号数	摘要	借方金额	贷方金额	借或贷	余额
月	日						

表 1 - 56 **总 分 类 账**

账户名称：应付账款

年		凭证号数	摘要	借方金额	贷方金额	借或贷	余额
月	日						

表 1 - 57 **总 分 类 账**

账户名称：实收资本

年		凭证号数	摘要	借方金额	贷方金额	借或贷	余额
月	日						

6. 编制资产负债表、利润表等报表

编制资产负债表、利润表等报表，此处略，以后再练习。

小　结

本项目学习会计及其职能，会计要素与会计等式，会计科目与账户，借贷记账法基本内容，会计凭证、会计账簿、会计报表及会计核算流程。

会计是以货币为主要计量尺度，对企业的经济活动进行综合、全面、系统的反映，提供经济管理所需要的各种经济信息，同时对企业的经济活动实施监督的一种经济管理工作。

企业的会计要素包括资产、负债、所有者权益、费用、收入和利润。

会计核算应以会计主体、持续经营、会计分期、货币计量为前提条件，以权责发生制为核算基础，应遵循客观性、相关性、可比性、及时性、明晰性、谨慎性、重要性和实质重于形式原则。

组织会计核算，应设置会计科目和账户；根据复式记账的原理，采用借贷记账法对企业发生的经济业务进行会计处理，提供经营管理所需要的会计信息。

为了使会计核算提供的会计信息能如实反映企业的生产经营状况和经营成果，必须取得和填制会计凭证，设置和运用会计账簿，并根据会计凭证和规定的账务处理程序，在账簿中记录实际发生的经济业务，计算和核对有关数据，并报送财务报表。

练　习

一、填空题

1. 会计核算的基本前提包括__________、__________、__________和__________四项。

2. 负债与所有者权益类账户以__________登记增加的金额，以__________登记减少的金额，余额通常在__________。

3. 会计分录是指对某项经济业务标明其__________及其__________的记录。

4. 对于涉及现金与银行存款之间和不同的银行存款之间收付的经济业务，只填制__________。

5. 记账凭证是根据的原始凭证填制的，记账凭证填制以后，要经过__________，才能据以登记账簿。

6. 更正错账的方法一般有划线更正法、__________、__________三种。

7. 对账按其内容包括账证核对、__________、__________。

8. 财务报告的“四表一注”是指__________、__________、__________、__________和__________。

9. 科目汇总表账务处理程序的特点为__________。

二、单项选择题

1. “应收账款”科目按其经济内容分类，应属于（　　）。

A. 资产类科目　B. 负债类科目　C. 成本类科目　D. 损益类科目

2. 借贷记账法起源于公元 13 世纪的（　　）。

A. 意大利　B. 中国　C. 美国　D. 英国

3. 将现金存入银行，应填制的记账凭证是（　　）。

A. 收款凭证　B. 付款凭证

C. 转账凭证　　　　D. 收款凭证和付款凭证

4. 记账以后发现证账所记金额小于正确金额，应采用（　　）。

A. 划线更正法　　B. 红字更正法　　C. 补充更正法　　D. 转账更正法

5. 某企业采用实地盘存制，“原材料”总账期初余额为 200 元，其所属的“甲材料”和“乙材料”两个明细账本期增加发生额分别为 4 000 元和 6 000 元，期末实地盘点材料实存数额为 300 元，则“材料”总账本期减少发生额为（　　）。

A. 9 500　　B. 9 900　　C. 9 700　　D. 无法确定

6. 借贷记账法下账户的借方记录（　　）。

A. 收入的减少　　B. 资产的减少　　C. 支出的减少　　D. 负债的增加

7. 会计核算方法不包括（　　）。

A. 设置会计科目和账户　　B. 复式记账

C. 试算平衡　　D. 财产清查

8. 借贷记账法的理论基础是（　　）。

A. 会计要素　　B. 会计原则　　C. 会计等式　　D. 复式记账法

9. 企业以银行存款购入固定资产 8 000 元，并收到投资者投入现款 100 000 元，则企业资产增加额为（　　）元。

A. 108 000　　B. 92 000　　C. 8 000　　D. 100 000

10. 甲厂“短期借款”账户的月初余额为 100 000 元，本月向银行再借入短期借款 200 000 元，该厂“短期借款”账户月末尚有贷方余额 250 000 元，则本厂共偿还短期借款（　　）元。

A. 50 000　　B. 150 000　　C. 250 000　　D. 350 000

三、判断题

1. 记账凭证要根据审核无误的原始凭证来编制，并作为登记账簿的原始依据。（　　）

2. 资产和负债、所有者权益是同一资金的两个方面，彼此之间存在着相互平衡关系。（　　）

3. 会计科目就是账户的名称，它是设置账户的依据。两者核算相同的经济内容，故实质上它们是同一个概念。（　　）

4. 复式记账就是对每一项经济业务，都要以相等的金额同时在总账及所属的明细账中进行登记的一种记账方法。（　　）

5. 借贷记账法下增加金额记录借方，减少金额记录贷方。（　　）

6. 作废的原始凭证在加盖“作废”戳记后可立即销毁。（　　）

7. 对于文字存在较小错误的原始凭证，必须经会计人员修改后方可作为填制 记账凭证和登记账簿的依据。（　　）

8. 结账就是指试算平衡。（　　）

四、实务题

根据某厂下列经济业务编制会计分录。

1. 企业取得银行借款 50 000 元，期限 9 个月，存入银行。

2. 企业购买甲材料 80 000 元，增值税率 17%，款开出支票付清，材料已经验收入库。

3. 领用甲材料 60 000 元，其中 55 000 元用于产品生产，5 000 元用于厂部管理一般耗用。

4. 结算本月职工工资，其中生产产品工人工资 32 000 元，车间管理人员工资 6 000 元，企业管理及服务人员工资 4 000 元。

5. 按上述工资总额的 10%计提住房公积金。

6. 用银行存款支付本月发生的生产车间固定资产修理费 1 160 元，厂部保险费 340 元。

7. 预提本月应负担的短期借款利息 600 元。

8. 赊销给宏达工厂 A 产品 10 件，每件售价 8 000 元，增值税率 17%。

9. 分配并结转本月发生的全部制造费用。

10. 结转本月完工的产品生产成本（A 产品 20 件全部完工）。

11. 结转本月已经销售产品的成本（月初无库存商品）。

项目二 认知工程成本会计

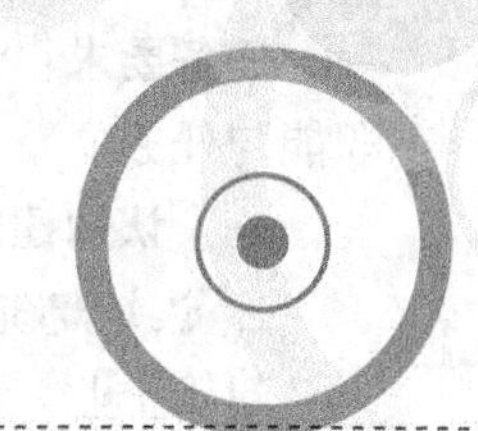

项目要求： 通过理解工程成本会计职能、熟悉工程成本会计核算程序、项目综合实训这三大任务，能认知工程成本会计，掌握有关工程成本的简单经济业务账务处理。

项目内容： 理解工程成本概念及职能，工程成本核算的基本要求、意义、任务，工程成本核算对象、组织和程序，实训。

重点难点： 工程成本内容、核算程序。

项目引例： 深圳市某投资集团有限公司招聘建筑工程成本会计，职位描述：

1. 审核项目各项成本的支出，进行成本核算、费用管理、成本分析，并定期编制成本分析报表。

2. 进行有关成本管理工作，主要做好成本的核算和控制；负责成本的汇总、决算工作。

3. 协助各部门进行成本经济核算，并分解下达成本、费用、计划指标；收集有关信息和数据，进行有关盈亏预测工作。

4. 评估成本方案，及时改进成本核算方法。

5. 保管好成本、计算资料，并按月装订，定期归档。

相信通过本项目学习，你能认知工程会计工作，掌握工程成本会计基本会计理论与记账程序。

任务一　理解工程成本会计职能

任务要求：认知建筑企业情况、认知建筑企业项目的工作程序、熟悉工程成本会计及其职能与任务

一、认知建筑企业情况

1. 认知建筑企业

建筑企业，又称建筑业企业、施工企业，是指从事土木工程、建筑工程、线路管道设备安装工程、装修工程的新建、扩建、改建活动的企业。

建筑企业应当按照其拥有的注册资本、净资产、专业技术人员、技术装备和已完成的建筑工程业绩等资质条件申请资质，经审查合格，取得相应等级的资质证书后，方可在其资质等级许可的范围内从事建筑活动。建筑企业资质分为施工总承包、专业承包和劳务分包。

建筑施工企业是从事建筑安装工程施工生产的企业。它是自主经营、自负盈亏、独立核算、具有法人资格的经济实体。

建筑施工企业的生产经营具有如下特点：

（1）生产流动性大。

（2）生产周期长。

（3）生产的单件性。

2. 认知建筑企业岗位

根据企业具体施工项目，施工企业岗位名称不大一样，大致有管理岗位和工人岗位等。

管理岗位有董事长、董事、总经理、副总经理、办公室人员、项目经理、安全员、计划员、预算员、施工员、保管员、质检员、合同员、资料员等。

工人岗位有特种作业人员（电工、架子工、起重工、驾驶员、气焊等），特种设备操作人员（起重机械、司索、指挥、电气焊、压缩机、压力容器等），建筑工人（木工、瓦工、力工等）。

二、熟悉工程成本会计及其职能与任务

1. 工程成本会计的概念

建筑企业会计是应用于建筑企业的一门行业会计。建筑企业会计：以货币作为主要计量单位，核算和监督建筑企业经济活动的一种经济管理工作。会计有企业会计，有行政事业单位会计。不同的行业有不同的会计。建筑企业会计是一门行业会计，也是一种企业会计。成本会计是以成本、费用为对象的一种专业会计。

建筑企业会计对象是建筑企业的资金运动，一般要经历 3 个阶段：采购供应阶段，施工生产阶段，工程结算阶段。

工程成本会计是以货币作为主要计量单位，以凭证为依据，核算和监督建筑企业工程成本费用的一种经济管理工作。它是主要以施工过程中成本、费用为对象的一种专业会计。为了促使企业节约经营管理费用，增加企业盈利，会计中把管理费用、财务费用连同工程成本都列作工程成本会计的内容。工程成本会计是工程成本、费用会计。

工程成本会计，狭义上说它是施工成本核算。广义上说它是工程成本管理或是施工成本管理。

工程成本会计学：主要研究建筑企业工程成本费用的计算、考核和分析的一门会计学科，是成本会计学的组成部分。

2. 工程成本会计的职能

工程成本会计的主要职能有：工程成本预测、成本决策、成本计划、成本控制、成本核算、成本责任、和成本分析。

(1) 工程成本预测。

成本预测是在认真分析企业现有经济技术条件、市场情况及其发展趋势的基础上，根据成本信息和施工项目的具体情况，运用科学的方法，对企业未来的成本水平及其变化趋势作出科学的推测和估计。

工程成本预测是施工项目成本决策与计划的依据。施工成本预测，通常是对施工项目计划工期内影响其成本变化的各个因素进行分析，预测这些因素对工程成本中有关项目（成本项目）的影响程度，预测出工程的单位成本或总成本。

(2) 工程成本决策是根据成本预测及其他有关资料，制定出优化成本的各种备选方案，运用决策理论和方法，对各种备选方案进行比较分析，从中选出最满意的方案。如施工产品零件、部件是企业自制合算还是外购合算；下属水泥制品厂产品是以半成品出售合算，还是继续加工以产成品出售合算，都需要进行成本决策。

(3) 工程成本计划。

工程成本计划是在成本预测和成本决策基础上，为保证成本决策所确定成本目标的实现，具体规定在计划期内为完成工程任务应发生的施工耗费和各种工程成本水平，并提出为达到规定的成本水平应采取的具体措施。它是该项目降低成本的指导文件，是设立目标成本的依据。可以说，成本计划是目标成本的一种形式。

(4) 工程成本控制。

工程成本控制是指在施工过程中，对影响施工项目成本的各种因素加强管理，并采用各种有效措施，将施工中实际发生的各种消耗和支出严格控制在成本计划范围内，随时揭示并及时反馈，严格审查各项费用是否符合标准，计算实际成本和计划成本之间的差异并进行分析，消除施工中的损失浪费现象，发现和总结先进经验。

施工企业往往以预先确定的成本标准（如材料消耗定额、工时消耗定额、材料计划单价）等作为各项费用限额来控制企业施工生产经营过程中所发生的各种耗费。

(5) 工程成本核算。

工程成本核算是指运用各种专门的成本计算方法，按一定的对象和规定的成本项目及分配标准进行施工生产费用的归集和分配，计算出各工程的总成本和单位成本，并进行账务处理。

工程成本核算是对发生的施工费用和形成的工程成本所进行的会计处理工作，它是施工费用核算和工程成本计算的总称，其重要的部分是工程成本计算。工程成本核算是工程成本会计工作的核心。工程成本的核算过程，既是对施工产品生产过程的各种劳动消耗进行如实反映的过程，也是对施工产品生产过程中各种费用的发生实施控制的过程。

(6) 工程成本分析。

工程成本分析是在成本形成过程中，对施工项目成本进行的对比评价和总结工作。它贯穿于施工成本管理的全过程，主要利用施工项目的成本核算资料，与计划成本、预算成本以及类似施工项目的实际成本等进行比较，了解成本的变动情况，同时也要分析主要技术经济指标对成本的影响，系统地研究成本变动原因，检查成本计划的合理性，深入揭示成本变动的规律，以便有效地进行成本管理。

(7) 工程成本考核。

工程成本考核是指施工项目完成后，对施工项目成本形成中的各责任者，按施工项目成本目标责任制的有关规定，将成本的实际指标与计划、定额、预算进行对比和考核，评定施工项目成本计划的完成情况和各责任者的业绩，并以此给以相应的奖励和处罚。

现代成本会计的7个主要职能是成本预测、成本决策、成本计划、成本控制、成本核算、成本分析和成本考核。成本决策是成本会计的重要环节，在成本会计中居于中心地位。它同成本会计其他职能是密切联系的，成本预测是成本决策的前提，成本决策是成本计划的依据，成本控制是实现成本决策既定目标的保证，成本核算是成本决策预期目标是否实现的最后检验，成本分析和成本考核是实现成本决策目标的有效手段。

3. 工程成本会计的任务

工程成本会计的主要任务是：

(1) 根据国家的政策、法规、制度和企业的消耗定额及工程成本计划，审核和控制企业各项工程施工费用的支出，促使节约工程施工费用，降低工程成本。

(2) 正确、及时归集和分配工程施工过程中发生的各项工程施工费用，按照规定的成本核算程序和方法计算工程的实际施工成本。

(3) 正确计算工程预算成本和实际成本，考核和分析成本消耗定额和成本计划的执行情况，为进行成本预测、修订消耗定额和编制新的成本计划提供数据。

(4) 通过工程成本核算，反映和监督企业工程施工过程中工程在产品的动态，保护工程在产品的安全和完整，并为资金占用管理提供资料。

(5) 正确编制工程竣工决算，及时进行总结工程施工管理的经验和不足，改进经营管理工作，降低工程成本，提高经济效益。

温馨提示

工程成本核算的几个相关问题：

(1) 必须明确工程成本核算只是一种手段，运用它所提供的一些数据来进行事中控制和事前预测，才是它的目的。

(2) 必须明确工程成本核算不只是财务部门、财务人员的事情，而是全部门、全员共同的事情。

(3) 必须提高自身业务素质，工程成本核算人员不仅对成本很专业，而且要掌握施工流程、工程预算等相关知识。

(4) 必须提高工程成本核算人员地位，参与成本决策，使企业一切经济活动按照预定的轨道进行。

任务二 熟悉工程成本核算程序

任务要求：理解施工费用、工程成本及其分类，明确工程成本核算的要求，明确工程成本核算的对象、工作组织、一般程序。

一、理解施工费用、工程成本及其分类

1. 工程成本的概念

费用是指企业在日常活动中发生的，会导致所有者权益减少的，与向所有者分配利润无关的经济利益的总流出。产品成本是企业一定时期内为生产一定产品所支出的生产费用。

成本与费用的关系。费用是产品成本计算的基础。产品成本是对象化的费用。但费用涵盖范围较宽，着重于按会计期间归集。而产品成本只包括为生产一定种类或数量的完工产品的费用，着重于按产品进行归集。产品成本是费用总额的一部分，不包括期间费用和期末未完工产品的费用等。

施工费用是建筑企业在一定时期内的从事建筑安装工程施工过程中所发生的各项耗费的货币表现。工程成本是建筑企业为施工一定工程所支出的施工费用。将施工生产费用按一定的成本核算对象及其成本项目进行归集，即构成工程成本。施工费用是形成工程成本的基础。

2. 施工企业费用分类

为了正确计算工程成本，考核其升降原因，寻求降低成本，提高企业盈利能力的途径，首先应对施工费用进行合理的分类。

(1) 按经济内容可分为：主要包括劳动对象方面的费用、劳动手段方面的费用、活劳动方面的费用。具体包括材料费用、动力费用、燃料费用、工资费用、折旧费与摊销费、利息费用、税费及其他费用。具体解释：

1) 材料费用。它是指企业在施工过程中耗用的原材料、辅助材料、半成品、包装物、低值易耗品、修理用备件以及其他材料的费用。

2) 动力费用。企业在施工过程中耗用的各种电力、蒸汽等动力所支付的费用。

3) 燃料费用。企业在施工过程中发生的各种燃料费用，包括固体燃料（如煤炭、木材）、液体燃料（汽油、柴油）、气体燃料（如天然气、煤气、氢气、液化石油气）等费用。

4) 工资费用。企业在施工过程中发生的职工工资、工资性津贴、补贴、奖金及职工福利费等。

5) 折旧费与摊销费。企业计提的固定资产折旧费和无形资产等的摊销费。

6) 利息费用。借款利息支出减去利息收入后的金额。

7) 税费。计入成本费用的各种税费。

8) 其他费用。不属于以上个要素的费用支出。如差旅费、办公费、租赁费、保险费和诉讼费等。

施工企业生产经营过程中发生的、按经济内容分类的费用，称为要素费用。这种分类方法可以反映建筑企业在一定时期内资金耗费的构成和水平，可以为编制材料采购资金计划和劳动工资计划提供资料，也可以为制定物资储备资金计划及计算企业净产值和增加值提供资料。成本按经济内容分类不能说明在施工过程中的用途，以及是否经济合理。

(2) 按经济用途分为：人工费、材料费、机械使用费、其他直接费、间接费用、期间费用。具体解释：

1) 人工费，是指建筑企业从事建筑安装工程施工的生产人员的工资、奖金、工资性质的津贴、劳动保护费和职工福利费等。

2）材料费，是指建筑企业在施工生产过程中耗用的构成工程实体或有助于形成工程实体的原材料、辅助材料、构配件、零件、半成品的成本，以及周转材料的摊销额和租赁费用等。

3）机械使用费，是指建筑企业在施工生产过程中使用自有机械的使用费和租用外单位机械的租赁费，以及施工机械的安装、拆卸和进出场费等。

4）其他直接费，是指建筑企业在施工生产过程中除上述三项直接费用以外的其他可以直接计入合同成本的费用，如施工现场材料的二次搬运费、生产工具和用具使用费等。

5）间接费用，是指建筑企业下属各施工单位为组织和管理生产活动所发生的费用。如生产管理人员的工资、办公费、差旅费等。

6）期间费用，是指费用发生时直接计入当期损益，具体包括管理费用、销售费用和财务费用。

前五项是计入施工产品成本的费用，期间费用是计入当期损益的费用。这种分类方法，可以正确反映工程成本的构成，便于组织成本的考核和分析，有利于加强企业的成本管理。

温馨提示

计入施工产品成本的、按经济用途进行分类的费用，称为成本项目。

（3）按成本与工程量的关系分为变动费用与固定费用。

这种分类对于组织成本控制，分析成本升降原因，以及作出某些成本决策都是十分必要的。因为要降低成本中的变动成本，就需要从降低消耗着手；要降低固定成本则要从节约开支、减少耗费的绝对数着手。

如“材料费用”是一种要素费用，一个要素费用对应的费用在分配后可按用途对应多个成本项目。

当耗用的材料为施工产品的组成部分时，这时“材料费用”计入“工程施工－合同成本－直接材料费”成本项目；当耗用的材料是用来修理施工管理部门设备，间接服务于施工产品，则这时的“材料费用”计入“工程施工－间接费用”成本项目。

3. 工程成本分类

（1）按计入成本核算对象的方式分为直接费用与间接费用。

凡是直接费用都应该按照费用开支出的原始凭证直接计入成本核算对象，间接费用要选择合理的分配标准分配记入成本核算对象。直接费用是指施工过程中耗费的构成工程实体或有助于工程实体形成的各项费用支出，是可以直接计入工程对象的费用，包括人工费、材料费、施工机械使用费和施工措施费等。间接费用是指为施工准备、组织和管理施工生产的全部费用的支出，是非直接用于也无法直接计入工程对象，但为进行工程施工所必须发生的费用，包括管理人员工资、办公费、差旅交通费等。

（2）按成本形成的时间可分为会计期成本和工程期成本。

按会计期计算成本，可以将实际成本与预算进行对比，有利于各个时期的成本分析和考核，可以及时总结工程施工与管理的经验教训。按工程周期计算成本，有利于分析某一工程项目在施工全过程中的经验和教训，从而为进一步加强工程施工管理提供依据。

（3）按管理要求分类可分为工程预算成本、工程计划成本和实际成本。

工程预算成本。工程预算成本是根据已完工程数量，按施工图预算所列单价和成本项目的核算内容进行分析、归类和计算的工程成本。它是控制成本支出，考核实际成本超节的依据。

工程计划成本。工程计划成本是以货币形式编制施工项目在计划期内的工程成本。它是控制成本支出，考核目标成本超节的依据。

实际成本是根据工程施工过程中实际发生的施工费用，按照成本核算对象和成本项目归集的工程成本。

温馨提示

(1) 造价上工程预算成本与会计上工程实际成本口径大致相同，但是有所区别。

如周转材料摊销费会计上计入材料费，造价上计入措施费（相当于会计上的其他直接费）；临时设施摊销费会计上计入间接费用，造价上计入措施费（相当于会计上的其他直接费）；材料检验费会计上计入其他直接费，造价上计入材料费。

(2) 建筑安装工程造价（建筑安装工程费）：

建筑安装工程费由直接费、间接费、利润和税金组成。直接费由直接工程费和措施费组成；间接费由规费和企业管理费组成。

1) 直接费：包括直接工程费和措施费。

直接工程费是指施工过程中耗费的构成工程实体的各项费用，包括人工费、材料费、施工机械使用费。

人工费是指直接从事建筑安装工程施工的生产工人开支的各项费用，包括基本工工资性补贴、生产工人辅助工资、职工福利费、生产工人劳动保护费。

材料费是指施工过程中耗用的构成工程实体的原材料、辅助材料、构配件、零半成品的费用，包括材料原价（或供应价格）、材料运杂费、运输损耗费、采购及保管检验试验费。

施工机械使用费是指施工机械作业所发生的机械使用费，以及机械安拆费和场外运费。

措施费是指为完成工程项目施工，发生于该工程施工前和施工过程中非工程实体项目的费用，一般包括环境保护费，文明施工费，安全施工费，临时设施费，夜间施工增加费，二次搬运费，大型机械设备进出场及安拆费，混凝土，钢筋混凝土模板及支架费，脚手架费，已完工程及设备保护费，施工排水，降水费等。

2) 间接费：包括规费和企业管理费。

规费是指政府和有关权力部门规定必须缴纳的费用（简称规费），包括工程排污费、工程定额测定费、社会保障费、住房公积金、危险作业意外伤害保险费。

企业管理费是指建筑安装企业组织施工生产和经营管理所需费用，包括管理人员工资、办公费、差旅交通费、固定资产使用费、工具用具使用费、劳动保险费、工会经费、职工教育经费、财产保险费、财务费、税金和其他。

3) 利润：指施工企业完成所承包工程获得的盈利。

4) 税费：指国家税法规定的应计入建筑安装工程造价的营业税、城市维护建设税及教育费附加。

二、明确工程成本核算的要求

为正确核算工程成本，完成工程成本核算的任务，发挥工程成本核算的作用，工程成本核算应严格遵循以下要求。

1. 做好成本核算的各项基础工作

为保证成本核算资料的真实、完整、准确和及时性，便于对成本实施有效控制，应建立健全各项原始记录，做好财产物资的计量、收发和盘点工作。包括材料物资的收发领退、劳动用工、工资发放、机器设备交付使用，以及水电等消耗的原始记录，并做好相应的管理工作。同时要制定和修订材料、工时、费用的各项消耗定额。

具体有以下几方面的基础工作：

（1）建立健全各项原始记录。原始记录是成本控制和核算的依据，为保证成本核算的及时与准确，对涉及成本管理方面的原始记录要求有关人员应认真做好登记工作，做到凡是有经济活动的地方，都要有原始记录。具体包括材料物资的收发领退、劳动用工、工资发放、机器设备交付使用以及水电等消耗的原始记录。

（2）确定各项消耗定额。定额是对工程施工过程中人力、物力、财力消耗所规定的数量标准。企业应根据自身水平制定合理的施工定额，做到消耗有定额，开支有标准，这对成本核算、成本控制和项目之间公平竞争有着重要作用。通过定额管理是控制施工耗费、促进增产节约的行之有效的制度。

（3）健全物资管理工作制度。物资管理工作制度包括财产物资的计量、收发和盘点制度。

（4）建立健全内部结算制度。内部结算要以合理的内部价格为依据。企业内部价格是指企业各内部独立核算单位因相互提供材料物资、作业和劳务而办理转账结算的结算价格。

（5）建立健全企业内部成本管理责任制，包括发生成本费用的有关部门及人员的岗位责任制。

2. 正确划分各种费用支出的界限

为正确计算工程成本，在进行工程成本核算时，施工企业应正确划清以下几个方面的界限：

（1）正确划分收益性支出与资本性支出的界限。

（2）正确划分成本费用、期间费用和营业外支出的界限。

（3）正确划分不同成本计算期的费用界限。

（4）正确划分不同工程之间的成本费用界限。

（5）正确划分完工工程和未完工工程的成本费用界限。

3. 选择适当的成本计算方法

为了便于分析和考核企业的经营成果，明确企业的经营责任，施工企业应该根据生产特点和管理要求选择适当的成本计算方法。

施工产品成本的计算，关键是选择适当的成本计算方法，成本计算方法确定应考虑企业生产类型的特点和管理的要求等方面情况。在同一个企业里，可以采用一种成本计算方法，也可以采用多种成本计算方法。成本计算方法一经选定，一般不得随意变更。

施工企业一般采用分批法计算施工产品成本。工程成本的计算期一般应与工程价款结算的时间相一致。采用按月结算工程价款办法的工程，企业一般按月计算已完工程成本；采用竣工后一次结算或分段结算工程价款办法的工程，企业一般应按合同确定的工程价款结算期计算已完工程成本。

三、明确工程成本核算的对象、工作组织

1. 工程成本核算的对象

工程成本的核算对象是施工费用的承担者，即归集和分配施工耗费的具体对象。合理地确定成本计算对象，是组织工程成本核算的前提。

按准则，建造合同是建筑企业组织工程施工和管理的依据，因而一般应以建造合同为工程成本计算对象。实际工作中由于建筑安装工程是按设计图纸在指定的地点建造的，设计图纸一般按单位工程编制，所以建筑安装工程一般按单项建造合同的单位工程为成本核算对象。

(1) 以单项建造合同的单位工程为工程成本计算对象。

一般情况下，建筑企业应以所签订的单项建造合同为工程成本计算对象，分别计算和确认各单项合同的成本，以利于分析工程预算和施工合同的完成情况，并为核算合同损益提供依据。

(2) 以合同分立后的单项资产为工程成本计算对象。

如果一项建造合同包括建造数项资产，在同时具备下列条件的情况下，包括有独立的单项合同处理：

1) 每项资产均有独立的建造计划，包括有独立的施工图预算。

2) 建筑企业与业主就每项资产单独进行谈判，双方能够接受或拒绝与每项资产有关的合同条款。

3) 每项资产的收入与成本均可单独辨认，如每项资产均有单独的造价和预算成本。

4) 对该项建造合同进行分立，应将分立后的单项资产作为一个成本计算对象，单独核算其成本，有利于正确计算建造每项资产的损益。

(3) 以合同合并后的一组合同为工程成本计算对象。

如果一组建造合同无论对应单个业主或几个业主，在同时具备下列条件的情况下，应合并为单项合同处理：

1) 该组合按一揽子交易签订。

2) 该组合同密切相关，每项合同实际上已构成一项综合利润率的组成部分。

3) 该组合同同时或依次履行。

由于在同一地点同时或依次施工，建筑企业对施工队伍、工程计量、施工质量与进度实行统一管理，将符合合同合并条件的一组合同合并作为一个成本计算对象，有利于工程管理和简化核算。

工程成本核算对象一经确定后，建筑企业内部的各有关部门必须共同遵守，所有原始记录和核算资料，均应按照统一确定的成本计算对象填写清楚，以确保工程成本的真实性的准确性。

2. 工程成本核算的工作组织

为保证工程成本核算的顺利进行，各企业应按照自己的规模，建立与其管理体制相适应的工程成本核算体系。由于施工对象的流动性，施工企业一般有两级核算和三级成本核算制度。

两级成本核算一般实行企业和施工队核算。各施工队核算工程的直接成本和间接成本，由企业汇总全部工程的成本和期间费用。

三级成本核算制一般实行公司、分公司和施工队核算。施工队是内部经济核算单位，只核算本施工队的直接成本，并将资料汇总到分公司；分公司是内部独立核算单位，应全面核算其所负责的工程的直接成本、间接成本和分公司发生的期间费用，并向公司上报资料；公司是独立核算单位，应全面负责全公司的成本核算工作，审核、汇总所属分公司和单位的成本资料，核算公司本部发生的期间费用，并全面分析公司的成本升降原因和寻找降低成本的途径。

四、熟悉工程成本核算的一般程序

(1) 根据生产特点和成本管理的要求，确定成本核算对象。

(2) 确定成本项目。企业计算工程成本，一般应当设置人工费、材料费、机械使用费、其他直接费、间接费用等成本项目。

以上前四项费用构成直接成本，第五项为间接成本，直接成本加间接成本构成工程施工成本。

【例 2 - 1】 某工程本月发生下列费用：材料费 100 万元，人工费 30 万元，机械使用费 20 万元，其他直接费 10 万元，负担间接费用 15 万元。

要求计算本月工程成本。

该工程本月成本＝材料费 1 000 000＋人工费 300 000＋机械使用费 200 000＋其他直接费 100 000＋间接费用 150 000＝1 750 000 元。

(3) 设置有关成本和费用明细账。如工程施工明细账、间接费用明细账、产成品、自制半成品明细账等。

1) “工程施工—合同成本”、“工程施工—合同毛利” 账户本科目属于成本类账户，核算施工企业实际发生的工程施工合同成本和合同毛利。

① 合同成本，核算的是各项工程施工合同发生的实际成本，一般包括施工企业在施工过程中发生的人工费、材料费、机械使用费、其他直接费、间接费用等。其中，前四项费用属于直接成本费，直接计入有关工程成本，间接费用可先在本科目（合同成本）下设置“间接费用”明细账户进行核算，月份终了，再按一定分配标准分配计入有关工程成本。

② 合同毛利，本账户核算各项工程施工合同确认的合同毛利。

施工企业进行施工发生的各项费用，借记“工程施工——合同成本”，贷记“原材料”、“应付职工薪酬”等。按规定确认合同收入、费用时，借记“主营业务成本”，贷记“主营业务收入”，按其差额借记或贷记“工程施工——合同毛利”。

本账户期末余额借方，反映尚未完工工程施工合同成本和合同毛利。

2) “机械作业”账户该账户核算施工企业及其内部独立核算的施工单位、机械站和运输队使用自有施工机械和运输设备进行机械作业（包括机械化施工和运输作业等）所发生的各项费用。实际发生的机械作业成本，记入本科目借方；按受益对象分配机械作业成本时，记入本账户贷方；期末本科目无余额。

3) “生产成本——辅助生产成本” 账户。该科目核算施工单位的辅助生产部门为工程施工等提供材料和劳务时所发生的各项耗费。实际发生的各项辅助生产成本，记入本账户借方；按受益对象分配辅助生产成本时，记入本账户贷方；期末本科目无余额。

4）“工程施工——间接费用”账户。该科目核算施工单位为组织和管理施工活动而发生的各项费用。实际发生的各项间接费用，记入本账户借方；月末将间接费用分配记入各工程核算对象时，记入本科目贷方；期末本账户无余额。

(4) 收集确定各工程的实物量，以及材料、工时、动力消耗等，并对所有已发生费用进行审核。

(5) 归集所发生的全部费用，并按照确定的成本计算对象予以分配，按成本项目计算各工程的在建工程成本、完工工程总成本和单位成本。

(6) 结转竣工工程成本。

温馨提示

工程成本总分类账核算程序（基本程序）可以分为 6 步：

(1) 归集和分配计入要素费用。

(2) 分摊和预提本月费用。

(3) 归集和分配辅助生产费用。

(4) 归集和分配机械作业费用。

(5) 归集和分配施工间接费用。

(6) 归集和结转已完工工程成本。

【例 2 - 2】 2011 年 12 月，伟业建筑公司下属建筑队施工甲工程，发生有关经济业务如下，要求逐笔编制会计分录，并填列工程成本计算表，计算甲工程总成本。

(1) 本月各部门领用材料的实际成本如下：甲工程领用 200 000 元，工区管理领用 1000 元。

借：工程施工——合同成本——甲工程　　210 000
　　　　　　——间接费用　　10 000
　贷：原材料　　210 000

(2) 本月各部门分配工资费如下：甲工程发生 500 000 元，工区管理发生 30 000 元。

借：工程施工——合同成本——甲工程　　500 000
　　　　　　——间接费用　　30 000
　贷：应付职工薪酬——工资　　530 000

(3) 以银行存款支付租入机械费 30 000 元。

借：工程施工——合同成本——甲工程　　30 000
　贷：银行存款　　30 000

(4) 开出支票以 3 000 元支付办公用品购置费。会计分录为：

借：工程施工——间接费用　　3 000
　贷：银行存款　　3 000

(5) 结转发生的间接费用。

借：工程施工——合同成本——甲工程　　43 000
　贷：工程施工——间接费用　　43 000

(6) 计算本月工程成本：甲工程发生的工程成本。

甲工程成本＝材料费 210 000＋人工费 500 000＋机械使用费 30 000＋间接费用 43 000＝直接费用 740 000＋间接费用 43 000＝783 000 元。

工程成本计算见表 2-1。

表 2-1 **工程成本计算表**

工程：甲工程 2011 年 12 月 单位：元

成本项目	材料费	人工费	机械使用费	其他直接费	间接费用	合计
发生工程成本	210 000	500 000	30 000		43 000	783 000
合　计	210 000	500 000	30 000		43 000	783 000

任务三　项目综合实训

任务要求：学会有关工程成本的简单经济业务的账务处理，熟悉工程成本方面的建账、制证、记账、算账。

资料：2012 年 8 月，署蕾建筑公司下属第一建筑队发生有关经济业务如下：

(1) 5 日，本月各部门领用 A 材料的实际成本如下：甲工程领用 2 600 件，乙工程领用 120 件，工区管理领用 10 件，单位成本 100 元。

(2) 10 日，甲工程本月领用安全网一批，成本 10 000 元（采用一次摊销法核算）。

(3) 15 日，本月各部门分配工资费如下：甲工程发生 400 000 元，乙工程发生 300 000 元，工区管理发生 50 000 元。

(4) 20 日，以银行存款支付租入机械费 40 000 元，其中甲工程 20 000 元，乙工程 10 000元。

(5) 25 日，开出支票以 2 000 元支付办公用品购置费。

(6) 31 日，分配间接费用如下：甲工程占 40%，乙工程占 60%。

要求：逐笔编制记账凭证，并逐日逐笔登记银行存款日记账、有关明细账；

计算本月各工程成本：甲工程总成本、乙工程总成本。

1. 逐笔编制记账凭证

记账凭证见表 2-2～表 2-7。

表 2-2 **记　账　凭　证**

年　　月　　日　　　　　　字第　　号

摘要	总账科目	明细科目	√	借方金额									贷方金额								
				百	十	万	千	百	十	元	角	分	百	十	万	千	百	十	元	角	分
合　计																					

附件　张

会计主管：(印)　　记账：(印)　　复核：(印)　　制单：

表 2-3

记 账 凭 证

年 月 日 字第 号

摘要	总账科目	明细科目	√	借方金额									贷方金额								
				百	十	万	千	百	十	元	角	分	百	十	万	千	百	十	元	角	分
合 计																					

附件 张

会计主管：(印) 记账：(印) 复核：(印) 制单：

表 2-4

记 账 凭 证

年 月 日 字第 号

摘要	总账科目	明细科目	√	借方金额									贷方金额								
				百	十	万	千	百	十	元	角	分	百	十	万	千	百	十	元	角	分
合 计																					

附件 张

会计主管：(印) 记账：(印) 复核：(印) 制单：

表 2-5

记 账 凭 证

年 月 日 字第 号

摘要	总账科目	明细科目	√	借方金额									贷方金额								
				百	十	万	千	百	十	元	角	分	百	十	万	千	百	十	元	角	分
合 计																					

附件 张

会计主管：(印) 记账：(印) 复核：(印) 制单：

表 2-6

记 账 凭 证

年 月 日 字第 号

摘要	总账科目	明细科目	√	借方金额									贷方金额								
				百	十	万	千	百	十	元	角	分	百	十	万	千	百	十	元	角	分
合 计																					

附件 张

会计主管：(印) 记账：(印) 复核：(印) 制单：

表 2-7 **记 账 凭 证**

年 月 日 字第 号

摘要	总账科目	明细科目	√	借方金额									贷方金额								
				百	十	万	千	百	十	元	角	分	百	十	万	千	百	十	元	角	分
合 计																					

附件 张

会计主管：(印) 记账：(印) 复核：(印) 制单：

2. 逐笔登记日记账、有关明细账

根据该企业 1 月份所编的记账凭证逐日逐笔登记银行存款日记账、有关明细账，见表 2-8～表 2-12。

表 2-8 **银行存款日记账（三栏式）**

2012 年		证字号	摘 要	对方科目	收 入	支 出	余 额
月	日						
8	1		月初余额				880 000

表 2-9 **原材料明细分类账**

材料名称：A 材料 计量单位：

2012 年		凭证号数	摘 要	收 入			发 出			结 存		
月	日			数量	单价	金额	数量	单价	金额	数量	单价	金额
8	1		月初余额							3 200	100	

表 2-10 **间接费用明细账**

施工部门：

年		摘要	借 方							贷方	余额
月	日		材料费	工资及福利费	折旧费	办公费	水电费	其他费用	合计		

表 2-11　　**工 程 成 本 卡**

施工工程：甲工程

年		摘要	借　　方						贷方	余额
月	日		人工费	材料费	机械使用费	其他直接费	间接费用	合计		

表 2-12　　**工 程 成 本 卡**

施工工程：乙工程

年		摘要	借　　方						贷方	余额
月	日		人工费	材料费	机械使用费	其他直接费	间接费用	合计		

小　结

本项目主要学习工程成本概念及职能，工程成本核算的基本要求、意义、任务，工程成本核算对象、组织和程序，基本业务会计处理实训。

工程成本会计学是研究建筑企业成本费用的确认、计量、记录、反映和考核的一门会计管理学科，是成本会计学的组成部分。

工程成本会计的特点是一般采用二级或三级的分级核算，工程成本的核算对象一般是各项建筑安装的单位工程，要按合同办理工程价款的结算。工程施工费用是与工程施工有关的各项耗费。可以从不同的角度去了解工程施工费用，按经济内容施工费用可分为外购材料、外购动力、工资和福利费、固定资产折旧费、其他费用等；按其经济用途可分为人工费、材料费、机械使用费、其他直接费和施工间接费用、期间费用等。

工程成本项目分为人工费、材料费、机械使用费、其他直接费和间接费用。工程成本核算的要求是做好成本核算的各项基础工作、正确划清不同成本之间的界限、选择工程成本的计算方法。

正确核算工程成本还必须合理确定核算基本程序：将本期发生的各生产要素归集计入各受益对象账户；分摊和预提本月应负担的费用；分配辅助车间生产费用；分配机械作业费用；分配施工间接费用；结转已完工程成本。

练　习

一、填空题

1. 工程成本会计学是__________的组成部分。

2. 工程成本的核算对象一般是__________。

3. 工程成本费用是施工企业发生的与__________有关的各项耗费。

4. 工程成本按其计入成本核算对象的方式可划分为__________和__________。

5. 两级成本核算一般实行__________和__________核算。

6. 工程施工费用，按经济内容可分为__________、__________、__________、__________、__________、__________等。

二、判断题

1. 工程成本会计学是研究建筑企业工程成本费用的核算、分析和考核的一门会计管理学科。（　）

2. 工程成本会计的核算是一般采用分级核算。（　）

3. 工程成本项目分为人工费、材料费、机械使用费、其他直接费。（　）

4. 间接费用最终计入工程成本。（　）

5. 在工程成本核算程序中，先分配辅助车间生产费用，再分配机械作业费用。（　）

三、名词解释

工程成本

工程成本会计

直接人工费

直接材料费

机械使用费

四、简答题

1. 简述“工程施工”账户。

2. 工程成本项目包括那些具体内容?

3. 简述工程成本会计的职能。

4. 加强工程成本核算有哪些基础工作?

5. 简述工程成本核算的一般程序。

五、实务题

2012 年 3 月，如歌建筑公司下属建筑队施工乙工程，发生有关经济业务如下，要求逐笔编制会计分录，并填列工程成本计算表（表 2-13），计算乙工程总成本。

1. 本月各部门领用材料的实际成本如下：乙工程领用 220 000 元，工区管理领用

1 200元。

2. 本月各部门分配工资费如下：乙工程发生 560 000 元，工区管理发生 35 000 元。

3. 以银行存款支付租入机械费 38 000 元。

4. 开出支票以 3 300 元支付办公用品购置费。

5. 结转发生的间接费用。

6. 计算本月工程成本：乙工程发生多少元工程成本。

表 2-13 **工程成本计算表**

工程：乙工程 2012 年 3 月 单位：元

成本项目	材料费	人工费	机械使用费	其他直接费	间接费用	合计
发生工程成本						
合计						

项目三 掌握工程成本的分项核算

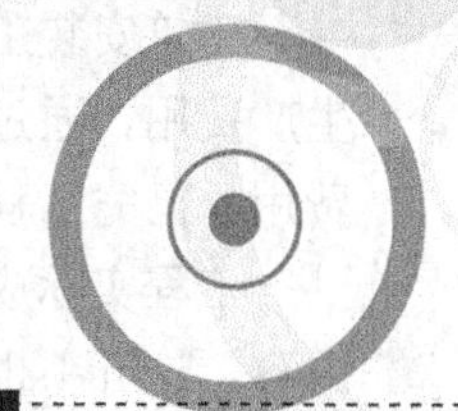

项目要求： 通过直接费用核算、间接费用核算、进行项目综合实训这三大任务，能掌握工程成本的分项核算及其有关知识。

项目内容： 人工费、材料费、机械使用费、其他直接费和间接费用的核算。

重点难点： 人工费、材料费的分配；间接费用的核算。

项目引例：

1. 资料：某施工企业下属的某一施工队 2010 年 8 月份发生下列有关经济业务：

（1）以银行存款支付管理员办公费 2 000 元。

（2）计提办公设备折旧费 9 000 元。

（3）领用一次性摊销的工具 1 000 元。

（4）发生应付管理人员工资 50 000 元。

本月该施工单位工程项目资料见文中。

2. 要求：

（1）编制间接费用发生的会计分录，并且登记间接费用明细账。

（2）列式计算分配施工间接费用，编制施工间接费分配表，并且编制分配间接费用的会计分录，登记间接费用明细账。

通过本项目学习，能处理这些经济业务，能掌握工程实际成本的分项核算。

任务一　熟悉直接费用的核算

建筑安装工程实际成本的核算，就是将施工单位在工程施工过程中实际发生的各项施工生产费用，通过“工程施工”科目进行汇总，并计算出各成本核算对象当期实际发生的施工费用、已完工程及竣工工程的实际成本。

工程实际成本的构成，包括人工费、材料费、机械使用费、其他直接费和间接费用五项内容，这五项也是工程成本项目。工程实际成本的核算，就是将工程施工过程中发生的施工费用，按人工费、材料费、机械使用费、其他直接费和间接费用等各个成本项目进行再归集和再分配，从而计算出各成本核算对象在一定时期及自开工至竣工期间所发生的实际成本数。

一、人工费的核算

（一）工程成本中人工费的内容

工程成本中的人工费是指从事建筑安装工程施工及其有关的工人工资费。其内容包括：按照国家规定支付给直接从事建筑安装工程施工的工人工资费，在现场制作和支拆模板的工人工资费，用人力将器材自工地仓库运至工地和在工地范围内转移的辅助工人工资，在现场直接为工程制作构件的工人工资费，以及为施工机械送料、配料和搬运施工机械所产产品（如流态混凝土、砂浆等）辅助工人的工资费和发放的劳动保护费。劳动保护费包括发放给职工个人的劳动保护用品以及对工人提供的保健用的解毒剂、营养品、防暑饮料、洗涤肥皂等的购置费或补助费。

（二）人工费计算

1. 计时工资的计算

应付职工的计时工资，是根据“考勤表”的作业工日、非作业工日和工资登记卡的工资标准计算的，管理人员、服务人员及其他人员采用计时工资计算。

（1）月薪制。

月薪制是按照固定月工资标准，扣减职工缺勤日数应扣工资的方法。

应付计时工资＝全勤月标准工资－缺勤应扣工资或＝全勤月标准工资－（事假、旷工日数×日工资 ＋病假日数×日工资 ×扣款比例）

式中：日工资率或日工资 ＝月标准工资/每月平均日

其中：每月平均日

一般每月按固定日数 30 天计算。月份内的法定休息日和法定假日视为出勤，照付工资；而缺勤期间含有的节假日也应算缺勤，照扣工资。

病假日数的工资扣款比例：

半年以内病假（包括非因工负伤）工资扣发标准：工龄不满 2 年、2～4 年、4～6 年、6～8年、8 年以上，扣发比例（%）40、30、20、10、0。

半年以上病假工资扣发标准：

工龄不满 1、1～3 年、3 年以上，扣发比例（%）60、50、40。

【例 3 - 1】 某车间工人赵林工龄 3 年，月标准工资为 960 元。该职工本月请事假 2 天，病假 4 天（包括一个休息天）。

日工资按 30 天计算：

日工资＝960÷30＝32 元/日

应付计时月工资＝960－(2×32＋4×32×30％)＝960－63－38.4＝857.6元

月薪制一般适应于固定职工。

训练3-1

泥工邱蕾工龄 5 年，月标准工资为 1 200 元，8 月份事假 3 日，病假 6 日（其中 2 日为星期日休假日），计算月薪制下他的日标准工资（按 30 天）、应付月计时工资。

日工资＝

应付计时月工资＝

(2) 日薪制。

日薪制是按职工出勤日数和日标准工资计算应付计时工资的方法，也称正算法。

应付计时工资＝本月实际出勤天数×日标准工资＋缺勤应发工资

日标准工资＝月标准工资/每月平均工作日

一般每月按平均 20.83 天计算。每月平均工作日数 20.83 日（以一年 365 日减去 104 个休息日和 11 个法定休假日除以 12 求得）计算。月份内的法定休息日和法定假日不付工资，因而缺勤期间含有的节假日也不扣工资。

其他同月薪制。

日薪制一般适用于临时职工。

【例 3-2】 泥工张平的月标准工资为 1 200 元，6 月份作业工日为 16 日，事假 1 日，病假 6 日（其中 2 天为星期日休假日；扣 20％ 工资），星期休假日 8 日，按 20.83 日计算，则他的应付月计时工资为多少元?

解　日标准工资＝1200÷20.83＝57.61 元

应付月计时工资＝ 57.61 ×16＋4 ×16 ×(1－20％)＝921.76 ＋51.2 ＝ 972.96元

训练3-2

某部门职工王林工龄 7 年，月标准工资为 1666.4 元。该职工本月作业工日为 18 日，请事假 2 天，病假 4 天（包括双休日 2 天）。要求按 20.83 日计算王林的月计时工资。

日工资＝

应付计时月工资＝

2. 计件工资的计算

应付工人的计件工资，是根据“工程任务单”中验收的合格工程量乘以规定的计件单价计算的。

(1) 个人计件工资的计算为

$$应付计件工资=\sum(验收合格工程量\times计件单价)$$

(2) 小组集体计件工资的计算：

先按小组集体完成的合格工程量和计件单价，求得小组应得的计件工资总额，然后在小组成员之间根据每个工人的日标准工资和实际作业工日计算的标准工资的比例进行分配。

$$分配率=\frac{小组集体计件工资总额}{按每个工人的日标准工资和实际作业工日计算的标准工资}\times100\%$$

$$\frac{某工人}{应付工资}=\frac{该工人的日标准工资和实际}{作业工日计算的标准工资}\times分配率$$

【例3-3】 由三个不同工资等级工人组成的泥工小组，在某月份内共完成 $200m^3$ 砖基础砌筑工程。砖基础计件单价为33元/m^3。

小组每个工人的工资等级、日标准工资、实际作业工日和按日标准工资计算的标准工资见表3-1。

表3-1 **计件工资分配表** 单位：元

工人姓名	工资等级	日标准工资	实际作业工日	计时标准工资	分配率	应付计件工资
甲	5	120.00	20	2 400.00		2 640
乙	4	100.00	20	2 000.00		2 200
丙	3	80.00	20	1 600.00		1 760
合计			60	6 000.00	1.1	6 600

审核： 制表：

列式计算：

应付小组计件工资=200×33 =6 600元

分配率=6 600/6 000=1.1

应付甲计件工资=2 400×1.1=2 640元

应付乙计件工资=2 000×1.1=2 200元

应付丙计件工资=1 600×1.1=1 760元

训练3-3

某施工单位瓦工一组2011年11月共完成A项目工程 $800m^3$，计件单价40元，考勤记录和计时工资标准如下：

赵新 计时日标准工资100元，实际工作日数20天。

孙利 计时日标准工资80元，实际工作日数25天。

黄洪 计时日标准工资90元，实际工作日数20天。

要求：列式计算该组应得计件工资额，分配个人应得计件工资，并编制计件工资分配表（表 3-2）。

表 3-2　　**计件工资分配表**　　单位：元

工人姓名	日标准工资	实际作业工日	计时标准工资	分配率	应付计件工资
合计					

审核：　　制表：

列式计算：

应付小组计件工资＝

分配率＝

应付甲计件工资＝

应付乙计件工资＝

应付丙计件工资＝

3. 职工奖金、津贴、补贴的计算

施工企业应付的各项工资性奖金，应根据各施工生产单位和职能部门的评定和分配结果进行计算。凡有定额考核的一线工人，应以劳动定额、消耗定额为依据，按照完成施工生产任务的质量、效率、安全、节约和出勤情况，按月进行考核，实行按分计奖。对于无定额考核的二线人员和技术、管理、服务人员，应在建立部门、个人经济责任制的基础上，根据任务轻重、工作难易、责任大小等，实行计分办法，按月或按季进行考核，按分计奖。各种工资性的津贴和补贴，不论是实行计时工资或是计件工资，均应按照国家和地区的有关规定计算。

4. 加班加点工资的计算

加班加点是在企业执行标准工作时间制度的基础上延长工作时间，凡在法定节假日和公休假日进行工作的称为加班，凡在正常工作日延长工作时间的称为加点。按照《劳动法》规定，凡是用人单位安排职工加班加点的，都应当按照有关规定支付工资。

按照劳动部《工资支付暂行规定》的规定，标准工时制度的加班加点工资计算。加班加点三种情况：

（1）用人单位依法安排劳动者在法定标准工作时间以外延长工作时间的。

（2）用人单位依法安排劳动者在休息日工作，而又不能安排补休的。

（3）用人单位依法安排劳动者在法定休假日工作的。

对此，分别按照不低于其本人工资标准的百分之一百五十、百分之二百、百分之三百支付其工资。其他情况类似。

应付职工的加班加点工资计算公式为

应付职工的加班加点工资＝加班加点工日（或工时）×日（或工时）标准工资×加班系数

5. 其他薪酬的计算

如职工因病或非因工负伤，根据其医疗时间的长短不同，按不同标准支付其工资。

6. 应付职工薪酬与实发 职工薪酬的计算

通过以上计算，就可求得企业应付给每个职工的计时工资和计件工资，再加上应支付给每个职工应得的经常性奖金和津贴等，即为企业应付职工工资额。

应付职工薪酬 ＝计时工资＋计件工资＋计入工资总额的奖金、津贴、补贴
＋加班加点工资＋其他工资

在应付薪酬的基础上，再扣除一些代扣代交款项，即可计算出实发薪酬。每个职工的代扣代交款项一般是不会相同的，因而应根据扣款通知单中所列的代扣代交款项据实扣除，如代扣水电费、代交个人所得税、住房公积金、养老保险、医疗保险等。

实发职工薪酬＝应付职工薪酬－代扣代交款项

【例 3-4】 李慧的应付计时月工资为 694.20 元。他应享受的保健津贴为 90 元，夜班津贴 86 元，综合奖金 180 元；代扣个人所得税 5.20，公积金 69 元，水电费 45 元。

李慧的应付职工薪酬＝694.20＋90＋86＋180＝1 052.20 元

李慧的实发职工薪酬＝1 052.20－5.20－69－45＝933 元

（三）人工费分配方法

人工费分配计入成本核算对象，应当按照人工费的性质和内容区别对待，采用不同方法。

如果能分清受益成本核算对象，那么将发生人工费直接计入受益成本核算对象。不能分清受益成本核算对象，那么将发生人工费分配计入受益成本核算对象。分配方法如下：

（1）按实际计时工日数（或定额用工日数）分配的方法。

分配公式为

某工程应分配的工资＝该工程实际计时用工数×日平均计时工资

日平均计时工资＝要分配的工资/出勤计时工日数

主要适用于建筑安装工人的计时工资分配。工资计入各受益对象成本核算对象的“人工费”项目。

（2）按实际（或定额）用工数（计件、计时合计工日数）比例分配的方法。

计算公式为

某项工资分配率＝要分配的工资/（计时工日数＋计件工日数）

某工程应分配的工资＝该工程实际（或定额）用工数×工资分配率

采用该方法的工资项目有建筑安装工人的工资性津贴、奖金、劳动保护费等。

（3）按比例计提的方法，计算公式为

某工程应分配的工资＝该工程工资数×计提比例

适用于建筑安装工人的职工福利费、住房公积金等。

【例 3-5】 资料：某施工单位 2011 年 8 月份人工费核算资料如下：

（1）应付工资如下：

1）计时工资 250 000 元；

2）工资性津贴 122 000 元。

(2) 施工用工资料见表 3-3。

表 3-3　　施工用工资料表

工程项目	计件工日	计时工日	合计
201 合同项目	2 200	1 600	3 800
202 合同项目	1 400	900	2 300
合　计	3 600	2 500	6 100

要求：根据上述资料分配人工费。

计时工资分配为

计时工资分配率＝250 000/2 500＝100

201 合同项目负担工资＝1 600×100＝160 000 元

202 合同项目负担工资＝900×100＝90 000 元

训练3-4

根据上述资料进行工资性津贴分配。

(四) 人工费分配表的编制及其分录

人工费分配的核算是指根据成本费用分配原则，将人工费按照按其用途或发生地点进行归集，正确分配进入成本及相关科目的过程。

对本企业本月应发放的薪酬，应计入的各受益对象分别是：

(1) 建安生产薪酬的应付薪酬，计入工程施工账户。

(2) 工业生产工人的应付薪酬，计入工业生产账户。

(3) 辅助生产工人的应付薪酬，计入辅助生产账户。

(4) 机械作业工人的应付薪酬，计入机械作业账户。

(5) 企业下属施工单位管理人员的应付薪酬计入工程施工——间接费用账户。

(6) 企业行政管理人员的应付薪酬，计入管理费用账户。

(7) 材料部门和仓库管理人员的应付薪酬，计入材料采购——采购保管费账户。

(8) 应由务种专项工程负担的人员薪酬，计入在建工程账户。

工程成本核算中人工费的分配，应通过“人工费分配表”进行。

【例 3-6】 人工费分配见表 3-4，要求作薪酬分配的会计分录。

表 3-4 **人工费分配表**

2012年6月 单位：元

分配对象	建安工人	机械施工工员	运输作业人员	辅助生产人员	工业生产人员	施工技术管理服务人员	企业行政人员	合计
工程施工								
—甲工程	80 000							80 000
—乙工程	90 000							90 000
机械作业			30 000					30 000
辅助生产				6 000				6 000
施工间接费用						4 000		4 000
管理费用							10 000	10 000
合计	170 000	2000	30 000	6 000		4 000	10 000	220 000

记账： 制表：

根据“人工费分配表”分配薪酬，应作如下分录入账：

借：工程施工——合同成本——甲工程 80 000

—— 乙工程 90 000

机械作业 30 000

生产成本——辅助生产成本 6 000

工程施工——间接费用 4 000

管理费用 10 000

贷：应付职工薪酬——工资 220 000

如果企业有从事多种经营的业务人员，应将他们的薪酬记入“其他业务成本”科目的借方；有从事固定资产建造、扩建、改建、修理，以及临时设施搭建等专项工程的工人，应将他们的薪酬记入“在建工程”科目的借方。

训练3–5

资料见表 3-5 工资汇总表。

表 3-5 **工资汇总表（ 年 月）** 单位：元

部门人员	人数	基本工资	奖金	各种津贴	应付薪酬	代扣	实发薪酬
						个人所得税	
施工生产工人	10	38 000	7 000	1 200		1 200	
施工队管理人员	2	15 000	3 000	500		300	
企业管理人员	3	13 000	2 500	900		450	
基建人员	2	4 500	600	200		150	
合计	17						

要求：填制工资汇总表；

作通过银行发薪酬的会计分录；

作分配本月发生薪酬的会计分录。

二、材料费的核算

（一）工程成本中材料费的内容

（1）工程成本中的材料费是指建筑安装工程施工过程中耗用并构成工程实体的主要材料、辅助材料、结构件、零件、半成品的实际成本和有助于工程形成的其他材料实际成本，以及周转材料的摊销费和租赁费用。成本内容包括：

1）材料原价（或供应价格）。

2）材料运杂费：是指材料自来源地运至工地仓库或指定堆放地点所发生的全部费用。

3）运输损耗费：是指材料在运输装卸过程中不可避免的损耗。

4）采购及保管费：是指为组织采购、供应和保管材料过程中所需要的各项费用。包括采购费、仓储费、工地保管费、仓储损耗。

（2）材料在施工企业存货中占有很大比例重，是存货核算的重要内容。为了加强材料存货的管理与核算，正确反映各种材料在工程成本或工程成本中比重，就需要对材料进行科学合理的分类。按照材料在施工生产中的用途，一般可将材料分为以下几类：

1）主要材料，是指用于工程或工程，并构成工程或工程实体的各种材料，包括：黑色金属材料、有色金属材料、木材、硅酸盐材料（水泥、砖、瓦、灰、矿石等）、小五金材料、电器材料和化工材料等。

2）结构件，是指经过吊装、拼砌和安装而构成房屋、建筑物实体的各种金属的、钢筋混凝土的和木制的结构件，如钢门、钢窗、各类预制结构等。

3）机械配件，是指施工机械、生产设备、运输设备等各种机械设备替换、维修使用的各种零件和配件，以及为机械设备准备的备品备件，如轴承、活塞等。

4）其他材料，是指不构成工程或工程实体，但有助于工程或工程形成，或便于施工生产进行的各种材料，如小五金、防护用品、电料、杂品、燃料、油料和润滑油、擦布、绳子等辅助材料。

5）周转材料，是指企业在施工生产过程中能多次使用，并可基本保持原来的形态而逐渐转移其价值的材料。周转材料按用途不同可以分为模板、挡板、架料、其他周转材料。

6）低值易耗品，是指单项价值在规定金额之内或使用期限低于规定时间，能多次使用且基本上保持其原有实物形态的物品。可以分为 生产工具、劳保用品、管理用具和其他用具。

1）～4）通过原材料账户核算，5）、6）低值易耗品和周转材料一般通过周转材料账户核算。

（二）发出原材料成本的核算

材料核算有实际成本核算法、计划成本核算法。本教材讲述实际成本计价法下材料的核算。

1. 实际成本计价法下原材料发出成本的确定

由于企业采购材料是分批采购的，各批次材料价格会有所不同，这样在实际成本计价核算下，发出材料的成本计算方法有多种，如加权平均法。

加权平均法是根据每种存货的加权平均单价计算发出存货实际成本的一种计算方法。采用加权平均法，日常收到的存货按数量、单价和金额登记，发出存货时只登数量，不登记单价和金额，期末时按加权平均单价一次计算，其计算公式是

$$加权平均单价=\frac{期初结存金额+本期收入金额}{期初结存数量+本期收入数量}$$

$$发出材料的实际成本=发出材料实际数量\times加权平均单价$$

采用这种计价方式，简化了核算手续，但月末一次计算发出材料的成本，给材料的日常管理带来不便。平时还无法掌握材料的结存金额。

【例 3-7】 某建设工程公司本月甲材料的购入和发出情况见表 3-6（单位：件、元）。

表 3-6　　甲材料收发情况表

日期	摘要	收入			发出			结存		
		数量	单价	金额	数量	单价	金额	数量	单价	金额
1	月初余额							500	10.00	5 000
3	第一批购入	800	8.50	6 800				1 300		
10	第二批购入	1 500	9.00	13 500				2 800		
12	领用				1 500			1 300		
20	第三批购入	3 000	12.00	36 000				4 300		
28	领用				2 500			1 800		
	合计	5 300		56 300				1 800		

要求：根据上述资料，采用加权平均法确定发出甲材料的价值为

$$甲材料的加权平均单价=\frac{5\ 000+56\ 300}{500+5\ 300}=10.57\ 元$$

$$本月发出甲材料的价值=4\ 000\times10.57=42\ 280\ 元$$

$$月末结存材料金额=5\ 000+56\ 300-42\ 280=19\ 020\ 元$$

材料明细分类账登记见表 3-7。

表 3-7　　材料明细分类账

日期	摘要	收入			发出			结存		
		数量	单价	金额	数量	单价	金额	数量	单价	金额
1	月初余额							500	10.00	5 000
3	购入	800	8.50	6 800				1 300		
10	购入	1 500	9.00	13 500				2 800		
12	领用				1 500			1 300		
20	购入	3 000	12.00	36 000				4 300		
28	领用				2 500			1 800		
	合计	5 300		56 300	4 000	10.57	42 280	1 800	10.57	19 020

训练3–6

一次加权平均法，材料明细分类账见表3-8。

表3-8　材料明细分类账

（按加权平均法计价）

材料名称：钢筋　　计量单位：t

2007年		凭证号数	摘要	收入			发出			结存		
月	日			数量	单价	金额	数量	单价	金额	数量	单价	金额
6	1		期初结存							20	2 500	
	5		领用10t									
	10		收入	30	2 800							
	15		领用20t									
	20		收入	20	3 000							
	23		领用15t									
		本月合计										

2. 发出原材料的总分类核算

企业施工生产领用材料，按实际成本借记“工程施工”、“辅助生产”、“机械作业”、“管理费用”等科目，贷记“原材料”科目；企业发出委托外单位加工的材料，借记“委托加工物资”科目，贷记“原材料”科目。

基建工程等部门领用的材料，按实际成本借记“在建工程”等科目，贷记“原材料”科目。

出售原材料，按已收或应收的价款，借记“银行存款”或“应收账款”等科目，按实现的营业收入，贷记“其他业务收入”等科目，按应交的增值税额，贷记“应交税费——应交增值税”科目；月度终了，按出售材料的实际成本借记“其他业务成本”科目，贷记“原材料”科目。

为了简化核算手续，减少核算工作量，平时根据发料凭证只登记材料明细账，不直接根据每一张领料凭证编制记账凭证，发出材料的核算集中在月末进行。

【例3-8】 月末，财会部门对已标价的领料凭证，按主要材料类别和用途，编制发出主要材料汇总表，作为发出主要材料总分类核算的依据。发出主要材料汇总表的一般格式见表3-9。

表3-9　**发出主要材料汇总表**

2007年6月

材料用途	主要材料			
	钢材	水泥	其他	小计
工程施工	200 000	100 000	50 000	350 000
其中：112厂房工程	150 000	70 000	40 000	260 000
113办公楼	50 000	30 000	10 000	90 000
机械作业			1 000	1 000
行政管理部门		1 500	500	2 000
辅助生产		2 000	1 000	3 000
合计	200 000	103 500	52 500	356 000

记账：　　审核：　　制证：

根据发出材料的核算原则及月末编制的发出材料汇总表即可作如下会计分录：

借：工程施工——合同成本（112 厂房）　260 000

——合同成本（113 办公楼）　90 000

机械作业　1 000

管理费用　2 000

生产成本——辅助生产成本　3 000

贷：原材料——主要材料　356 000

（三）周转材料的发出成本核算

1. 周转材料摊销方法

周转材料在工程施工—合同成本和工程生产中可以多次反复使用，因此，其价值也是按照一定的方法分次摊销计入工程或工程成本中。

（1）一次摊销法，指在领用周转材料时，将其全部价值一次计入工程成本或有关费用。这种方法适用于易腐、易糟或价值较低，使用期较短的周转材料，如安全网等。

（2）分期摊销法。价值较大的，可以根据耐用期限分期摊入成本费用。

（3）分次摊销法，即根据周转材料预计使用次数、原值、预计残值确定每次摊销额，再根据本期使用次数确定本期应摊费用，将其价值计入工程成本或有关费用的方法。这种方法适用于预制钢筋混凝土构件时所使用的定型模板、模板、挡板及架料等周转材料。其计算公式为

$$每次周转材料摊销额=\frac{周转材料原价\times（1-残值占原值的百分比）}{预计使用次数}$$

$$本期摊销额=每次摊销额\times本期使用次数$$

【例 3-9】 某施工企业有一套大模板，它的成本为 8 000 元，预计使用 10 次，本月使用 2 次，预计净残值率 10%，则

$$每次应摊销模板费用=\frac{8\ 000\times(1-10\%)}{10}=720\ 元$$

$$本期摊销额=720\times2=1\ 440\ 元$$

（4）定额摊销法，即根据每月实际完成的建筑安装工程量和预算定额规定的周转材料消耗定额计算各月应摊销的周转材料费用。这种方法适用于各类周转材料摊销价值的计算。

$$\begin{matrix}某月应摊\\周转材料费\end{matrix}=\begin{matrix}本月完成的\\实物工作量\end{matrix}\times\begin{matrix}单位工程量周转\\材料消耗定额\end{matrix}$$

【例 3-10】 某工程现场预制混凝土构件，领用模板一批。单位模板消耗定额为 80 元/m^3，本月实际完成 120m^3，则

$$本月模板摊销额=120\times80=9\ 600\ 元$$

这种摊销方法虽然简便，但往往与实际木模消耗情况严重脱节。对雨篷等工程，在核算时不宜采用这种摊销方法。

对各种周转材料的具体摊销方法，由企业根据具体情况确定，一经确定，一般不得随意改变，如果改变，需在会计报表附注中加以说明。

在实际工作中，周转材料无论采用哪一种摊销方法，平时计算的摊销额，一般都不可能与实际损耗价值保持一致，企业如有短缺报废、工程竣工或不需用退库，以及转移到其他工程的周转材料，应及时办理有关手续并确定补提摊销额。

（5）“五五”摊销法，是指在领用低值易耗品时，摊销其价值的 50%，报废时再摊销

50%的一种方法。

2. 周转材料的总分类核算

【例 3-11】 某施工企业有一套大模板，它的成本为 6 000 元，预计使用 6 次，本月为工程施工使用 1 次，预计净残值率 10%。采用分次摊销法为例，在首次领用时，即作会计处理：

借：周转材料——在用（模板） 6 000

　　贷：周转材料——在库（模板） 6 000

本月作摊销的会计处理

借：工程施工 900

　　贷：周转材料——摊销 900

报废时，残料 600 元入库时：

借：原材料——其他材料 600

　　贷：工程施工 600

注销在用模板：

借：周转材料——摊销（模板） 6 000

　　贷：周转材料——在用（模板） 6 000

训练3-7

根据以下经济业务，作会计分录。

（1）采购模板一批，总成本 5 000 元，款用银行存款支付，模板已经验收入库。

（2）工程施工领用模板 2 000 元（采用 10 个月摊销）。

（3）月末摊销模板成本。

（4）模板使用 10 个月后报废，收回的模板作残料 200 元入库。

（5）注销在用的模板。

（四）材料费分配

材料费分配的原则是“谁领用、谁受益、谁承担”。一般材料按受益对象计入材料成本。周转材料，按照规定方法进行摊销，将摊销费按受益对象计入工程材料成本。租用的周转材料，依据周转材料租费结算单计入工程材料成本。

1. 定额消耗量比例法

按材料定额消耗量比例分配材料费用的计算公式如下

$$某种工程材料定额消耗量=该种工程实际产量\times单位工程材料消耗定额$$

$$材料消耗量分配率=\frac{材料实际总消耗量}{各工程材料定额消耗量}$$

$$某工程应分配的材料数量=该种工程的材料定额消耗量\times材料消耗量分配率$$

某工程应分配的材料费用＝该种工程应分配的材料数量×材料单价

2. 定额成本比例法

某种工程某种材料定额费用＝该工程实际产量×单位工程该种材料费用定额

＝该工程实际产量×单位工程该种材料消耗定额×该种材料计划单价

$$材料费用分配率=\frac{各种材料实际费用总额}{各工程材料定额费用之和}$$

某工程分配负担的材料费用＝该工程各种材料定额费用之和×材料费用分配率

3. 完成产量比例法

$$材料费用分配率=\frac{材料实际费用总额}{各工程完成产量之和}$$

某工程分配负担的材料费用＝该工程各种材料定额费用之和×材料费用分配率

【例 3 - 12】 某施工企业建造甲、乙两项工程，共同耗用细砂 2 100t，单价 30 元；甲、乙两项工程细砂的定额消耗量分别是 1 200t、800t，要求列式计算细砂材料费用分配率、各工程应分配细砂材料费用，并作耗用细砂的会计分录。

细砂材料费用分配率＝2 100×30 /(1 200＋800)＝31.5

甲工程应分配细砂材料费用＝1 200×31.5＝37 800 元

乙工程应分配细砂材料费用＝800×31.5＝25 200 元

耗用细砂的会计分录

借：工程施工——合同成本——甲工程	37 800	
——乙工程	25 200	
贷：原材料——主要材料——细砂		63 000

训练3-8

华昌建筑公司材料按计划成本日常核算，该公司第二施工队施工甲、乙两项工程。7 月份施工甲工程领用 A 材料 120 000 元，施工乙工程领用 A 材料 98 000 元，施工甲、乙两种工程共同耗用的 B 材料为 225 000 元。

本月甲工程投产量 240m^3，单耗 B 材料定额为 30kg；乙工程投产量 150m^3，单耗 B 材料定额为 12kg。

要求：(1) 按定额消耗量比例法分配甲、乙工程共同耗用 B 材料的费用；

(2) 分别计算甲、乙工程耗用材料的总费用；

(3) 编制该月领用材料的会计分录。

4. 材料费分配表的编制

月末时，施工单位应根据领料单、定额领料单、大堆材料耗用计算单、集中配料耗用计算单、周转材料使用费汇总分配表、退料单等原始单据，编制“材料费分配表”，用于确定当月各成本核算对象所发生的材料费，作为工程成本计算和成本账卡登记的依据。

【例 3 - 13】 “原材料费分配表”见表 3 - 10。

表 3 - 10　　**原材料费分配表**　　2011 年 12 月

受益对象 / 材料名称	计量单位	101 合同项目		102 合同项目		103 合同项目		104 合同项目		合计金额
		数量	金额	数量	金额	数量	金额	数量	金额	
一、主要材料										
钢材	t	90	270 000	3	9 000			2	6 000	285 000
水泥	t	720	144 000	60	12 000	35	7 000	40	8 000	171 000
石灰	t			17	1 700	21	2 100	22	2 200	6 000
小计			920 900		98 600		92 700		114 000	1 214 000
二、结构件										
混凝土构件	m^3							51	28 560	28 560
成本差异										
三、其他材料										
金　额			13 000		1 500		1 300		1 100	16 900
成本差异										
合计										
金额			933 900	87 900			94 000		143 660	1 259 460

温馨提示

如果按计划成本进行材料日常核算的企业，那么还应按月随同耗用材料的计划成本和当月的实际材料成本差异率分配材料成本差异，将耗用材料的计划成本调整为实际成本。为了加快月结工作，材料成本差异的分配，也可以按上月的材料成本差异率计算。

根据编制的原材料费用分配表，进行如下会计处理：

借：工程施工——合同成本——101 项目　　933 900
　　　　　　　　　　　——102 项目　　87 900
　　　　　　　　　　　——103 项目　　94 000
　　　　　　　　　　　——104 项目　　14 336
　贷：原材料——主要材料——钢材　　285 000
　　　　　　　　　　　——水泥　　171 000
　　　　　　　　　　　——石灰　　6 000
　　　　　——结构件——混凝土构件　　28 560
　　　　　——其他材料　　16 900

5．已领未用材料的核算

已领未用材料是指已开领料单领出但未耗用的材料。月末编制“已领未用材料盘点单”，据以办理“假退料”手续，冲减当期工程成本的“材料费”，并计入下期工程成本的“材料费”中并作为已完工程实际成本计算的依据。

【例 3-14】 301 合同项目工程月末“已领未用材料盘点单”资料见表 3-11。

表 3-11　已领未用材料盘点单

工程名称：301 合同项目　　2011 年 12 月

材料名称	规格	计量单位	期末盘点数	单价	金额
钢材	12	t	2	3 000	6 000
水泥	400 号	t	6	200	1 200
合　计					7 200

已领未用材料的账务处理方法：

（1）在编制材料费分配表时，直接冲减领用的材料费，这样不作会计分录；

（2）不在编制材料费分配表时冲减领用的材料费，这样要单独作会计分录，如根据上例资料，作会计分录：

借：原材料——主要材料——钢材　　6 000

　　　　　　　　　　　——水泥　　1 200

　贷：工程施工——合同成本——301 项目　　7 200

三、机械使用费的核算

（一）工程成本中机械使用费的内容

工程成本中的机械使用费，是指在工程施工过程中使用机械所发生的各项开支。具体包括：使用自有施工机械和运输设备所发生的机械使用费，租用外单位（包括内部独立核算单位）施工机械所支付的机械租赁费，以及按规定支付的施工机械安装、拆卸和进出场费等。

施工机械作业成本应由下列七项费用组成：

（1）折旧费：指施工机械在规定的使用年限内，陆续收回其原值及购置资金的时间价值。

（2）大修理费：指施工机械按规定的大修理间隔台班进行必要的大修理，以恢复其正常功能所需的费用。

（3）经常修理费：指施工机械除大修理以外的各级保养和临时故障排除所需的费用。包括为保障机械正常运转所需替换设备与随机配备工具附具的摊销和维护费用，机械运转中日常保养所需润滑与擦拭的材料费用及机械停滞期间的维护和保养费用等。

（4）安拆费及场外运费：安拆费指施工机械在现场进行安装与拆卸所需的人工、材料、机械和试运转费用以及机械辅助设施的折旧、搭设、拆除等费用；场外运费指施工机械整体或分体自停放地点运至施工现场或由一施工地点运至另一施工地点的运输、装卸、辅助材料及架线等费用。

（5）人工费：指机上司机（司炉）和其他操作人员的工作日人工费及上述人员在施工机械规定的年工作台班以外的人工费。

（6）燃料动力费：指施工机械在运转作业中所消耗的固体燃料（煤、木柴）、液体燃料

(汽油、柴油)及水、电等。

(7)养路费及车船使用税:指施工机械按照国家规定和有关部门规定应缴纳的养路费、车船使用税、保险费及年检费等。

(二)归集发生的机械作业费用

机械作业发生的各项费用,能够分清成本核算对象和成本项目则直接计入机械作业账户及相关明细账,不能分清成本核算对象和成本项目的,则按一定的分配方法,分配计入机械作业账户及相关明细账。

【例 3-15】 力量建筑公司的机械站根据租赁合同承担了一项机械施工的任务,本月为此发生以下费用:

(1)应付机上操作人员的工资 4 500 元及福利费 630 元,机械设备管理人员的工资2 600 元及福利费 364 元。

(2)机上领用燃料计划成本 1 200 元,擦拭材料计划成本 1 000 元,停机棚修理用料计划成本 300 元,本月材料成本差异率为-1.5%。

(3)用银行存款支付机械拆装费用 500 元。

(4)机械折旧费 2 800 元和停机棚的折旧费 1 300 元。

(5)应付动力费 1 050 元。

(6)月末,结转本月发生的各项费用。

(1)~(5)账务处理(简化)如下:

借:机械作业——人工费　　5 130.00　(4 500+630)
　　——燃料及动力费　　2 167.00　(1 200+1 000)×(1-1.5%)
　　——折旧与修理费　　2 800.00
　　——其他直接费　　1 550.00
　　——间接费用　　4 559.50 (2 600+364+300-4.5+1 300)
　　——材料成本差异　　37.50　(1 200+1 000+300)×1.5%
　贷:应付职工薪酬——工资　　7 100.00　4 500+2 600
　　　——福利费　　994.00　630+364
　　原材料　　2 500.00
　　银行存款　　500.00
　　累计折旧　　4 100.00
　　应付账款　　1 050.00

(7)月末,机械作业成本的结转

借:其他业务成本——机械作业　　16 244
　贷:机械作业——机械出租　　16 244

(三)机械作业成本的分配

在机械作业过程中发生的各项成本费用,期末应转入受益对象,以便能够正确反映和考核受益对象的成本。如果只有一个受益对象,则直接计入受益对象;如果有两个以上的受益对象,则要按照一定的方法进行费用的分配。

机械作业成本的分配方法

一般有使用台班分配法、完成产量分配法和工料成本分配法。

1. 使用台班分配法

使用台班分配法是根据某种机械、设备每台班实际成本与各受益对象使用该种机械的台班数量，计算该种机械应负担的费用的一种机械作业成本的分配方法，公式如下

某种机械台班实际成本＝该种机械作业成本合计/该种机械作业台班数

某受益对象应分配该某种机械作业成本＝该受益对象使用种机械作业台班数×该种机械实际台班成本

这种分配方法适用于单机或机组为成本核算对象。

【例3-16】 某挖土机本月使用的台班总数为20，其中，A号工程12个台班，B号工程8个台班，发生成本16 206.50元，则

挖土机台班实 际 成 本 ＝ 16 206.50/20＝810.33元

A号工程应分配挖土机作业成本＝12×810.33＝9 723.90元

B号工程＝16 206.50－9 723.90＝6 482.60元

2. 完成产量分配法

完成产量分配法是根据某种机械、设备单位产量实际成本与各受益对象使用该种机械完成的产量，计算该种机械应负担的费用的一种机械作业成本的分配方法，公式如下

某种机械单位产量实际成本＝该种机械作业成本合计/该种机械实际完成产量

某受益对象应分配某种机械作业成本＝该受益对象使用该种机械完成的产量×该种机械单位产量实际成本

这种方法适用于单机或机组为成本核算对象的成本分配，如大型挖土机、搅拌机等。

训练3-9

挖土机本月发生成本16 206.50元，本月完成挖土方4 000m^3，其中，A号工程2 400m^3，B号工程1 600m^3。要求用完成产量分配法分配机械作业费用，编制分配表（表3-12）。

挖土机单位产量实际成本＝

A号工程应分配挖土机作业成本＝

B号工程应分配挖土机作业成本＝

表3-12 **机械作业费用分配表**

部门： 年 月 日 单位：元

分配对象	分配标准	分配率	分配金额

主管： 审核： 制表：

3. 工料成本分配法

使用工料成本分配法是以使用机械、设备的受益对象的人工费、材料费为分配标准，计算和分配该受益对象应负担的该种机械的费用的一种机械作业成本的分配方法，公式如下

$$某类机械作业成本分配率=\frac{该种机械作业成本合计}{使用该类机械的各受益对象的工料成本之和}$$

某受益对象应分配某种机械作业成本＝该受益对象工料成本 ×该类机械作业成本分配率

这种方法适用于以机械类别为成本核算对象的成本分配，使用比较频繁，如打夯机、机动翻斗车等。

【例 3-17】 本月为甲、乙两工程提供运输的总成本为 200 000 元。根据账簿记录：甲工程工料费为 460 000 元；乙工程工料费 340 000 元。要求：列式分配机械作业成本，并作分配的会计分录。

机械使用费分配率＝200 000/800 000＝0.25 元/元

相关受益对象应负担费用：

甲工程负担的机械使用费＝0.25×460 000＝115 000 元

乙工程负担的机械使用费＝0.25×340 000＝85 000 元

会计分录：

借：工程施工——甲工程——机械使用费　　115 000

　　　　　——乙工程——机械使用费　　85 000

　贷：机械作业——承包工程——5t 载重车　　200 000

（四）机械使用费总分类核算

1. 租用外单位（包括内部独立核算机械作业单位）的施工机械

从外单位或公司内部单位租入的施工机械设备支付的租赁费，应根据机械管理部门提供的“机械设备结算单”所列金额，直接计入工程成本。

租赁机械使用费一般通过编制“租赁机械使用费汇总分配表”进行计算和分配。计算公式为

某工程负担的租赁机械使用费＝实际台班使用量×单价

【例 3-18】 某建筑公司下属施工单位以支付某外单位机械化站 6 900 元，根据转来的有关结算凭证编制“租赁机械使用费汇总分配表”，列示其一般格式见表 3-13。

表 3-13　　**租赁机械使用费汇总分配表**　　2011 年 12 月

机械名称 / 受益对象	推土机		汽　车		吊　车		合计金额
	单价	500	单价	400	单价	200	
	台班	金额	台班	金额	台班	金额	
101 合同项目	5	2 500					2 500
102 合同项目			6	2 400	10	200	4 400
合　计	5	2 500	6	2 400	10	2 000	6 900

根据机械租赁费结算凭证和上述分配表，即可作如下会计分录，并据以在工程成本明细账中的“机械使用费”项目进行登记：

借：工程施工——101 合同项目（机械使用费）　　2 500

　　工程施工——102 合同项目（机械使用费）　　4 400

　贷：银行存款　　6 900

2. 使用本单位自有施工机械和运输设备

使用自有机械或运输设备进行机械作业所发生的各项费用，由项目经理部实际使用情况进入成本。其作业成本先通过“机械作业”账户核算，月终再按一定的方法分配计入受益成本核算对象的机械使用费项目中。

分配方法一般有使用台班分配法、完成产量分配法和工料成本分配法。在实际工作中，自有机械使用费的分配是通过编制“自有机械使用费分配表”进行的。

训练3-10

某建筑公司下属施工单位根据机械运转记录及机械使用月报所示的工程名称、使用台班和台班实际单位成本编制“自有机械使用费分配表”，其格式见表3-14。

表3-14 **自有机械使用费分配表** 20××年×月

机械名称 / 受益对象	搅拌机		卷扬机		翻斗车		小型机械		合计金额
	单价	30	单价	40	单价	50	分配率	10%	
	台班		台班		台班		标准		
101合同项目	150				50		9 500		
102合同项目	10		15		5		1 200		
103合同项目	5		10		4		900		
104合同项目	10		10		8		3 400		
合　计	175		35		67		15 000		

要求：计算分配自有机械使用费，补充编制完成“自有机械使用费分配表”，并且作分配自有机械使用费的会计分录。

3. 按照规定支付的施工机械安装、拆卸和进出场费

工程工期一年内情况下，本年发生的施工机械安装、拆卸和进出场费，直接一次计入受益成本核算对象的机械使用费项目。

工程工期一年以上情况下，应先通过“长期待摊费用”账户归集，然后根据实际情况，摊销计入受益成本核算对象的机械使用费项目。

训练3-11

设某施工单位承包的工程工期2年，工程项目施工机械进出场费等已包含在预算定额之中。施工机械进出场费等长期待摊费用按受益期限本月应摊销的金额为：施工机械安装及拆卸费1 200元，进出场费1 500元。分配基础等见表3-15。

要求：根据各工程机械使用费预算成本的比例计算分配长期待摊费用，并将结果填列入表3-15中。

表 3-15　　施工机械进出场费分配表　　20××年×月

费用 受益对象	安装拆卸费			进出场费			合计金额
	分配基础	分配率	分配额	分配基础	分配率	分配额	
101 合同项目	9 500			9 500			
102 合同项目	1 200			1 200			
103 合同项目	900			900			
104 合同项目	3 400			3 400			
合　计							

计算安装拆卸费分配率＝

101 合同项目负担费用＝

计算进出场费分配率＝

101 合同项目负担费用＝

根据上述分配表，编制如下会计分录：

四、其他直接费的核算

（一）其他直接费内容

1. 其他直接费概念

工程成本中的其他直接费，是指在施工现场直接发生的，但不能计入人工费、材料费和机械使用费的其他直接施工耗费。

2. 其他直接费的主要内容

（1）冬雨期施工增加费，指在冬雨期施工时需增加的设施（职防雨、防寒棚）、劳保用品、防滑雨雪的人工及劳动效率降低等开支。

（2）夜间施工增加费，指夜间施工所发生的照明设施、夜餐补助、夜间施工劳动效率降低等开支。

（3）材料、成品、半成品的二次或多次搬运费，指由于施工现场条件限制而发生的少量零星材料、成品、半成品一次运输不能到达堆积地点，必须进行二次或多次搬运的开支。

（4）检验试验费，指对建筑材料、构件和建筑安装物进行一般鉴定、检查所发生的开支，包括自设实验室进行试验所耗用的材料和化学药品等费用。但不包括新材料、新结构的试验以及建设单位要求对具有出厂合格证明的材料进行检验、对构件进行破坏性试验及其他特殊要求检验试验的开支。

（5）生产工具用具使用费，指施工生产所需不属于固定资产的生产及检验用具的购置、摊销和维修费，以及支付给工人的自备工具补贴费。

（6）特殊工种培训费，指对施工单位特殊工种的工人进行技术培训所发生的开支。

（7）工程定位复测、工程点交和场地清理费，指工程定位复测、交工验收及建筑物 2m 以内的垃圾，以及 2m 以外因施工造成障碍物的清理等发生的开支。

(8) 工程预算包干费，指工程材料的理论质量和实际质量的差异等产生的耗费。

(9) 技术援助费，指与工程设计与技术有关的咨询、服务等开支。

(10) 水电费，施工工地发生的水电费等。

温馨提示

在造价预算上冬雨期施工增加费等直接费被称为措施费，但是与会计上其他直接费有所不同。措施费是指为完成工程项目施工，发生于该工程施工前和施工过程中非工程实体项目的费用。措施费包括以下内容：

(1) 环境保护费：是指施工现场为达到环保部门要求所需要的各项费用。

(2) 文明施工费：是指施工现场文明施工所需要的各项费用。

(3) 安全施工费：是指施工现场安全施工所需要的各项费用。

(4) 临时设施费：是指施工企业为进行建筑工程施工所必须搭设的生活和生产用的临时建筑物、构筑物和其他临时设施费用等。

临时设施包括：临时宿舍、文化福利及公用事业房屋与构筑物，仓库、办公室、加工厂，以及规定范围内道路、水、电、管线等临时设施和小型临时设施。

临时设施费用包括：临时设施的搭设、维修、拆除费或摊销费。

(5) 夜间施工费：是指因夜间施工所发生的夜班补助费、夜间施工降效、夜间施工照明设备摊销及照明用电等费用。

(6) 二次搬运费：是指因施工场地狭小等特殊情况而发生的二次搬运费用。

(7) 大型机械设备进出场及安拆费：是指机械整体或分体自停放场地运至施工现场或由一个施工地点运至另一个施工地点，所发生的机械进出场运输及转移费用及机械在施工现场进行安装、拆卸所需的人工费、材料费、机械费、试运转费和安装所需的辅助设施的费用。

(8) 混凝土、钢筋混凝土模板及支架费：是指混凝土施工过程中需要的各种钢模板、木模板、支架等的支、拆、运输费用及模板、支架的摊销（或租赁）费用。

(9) 脚手架费：是指施工需要的各种脚手架搭、拆、运输费用及脚手架的摊销（或租赁）费用。

(10) 已完工程及设备保护费：是指竣工验收前，对已完工程及设备进行保护所需费用。

(11) 施工排水、降水费：是指为确保工程在正常条件下施工，采取各种排水、降水措施所发生的各种费用。

思　考

在预算上的措施费，与会计上其他直接费，在哪些内容方面有不同？

（二）其他直接费内容计入工程成本的方法

发生费用时能够分清受益对象的，在发生时直接记入受益对象的成本。

发生费用时不能分清受益对象的，由公司财务部门按照一定的分配标准记入受益对象的成本。

场地清理、材料二次倒运等发生的人工费、机械使用费、材料费难以和成本中的其他项目区分的，在这种情况下，可以将这些费用与“人工费”、“材料费”、“机械使用费”等项目合并核算。

其他直接费用在发生时不能直接确定具体成本核算对象的，应先通过“工程施工——其他直接费”明细账户核算，期末时根据具体情况，采用以下方法进行分配。

1. 生产工日分配法

生产工日分配法是指以生产工日为基础分配其他直接费的一种方法，计算公式为

其他直接费分配率＝其他直接费发生额/各成本核算对象生产工日成本之和×100%

某成本核算对象应分配的其他直接费＝该成本核算对象生产工日数×其他直接费分配率

这种方法一般适用于其他直接费发生的大小与生产工日的多少成正比例的项目的分配，如生产工具用具使用费、特殊工种培训费等。

2. 工料成本分配法

工料成本分配法是指以各成本核算对象已发生、并登记在工程成本明细账的人工费、材料费、合计金额为基础分配其他直接费的一种方法，计算公式为

其他直接费分配率＝其他直接费发生额/各成本核算对象工料成本之和×100%

某成本核算对象应分配的其他直接费＝该成本核算对象工料成本×其他直接费分配率

这种方法适用于与各成本核算对象生产的工日关系不大的其他直接费的分配，如材料等二次搬运费、检验试验费、工程定位复测费、工程点交和场地清理费等。

3. 预算成本分配法

预算成本分配法是指以其他直接费预算成本或其他直接费单项预算成本为基础分配其他直接费的一种方法，计算公式为

其他直接费分配率＝其他直接费发生额/各成本核算对象其他直接费预算成本之和×100%

某成本核算对象应分配的其他直接费 ＝该成本核算对象其他直接费预算成本数
×其他直接费分配率

这种方法适用于与生产工日或工料成本关系不大的其他直接费项目的分配，如冬雨期施工增加费、夜间施工增加费等。

其他直接费的分配，应通过编制其他直接费分配表进行。

训练3-12

某施工单位本月发生的冬雨期施工增加费 5 500 元，按其他直接费预算成本比例分配；生产工具用具使用费 236 000 元，按生产工人工日分配。其他资料见“其他直接费分配表”，见表 3-16。

表 3-16　　其他直接费分配表

项　目	分配基数	分配率	101合同项目		102合同项目		103合同项目		104合同项目		合计
			基数	金额	基数	金额	基数	金额	基数	金额	
1. 冬雨期施工增加费			1 000		1 000		1 500		1 500		
2. 生产工具用具使用费			910		88		80		102		
合　计											

根据上述资料分配其他直接费，编制“其他直接费分配表”，并且作分配其他直接费的会计分录。

温馨提示

通过以上各成本项目的计算和分配，即根据各成本项目的费用分配表，将施工单位在一定会计期间所发生的全部施工费用在建筑安装工程成本明细账和建筑安装工程成本卡的有关成本项目栏进行登记。再通过记入的工程施工等账户，就能计算出各成本核算对象的实际工程总成本。

任务二　掌握间接费用的核算

一、理解施工间接费用的核算内容

1. 概念

施工间接费用是指为了工程施工而发生的各项共同性耗费，因而发生后不能直接计入某项工程成本中去，必须先行归集，然后采用一定的方法分配计入到受益的工程成本中去。因此，施工间接成本核算的任务是：正确归集与合理分配施工间接成本，以保证工程成本计算的准确性。

施工企业间接费用是施工企业下属的施工单位或生产单位为组织和管理施工生产活动所发生的费用。这里所说的施工单位是指建筑安装企业的工程处、分公司、工区、施工队、项目经理部等，生产单位是指船舶企业的现场管理机构，飞机、大型机械设备制造企业的生产车间等。

2. 内容

施工企业间接费用包括：

（1）管理人员工资：指施工单位的行政、技术、政治、试验、消防、炊事和勤杂等人员的工资，以及按规定标准提取的职工福利费。

（2）固定资产使用费：指施工单位管理用的属于固定资产的房屋、建筑物、设备、仪器等计提的折旧费，以及实际发生的修理费用、租赁费等。

（3）物料消耗：指施工过程中领用的、不能明确确认其工程归属的零星材料，以及修理车维护用的物料等。

（4）低值易耗品使用费：指施工单位行政管理使用的各种工具、器具、家具和检验、试验、消防、测绘用具等的购置、维修和摊销费。

（5）办公费：指施工单位行政管理办公用的文具、纸张、账表、印刷、邮电、书报、会议及集体取暖用煤等费用。

（6）水电费：指施工单位行政管理所耗用的水电费用。

（7）差旅交通费：指施工单位职工因公出差的差旅费、住勤补助费、市内交通费和误餐补助费、上下班交通补贴、工地转移费、职工探亲路费，劳动力招募费，职工离退休、退职一次性路费，工伤人员就医路费，以及现场管理使用的交通工具的油料、运输、燃料、养路费和牌照费等。

(8) 保险费：指施工单位支付给保险公司的各种财产、运输、物资及特殊工种安全保险等的保险费用。

(9) 劳动保护费：指施工单位为管理人员提供的防暑饮料、洗涤用肥皂等的购置费，施工中使用的不构成固定资产的技术安全设施的摊销和修理费，以及职工在工地洗澡、饮水的燃料费等。

(10) 工程保修费：指在工程竣工交付使用后，在保修期间所发生的各项保修费用。

(11) 其他费用：指除上述各项以外的其他必要的开支，包括定额测定费、预算编制费、清洁卫生费等。

二、掌握施工间接费用的归集

1. 施工间接费用核算会计账户的设置

为了反映和监督施工单位在一定时期内施工间接费用的发生和分配情况，在会计核算中需设置“工程施工——间接费用 ”明细账户。该明细账户用于核算施工单位为组织和管理工程施工活动所发生的各项资金耗费。借方登记实际发生的各项间接费用；贷方登记月终分配计入各受益对象的间接费用，该明细账户月末无余额。

为了满足成本管理的需要，“工程施工——间接费用 ”账户应按施工单位分别设置明细账，并在账内按费用项目开设专栏，进行明细分类核算。

2. 间接费用的归集

施工单位发生的各项间接费用，应按其用途和发生地点进行归集，间接费用的归集按其记账依据的不同，可采用以下两种方法：

(1) 一般费用于发生时，直接根据开支凭证或据以编制的其他费用分配表，记入“工程施工——间接费用 ”账户及其明细账中去，如办公费、差旅交通费、保险费等。

(2) 工资、材料、折旧等费用，应在月终时根据汇总编制的各种费用分配表，记入“工程施工——间接费用 ”账户及其明细账中去。

现举例说明间接费用主要会计事项的账务处理方法如下：

【例 3-19】 某施工单位 20××年×月份发生下列经济业务：

(1) 以现金 300 元支付办公用品购置费。根据发票作分录如下：

	借方	贷方
借：工程施工——间接费用（办公费）	300	
贷：库存现金		300

(2) 报销职工上下班交通补贴费 200 元，以现金支付。根据差旅费报销单作分录：

	借方	贷方
借：工程施工——间接费用（差旅交通费）	200	
贷：库存现金		200

(3) 根据“工资分配表”，应付工作人员工资 3 000 元，工程保修人员工资 50 元。

	借方	贷方
借：工程施工——间接费用（管理人员工资）	3 000	
工程施工——间接费用（工程保修费）	50	
贷：应付职工薪酬——工资		3 050

(4) 管理部门报销公用自行车修理费 100 元，以现金支付。

借：工程施工——间接费用（差旅交通费） 100

贷：库存现金 100

（5）根据“住房公积金计提分配表”计提管理人员住房公积金420元，工程保修人员住房公积金7元。

借：工程施工——间接费用（管理人员工资） 420

工程施工——间接费用（工程保修费） 7

贷：应付职工薪酬——住房公积金 427

（6）根据“固定资产折旧计提分配表”，提取施工单位管理用固定资产折旧费1 600元。会计分录如下：

借：工程施工——间接费用（固定资产使用费） 1 600

贷：累计折旧 1 600

（7）根据“发出材料汇总分配表”，工程保修领用材料150元，工程施工领用零星材料1 000元，行政管理领用一次摊销的低值易耗品500元，计提分期摊销的低值易耗品摊销费700元。会计分录为：

借：工程施工——间接费用（工程保修费） 150

工程施工——间接费用（物料消耗） 1 000

工程施工——间接费用（低值易耗品使用费） 1 200

贷：原材料 1 150

周转材料——在库低值易耗品 500

——低值易耗品摊销 700

（8）报销职工张明探亲路费500元，结转原借款。会计分录为：

借：工程施工——间接费用（差旅交通费） 500

贷：其他应收款——张明 500

（9）以银行存款支付工地开水房、浴池燃料费700元。会计分录为：

借：工程施工——间接费用（劳动保护费） 700

贷：银行存款 700

（10）用银行存款支付财产保险费1 000元。会计分录为：

借：工程施工——间接费用（保险费） 1 000

贷：银行存款 1 000

（11）以现金支付临时工清洁卫生费1 200元。会计分录如下：

借：工程施工——间接费用（其他费用） 1 200

贷：库存现金 1 200

（12）以银行存款支付办公用水电费600元，会计分录为：

借：工程施工——间接费用（水电费） 600

贷：银行存款 600

（13）假定该施工单位只有一个甲工程在施工，那么结转间接费用，会计分录为：

借：工程施工——合同成本——甲工程 12 027

贷：工程施工——间接费用 12 027

根据上述经济业务登记的“间接费用明细账”见表3-17。

表 3-17　　**间接费用明细账**

20××年		凭证号	摘要	管理人员工资	固定资产使用费	物料消耗	低耗品使用费	办公费	水电费	差旅交通费	保险费	劳动保护费	工程保修费	其他费用	合计	分配转出
月	日															
		1	购办公用品					300							300	
		2	报交通费							200					200	
		3	工资分配	3 000									50		3 050	
		4	自行车修理							100					100	
		5	计提公积金	420									7		427	
		6	计提折旧		1 600										1 600	
		7	材料分配			1 000	1 200						150		2 350	
		8	报探亲路费							500					500	
		9	浴池等燃料									700			700	
		10	财产保险费								1 000				1 000	
		11	场地清理费											1 200	1 200	
		12	水电费						600						600	

三、掌握施工间接成本的分配

1. 分配概述

施工间接费用按其发生的月份、地点和规定的明细项目，通过“施工间接费用”账户归集后，即为施工间接成本总额，月终时应在各成本核算对象之间进行分配，由各施工单位当期所施工的全部工程来负担。

如某施工单位当期只进行一项工程的施工，则施工间接成本的核算只是为了管理与控制该项费用的发生，其归集的施工间接成本可直接计入该项工程成本中去，不存在在各项工程项目之间进行分配的问题。但在同一时期进行多项工程施工的施工单位，归集的施工间接成本则应按适当的标准分配计入到各工程项目的成本中去。

训练3-13

假定上题该施工单位只有一个甲工程在施工，那么结转间接费用时，直接计入甲工程成本。要求作结转间接费用的会计分录，并且根据改笔经济业务登记“间接费用明细账”，并结账。

2. 分配方法

分配施工间接成本的关键，在于选择合理的分配标准。在一般情况下，选择施工间接成本的分配标准，需考虑施工间接成本与工程的关系及与工程实物量的关系、分配原则等因素。准则规定“间接费用应在期末按照系统、合理的方法分摊计入合同成本”。

在会计实务中，间接费用一般应设置必要的会计科目进行归集，期末再按一定的方法分配计入有关合同成本。间接费用的分配方法主要有人工费用比例法、直接费用比例法、二次分配法等。

(1) 人工费用比例法。人工费用比例法是以各合同实际发生的人工费为基数分配间接费用的一种方法。计算公式如下

间接费用分配率＝当期发生的全部间接费用÷当期各合同发生的人工费之和

某合同应负担的间接费用＝该合同实际发生的人工费×间接费用分配率

这种方法一般用于机械及电气设备安装工程、管道安装工程、人工施工的大型土石方工程、装饰工程和提供产品、劳务、作业等的施工间接费用分配。

【例 3-20】 某建筑公司第一工区同时承建 A、B、C 三项安装合同工程，已知 A 合同发生的人工费 140 万元，B 合同发生的人工费 160 万元，C 合同发生的人工资 200 万元。第一工区当期共发生间接费用 50 万元。

间接费用分配率＝50÷(140＋160＋200)＝10%

A 合同应负担的间接费用＝140×10%＝14 万元

B 合同应负担的间接费用＝160×10%＝16 万元

C 合同应负担的间接费用＝200×10%＝20 万元

期末将间接费用分配计入各合同成本：

借：工程施工——A 合同 140 000

——B 合同 160 000

——C 合同 200 000

贷：工程施工——间接费用 500 000

(2) 直接费用比例法。直接费用比例法是以各成本对象发生的直接费用为基数分配间接费用的一种方法。计算公式如下

间接费用分配率＝当期实际发生的全部间接费用÷当期各合同发生的直接费用之和

某合同当期应负担的间接费用＝该合同当期实际发生的直接费用×间接费用分配率

这种方法一般用于建筑工程、市政工程机械化施工的大型土石方工程等建筑工程和提供产品、劳务、作业等的施工间接费用分配。

训练3-14

某施工单位 20××年×月同时进行甲、乙两合同项目的施工，本月共发生施工间接成本 18 902 元，甲项目本月发生的直接费成本为 180 000 元，乙项目本月发生的直接费成本为 64 540 元。要求：列式计算各项目应负担的施工间接成本（分配率保留百分比小数点后 2 位，假定成本精确到元），编制施工间接成本分配表，并且作分配的会计分录。

施工间接成本分配率＝

甲项目应负担的施工间接成本＝

乙项目应负担的施工间接成本＝

编制施工间接成本分配表（表 3-18）。

表 3-18　　**施工间接成本分配表**

20××年×月

受益对象	分配基础	分配率	分配金额
甲工程 乙工程			
合计			

会计分录：

(3) 二次分配法。如果在一个施工单位内，同一时期既进行建筑工程施工又进行安装工程施工，则施工间接成本的分配应分两步进行：

第一步，以人工费成本为标准，在各类工程之间进行施工间接费用的分配，计算公式如下

施工间接费用分配率＝施工间接费用总额/各类工程人工费成本之和×100％

某类工程施工间接成本的分配额＝该类工程的人工费成本×施工间接费用分配率

第二步，在同一类的各个工程之间进行分配。其分配方法同于前述 (1)、(2)。

施工间接费用分配可通过编制“施工间接成本分配表”(表 3-19) 进行，在各成本核算对象之间进行分配。

表 3-19　　**施工间接成本分配表**

20××年×月

受益对象	一次分配基础	分配率	分配额	受益对象	二次分配基础	分配率	分配额	合计
建筑工程				甲工程				
				乙工程				
安装工程				A工程				
				B工程				
合计								

任务三　项目综合实训

1. 某施工企业各项主要材料在 2007 年 9 月初结存水泥数量 10t，单价 200 元。

9 月 7 日，采购水泥 20t，发票价格 180 元/t，运杂费 200 元，水泥已经验收入库，用结算户存款支付。

9 月 9 日，向光明工厂 赊购水泥 20t，发票价格 200 元/t，运杂费共 100 元。

9 月 12 日，收到 9 日采购的 20t，验收入库。

9 月 20 日，工程施工领用水泥 30t。

要求按一次加权平均法计算发出材料成本，作有关会计分录，并记账。

会计分录：

记账，材料明细分类账见表 3-20。

表 3-20　　材料明细分类账

（按一次加权平均法计价）

材料名称：　　　　　　　　　　　　　　　　计量单位：

2007 年		凭证号数	摘要	收　入			发　出			结　存		
月	日			数量	单价	金额	数量	单价	金额	数量	单价	金额

2. 资料：某施工企业下属的某一施工队 2010 年 8 月份发生下列有关经济业务：

（1）以银行存款支付管理员办公费 2 000 元。

（2）计提办公设备折旧费 9 000 元。

（3）领用一次性摊销的工具 1 000 元。

（4）发生应付管理人员工资 50 000 元。

本月该施工单位工程项目资料见表 3-21。

表 3-21　　工程项目资料表

工程类别	工程项目	直接成本	其中：人工费成本
建筑工程	501 合同项目	1 000 000	50 000
	502 合同项目	800 000	40 000
安装工程	403 合同项目	500 000	60 000

要求：

（1）编制间接费用发生的会计分录（做在上面），并且登记间接费用明细账。

（2）列式计算分配施工间接费用，编制施工间接费分配表，并且编制分配间接费用的会计分录，登记间接费用明细账。

第一步，以人工费成本为标准分配间接费用

间接费用分配率＝

建筑工程应负担的间接费用＝

安装工程应负担的间接费用＝

第二步，以直接费成本为标准分配建筑工程间接费用

501 合同应负担的间接费用＝

502 合同应负担的间接费用＝

编制施工间接费分配见表 3－22。

表 3－22　施工间接成本分配表

20××年×月

受益对象	一次分配基础	分配率	分配额	受益对象	二次分配基础	分配率	分配额	合计
建筑工程				501 合同				
				502 合同				
安装工程								
合计								

分配间接费用的会计分录：

登记间接费用明细账见表 3－23。

表 3－23　间接费用明细账

部门名称　　　　　　　　　　　　　　　　　　　　单位：

年		凭证号数	摘要	借方	贷方	余额	借方明细发生额					
月	日											其他

小　结

本项目学习工程实际成本的分项核算，内容包括人工费、材料费、机械使用费、其他直接费和施工间接费的核算，分别采用不同的方法进行归集和分配。

人工费核算主要是计时工资和计件工资的计算、工资结算和分配。

材料费核算是施工企业的一项重要核算内容。材料主要包括原材料和周转材料、低值易耗品。材料核算一般应遵循历史成本原则，企业可以通过实际成本计价法和计划成本计价法核算材料的实际成本。企业按实际成本计价法核算材料收发时，对于发出材料的成本应采用先进先出法、加权平均法、个别计价法等方法计算确定。企业按计划成本计价对发出材料进行核算时，除领用时结转发出材料计划成本外，还应按期计算材料成本差异、结转发出材料成本差异，将计划成本调整为实际成本。周转材料是施工企业所特有的一类工具性材料，具有多次周转使用的特点，其实物与价值分离，对其损耗的价值一般通过一次摊销法、分次摊销法、五五摊销法等方法分摊进入生产成本及有关项目。

机械使用费核算包括机械租赁费和自有机械作业费用核算。自有机械作业费用核算是指对施工单位使用自有施工机械进行机械施工过程中所发生的各种耗费进行归集和分配。自有机械作业费用通过"机械作业"账进行归集。按成本核算对象和成本项目设置机械作业明细账，归集各项机械作业实际发生的费用。期末时将承包工程发生的机械作业费用按一定的分配方法分配计入各受益对象。分配方法有：机械台班分配法、完成产量分配法、计划成本分配法、预算成本分配法。

工程成本中的其他直接费，是指在施工现场直接发生的，但不能计入人工费、材料费和机械使用费的其他直接施工耗费。采用生产工日分配法等方法进行分配。

间接费用是企业下属的施工单位或生产单位为组织和管理施工生产活动所发生的费用。为了满足成本管理的需要，"工程施工——间接费用"账户应按施工单位分别设置明细账，并在账内按费用项目开设专栏，进行明细分类核算。间接费用的分配方法主要有人工费用比例法、直接费用比例法、二次分配法等。

练　习

一、单选题

1. 某企业 4 月 1 日存货的结存数量为 200 件，单价为 4 元；4 月 5 日购进存货 400 件，单价为 4.4 元；4 月 8 日发出存货 300 件。在存货采用先进先出法的情况下，4 月 8 日结存的存货实际成本为（　　）元。

A. 1 200　　B. 1 240　　C. 1 080　　D. 1 320

2. 施工企业"工程施工"科目，属于（　　）。

A. 资产类　　B. 负债类

C. 所有者权益类　　D. 成本类

3. 下列材料中，属于施工企业中的周转材料的是（　　）。

A. 水泥　　B. 钢材　　C. 模板　　D. 砖块

4. 下列各项一般不属于建筑企业采购材料成本的是（　　）。

A. 材料买价　　B. 采购运杂费
C. 增值税　　D. 运输途中不合理损耗

5. 下列各项不属于存货的是（　　）。
A. 施工设备　　B. 结构件　　C. 模板　　D. 机械配件

6. 下列不属于计划成本计价核算法下设置的会计科目（　　）。
A. 材料采购　　B. 原材料
C. 材料成本差异　　D. 在途物资

7. 材料清查过程中的盘亏，在未经批准前，先登记到（　　）科目。
A. 管理费用　　B. 其他应收款
C. 待处理财产损溢　　D. 营业外支出

8. 施工企业“机械作业”科目，属于（　　）。
A. 资产类　　B. 负债类　　C. 所有者权益类　　D. 成本类

9. 低值易耗品报废时，其残料价值（　　）有关成本费用。
A. 冲减　　B. 增加　　C. 冲减或增加　　D. 冲减和增加

10. 采用加权平均法对发出存货进行计价，平时在材料明细账上发出存货只能反映（　　）。
A. 单价　　B. 金额　　C. 数量　　D. 单价和金额

二、判断题

1. 计算工资时每月平均日每月按固定日数 30 天计算，缺勤期间含有的节假日也应算缺勤，照扣工资。（　　）

2. 机械使用费核算包括机械租赁费和自有机械作业费用核算，都通过“机械作业”账进行核算。（　　）

3. 材料成本超支差异是材料实际成本大于计划成本的差异。（　　）

4. 企业发出材料，物资应负担的成本差异应按上月材料成本差异计算。（　　）

5. 应付工人的计时工资，是根据“工程任务单”中验收的合格工程量乘以规定的计件单价计算的工资。（　　）

6. 低值易耗品具有固定资产相同的特征，故可将其纳入固定资产核算。（　　）

7. 库存材料日常收发核算只能采用实际成本核算。（　　）

8. 施工企业间接费用的分配方法主要有人工费用比例法、直接费用比例法、二次分配法等。（　　）

9. 企业存货的盘亏是不可抗力原因造成的，经批准，作为企业的管理费用。（　　）

10. 施工企业间接费用是企业下属的施工单位或生产单位为组织和管理施工生产活动所发生的费用。（　　）

三、实务题

1. 某施工企业在 2007 年 8 月份薪酬总额的组成为：

建筑安装工程施工工人薪酬总额 100 000 元；

机械施工机上人员薪酬总额 4 000 元；

运输作业机上人员薪酬总额 4 000 元；

辅助生产工人薪酬总额 2 000 元；

施工单位技术、管理、服务人员薪酬总额 10 000 元；

企业行政管理人员薪酬总额 15 000 元。

要求：（1）根据上述资料编制薪酬费用分配的会计分录。

（2）根据上述资料，编制分配住房公积金（10%）、社会保险费（养老保险 12%）、工会经费（1%）、职工教育经费（1.5%）的会计分录。

2. 某施工企业管理人员王平的月标准薪工资为 1 200 元，工龄 5 年，8 月份事假 2 日，病假 6 日（其中 2 日为星期日休假日），星期休假日 8 日（其中 2 日在病假期间），计算月薪制下他的日标准工资（按 30 天）、应付月计时工资。

3. 某施工单位瓦工一组 2008 年 11 月共完成 A 项目工程 1 800m^3，计件单价 40 元，考勤记录和计时工资标准如下：

赵新　计时日标准工资 100 元，实际工作日数 25 天；

孙利　计时日标准工资 80 元，实际工作日数 20 天；

黄洪　计时日标准工资 60 元，实际工作日数 20 天；

陈明　计时日标准工资 70 元，实际工作日数 25 天；

李向　计时日标准工资 90 元，实际工作日数 25 天；

沈永　计时日标准工资 90 元，实际工作日数 26 天。

要求：计算该组应得计件工资额，并编制计件工资分配额。

4. 练习按实际成本计价进行材料发出的核算。

（1）资料：某施工企业 2007 年 9 月水泥材料的明细账见表 3-24。

表 3-24　　材料明细分类账

材料名称：水泥　　计量单位：t

2007 年		凭证号数	摘要	收入			发出			结存		
月	日			数量	单价	金额	数量	单价	金额	数量	单价	金额
6	1		期初结存							20	200	4 000
	5		领用				10					
	10		收入	30	220	6 600						
	15		领用				25					
	20		收入	10	240	2 400						
	23		领用				15					
	30		收入	20	210	4 200						
		本月合计										

注　一次加权平均法。

（2）要求：请根据该明细账提供的资料，分别用一次加权平均法、先进先出法计算出发出材料的成本和结存材料的成本，并登记在明细账中（表 3-25）。

表 3-25　　材料明细分类账

材料名称：水泥　　计量单位：t

2007年		凭证号数	摘要	收入			发出			结存		
月	日			数量	单价	金额	数量	单价	金额	数量	单价	金额
6	1		期初结存									
	5		领用									
	10		收入									
	15		领用									
	20		收入									
	23		领用									
	30		收入									
		本月合计										

注　先进先出法。

5. 练习按实际成本计价进行材料发出的核算。

(1) 资料：

某施工企业在 2010 年 9 月初 A 钢筋实际结存 100t，单位成本 3 000 元；本月购入 A 钢筋 400t，单位成本 3 200 元。9 月份，A 钢筋领用情况如下：

1) 112 工程领用 200t，113 工程领用 100t。

2) 辅助生产部门领用 20t，用于生产预制板。

3) 工程施工管理领用 10t。

4) 委托某加工厂加工材料，领用 5t。

(2) 要求：

采用一次加权平均法计算出发出材料的成本和结存材料的成本，并汇总编制发出材料成本的分录。

6. 练习周转材料核算。

9 月初，模板实际结存 100m^3，单位成本 1 050 元；本月购入 400m^3，单位成本 1 060 元，款开出支票付清；工程施工领用 450m^3。

要求：

(1) 编制购入模板的会计分录。

(2) 按先进先出法计算 9 月份发出模板的总成本。

(3) 模板分 10 个月摊销，作领用模板、摊销模板成本的会计分录。

7. 某施工单位公司自有挖土机 2 台，2011 年 8 月共发生下列费用：

1 日，领用燃料的实际成本为 1 300 元。

15 日，用银行存款支付购买润滑剂费 400 元。

26 日，支付挖土机修理费为 1 000 元。

31 日，计提挖土机折旧额为 1 200 元。

31 日，应付挖土机司机的工资 4 500 元。

31 日，计提挖土机司机的职工福利费 4 000 元。

31 日，计提挖土机队管理人员的工资及福利费额为 1 100 元。

31 日，分配机械作业费用，其中甲、乙两工程分别为 12、18 台班。

要求：采用机械台班分配法分配机械作业费用，编制会计分录。

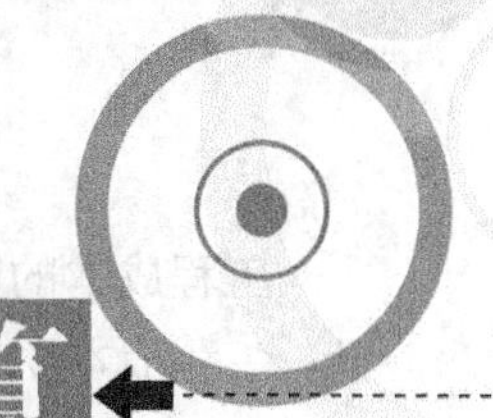

项目四 掌握工程成本的综合核算

项目要求： 通过熟悉工程成本的账簿、掌握工程成本结算决算、进行本项目综合实训这三大任务，能掌握工程实际成本的核算及其有关知识。

项目内容： 工程预算总成本、实际总成本的计算；工程成本明细账的登记；工程成本决算的核算。

重点难点： 工程实际成本的计算；工程成本明细账的登记，工程成本结算的核算业务。

项目引例：

华美建筑企业下设一个工程施工部门和一个机械作业部门。前者承包施工A、B两项建筑工程；后者提供挖土机劳务。工程都于8月开工，并且均未竣工。8月份发生一系列经济业务，具体见后。

要求：(1) 编制各项费用发生的会计分录，并登记“工程施工——合同成本”、“机械作业”、“工程施工－间接费用”等有关明细账。

(2) 归集和分配机械作业费用，并登记有关明细账。

(3) 归集和分配工程施工部门的间接费用，并登记有关明细账。

为了便于组织建筑安装工程成本的核算，会计部门在接到施工单位的“开工报告”后，就要根据有关成本计算对象的说明，为各合同工程项目或同类工程项目设置建筑安装工程成本总账、明细账。

任务一　熟悉工程成本的账簿

工程成本的账簿有工程成本总账、明细账。其中工程成本总账按“工程施工”账户设置，工程成本明细账一般分设“建筑安装工程成本明细账”（二级账）和“建筑安装工程成本卡”（三级账），用以完整、准确、及时地记录全部或某项建筑安装工程在施工过程中发生的各项施工费用，全面反映承包工程施工过程中物化劳动和活劳动的消耗。

一、熟悉建筑安装工程成本总账

工程成本总账总括反映工程成本总情况，见表 4-1。

表 4-1　　总　分　类　账

账户名称：工程施工

年		凭证号数	摘要	借方金额	贷方金额	借或贷	余额
月	日						

二、熟悉建筑安装工程成本明细账

“建筑安装工程成本明细账”按建筑安装工程和设备安装工程分别设置二级账，用来登记施工单位全部建筑工程及设备安装工程自年初起的施工工程成本数和按期计算确认的已完工程实际成本数，为考核和分析各期及全年全部工程成本的节超提供依据。该明细账应按成本项目设置专栏。如建筑安装工程成本明细账，见表 4-2。

表 4-2　　建筑安装成本明细账

摘　　要	直　接　费　用				间接费用	工程成本合计	工程价款收入	其中：预算成本
	人工费	材料费	机械使用费	其他直接费				
人工费分配								
材料费分配								
租赁机械费分配								
自有机械费分配								
机械进出场费分配								
其他直接费								
间接费用分配								
本期工程成本合计								
累计工程成本								

三、熟悉建筑安装工程成本卡及附页

"建筑安装工程成本卡"按成本核算对象分成本项目开设，用来归集每一成本核算对象自开工到竣工所发生的全部施工费用。为了满足竣工成本决算的要求，以及工程竣工后成本分析的需要，"建筑安装工程成本卡"还应设置附页，其内容是人工、机械和材料消耗数量的计算和汇总。

工程成本明细账（二级账）和工程成本卡（三级账）中各成本项目的实际成本栏，登记全部承包工程及各工程每月发生和分配的各项施工费用，根据各成本项目的费用分配表所列示的数据登记。工程成本卡附页中人工、机械和材料用量，根据有关的费用分配表中列示的人工用工数、工程使用主要机械台班数和重点核算主要材料用量填列。

"建筑安装工程成本明细账"与"建筑安装工程成本卡"的登记，原则上应根据有关记账凭证同时平行登记，即在登记"建筑安装工程成本明细账"的同时，也要登记"建筑安装工程成本卡"。

建筑安装工程成本卡及附页的格式见表 4-3、表 4-4。

表 4-3　建筑安装工程成本卡

核算对象编号：××合同项目　　本核算对象包括工程：

核算对象名称：办公楼　　合同预算造价：　　建筑面积或实物工程量：

20××年		凭证号	摘要	直接费用				间接费用	合计	工程价款收入	其中：预算成本
月	日			人工费	材料费	机械使用费	其他直接费				
11	30		自开工累计								
12	31		人工费分配								
	31		材料费分配								
	31		自有机械费分配								
	31		机械进出场费分配								
	31		其他直接费								
12	31		直接成本小计								
12	31		间接费分配								
12	31		本月合计								
12	31		自开工累计								

表 4-4　建筑安装工程成本卡（附页）

项目	20××年											合计
	2月	3月	4月	5月	6月	7月	8月	9月	10月	11月	12月	
一、人工（工日）												
二、机械（台班） 1. 汽车 2. 吊车 3. 混凝土搅拌机												

续表

项目	20××年											合计
	2月	3月	4月	5月	6月	7月	8月	9月	10月	11月	12月	
三、材料												
1. 钢材/t												
2. 水泥/t												
3. 石灰/t												
4. 砖/千块												
5. 砂/t												
6. 碎石/t												
7. 块石/m^3												
8. 混凝土构件/m^3												

任务二　掌握工程成本结算与决算

施工企业对建筑安装工程成本应按期进行结算，以反映各期工程成本的节超情况，便于考核各个时期施工生产的经济效益。承包工程竣工以后，还应及时办理竣工成本决算，以反映承包工程在整个施工过程中的经济效果，借以总结工程施工管理经验，促使企业经营管理水平的不断提高。为此，工程成本结算与决算应完成以下任务：正确计算各会计期已完工程预算成本与实际成本，以反映成本的节超情况；承包工程竣工以后，及时办理工程竣工成本决算，以反映该工程的施工管理情况。

一、掌握工程成本的结算

（一）理解工程成本结算概述

1. 工程成本结算及其意义

工程成本结算是计算和确认一定会计期间的已完工程预算成本和实际成本，以及成本的节超情况，从而为考核工程成本任务的完成情况提供依据。

所谓“已完工程”，就是施工企业已经完成定额中规定的部分内容的工程，通常为分部分项工程。这部分工程，虽不具有完整的使用价值，也不是施工企业的竣工工程，但是由于施工单位对这部分工程不再需要进行任何施工活动，可确定工程数量和工程质量，故可将它作为已完成工程，计算它的预算成本和预算造价，并向发包单位进行工程部分点交和工程价款结算。

施工单位在工程施工过程中，除了已完工程外，还有一部分已投入人工、材料，但没有完成预算定额中规定的工程内容，不易确定工程数量和工程质量，这部分工程，通常称为**“未完工程”**。

如抹灰工程，按预算定额规定应抹三遍，如果在本期只抹了两遍，这项工程就称为未完工程。

施工企业定期办理工程成本的结算，计算各个时期的已完工程预算成本、实际成本与成本降低额，以反映各个时期成本计划的完成情况，并查明人工费、材料费、机械使用费、其他直接费和施工间接费的节超情况和原因，促使施工单位不断改进管理工作，保证工程成本的降低。

2. 工程成本结算的程序

工程成本结算的程序如下：

(1) 计算已完工程预算成本。已完工程预算成本是指按照已完工程量与预算单价等计算的工程成本。它是建筑安装工程的社会成本，也是建筑安装工程价格的重要组成部分。

(2) 计算已完工程实际成本。通过前面成本核算，已经知道工程实际总成本，这样就可以计算本月已完工程成本和月末未完工程成本。

本月已完工程成本计算，可用下式表示：

本期已完工程实际成本＝期初未完工程成本＋本期实际发生工程成本－期末未完工程成本

(3) 计算工程成本的节超额。将已完工程预算成本与实际成本相对比，就可以计算和确认各个时期的工程成本的节超额，从而为工程成本的分析和考核提供依据。

(二) 掌握已完工程预算成本的计算

1. 已完工程预算成本计算的依据

已完工程预算成本计算的主要依据有：

(1) 已完工程结算表。

已完工程结算表是一种基层统计报表，一般于月终时由预算部门根据实际验收的已完工程数量、预算单价和费用定额等有关资料，计算、编制而成。它既是统计完成工程量、施工产值和工程预算成本计算的依据，同时也是与发包单位办理工程进度款结算的依据。因此，施工单位必须正确、及时地填报，不得漏报或多报。

(2) 建筑安装工程计价定额 (基价表)。

建筑安装工程计价定额（基价表）是编制工程预算、编制标底、统计报量和工程预算成本计算的依据，各地区都有统一的规定。实行“工程量清单”计价的，则为施工企业的定额。

(3) 人工、材料、机械台班市场价。

建筑安装工程计价定额是按人工、材料、机械台班的预算单价计算、确定工程的预算价值，因而还应将建筑安装工程的定额价调整为市场价，以便办理工程价款的结算。

2. 已完工程预算成本的计算方法

已完工程的预算总成本是根据“已完工程结算表”计算的。其计算公式是

$$\begin{matrix}\text{已完工程}\\\text{预算成本}\end{matrix}=\sum\left(\begin{matrix}\text{本月完成的}\\\text{实物工程量}\end{matrix}\times\begin{matrix}\text{预算}\\\text{单价}\end{matrix}\right)+\left(\begin{matrix}\text{取费}\\\text{基础}\end{matrix}\times\begin{matrix}\text{其他直接费}\\\text{与间接费率}\end{matrix}\right)+\begin{matrix}\text{人工、材料、}\\\text{机械台班价差}\end{matrix}$$

已完工程的分项预算成本根据施工单位的部门分工情况，由预算人员或其他有关人员计算。常用的计算方法有两种：

(1) 实算法。

实算法是指按已完工程实物工程量、分部分项工程预算单价和其他直接费与间接费标准计算。

采用这种方法，通常是根据实际完成的实物工程量，逐项查找建筑安装工程基价（或施工图预算、工程量清单所列示单价)，加以分析计算，求得人工费、材料费和机械使用费的预算成本，然后再加上一定比例的其他直接费和施工间接费，求得其他直接费和施工间接费

预算成本，从而计算出已完工程分项预算成本及总成本。

已完工程人工费、材料费和机械使用费预算成本＝工程量×工、料、机综合单价

其他直接费、间接费用等预算成本 ＝基价直接费预算成本小计×各项费用百分比

管理费等预算成本＝直接费预算成本合计×各项费用百分比

【例 4-1】 某综合楼的部分已完工程按工程量和工、料、机综合单价计算结果为 90 万元；零星工程费占直接工程费的 5%，措施费为直接工程费的 5%，间接费为直接费的 8%，利润按直接费和间接费的 4%取费，税金按规定计算，取直接费、间接费和利润的 3.41%。

要求：列式计算该工程的建筑安装工程总成本、总造价。

解 建安工程费的计算（单位：万元）如下：

（1）直接工程费＝90 万元

（2）零星工程费＝(1)×5%＝4.5万元

（3）措施费＝(1)×5%＝4.5万元

（4）直接费＝(1)＋(2)＋(3)＝90＋4.5＋4.5＝99万元

（5）间接费＝(4)×8%＝99 ×8%＝7.92万元

（6）工程总成本＝(4)＋(5)＝99＋7.92＝106.92万元

（7）利润＝(6)×4%＝106.92×4%＝4.28万元

（8）不含税造价＝(4)＋(5)＋(6)＝99＋7.92＋4.28＝111.2万元

（9）税金＝(7)×3.41%＝111.2 ×3.41%＝3.79万元

（10）含税造价＝(7)＋(8)＝111.2＋3.79＝114.99万元

温馨提示

工程总造价＝预算成本＋费用＋利润＋税金

（2）固定比例法。

固定比例法是指根据历史资料测算出各类工程成本中各个成本项目所占的比例，以该比例乘以同类工程的预算总成本，从而计算确定本期已完工程各成本项目的预算支出数。

已完工程某项费用预算成本＝基价直接费预算成本小计×该各项费用百分比

训练4-1

假设某施工队根据历史资料测算出工业厂房类建筑工程各成本项目占预算总成本的比例分别为：人工费占 12%，材料费占 66%，机械使用费占 6%，其他直接费占 5%，间接费用占 10%，该工程队本年度承建的某厂房工程的预算总成本为1 000 000 元。测算人工费、材料费和机械使用费等的各项预算成本。

已完工程人工费＝

已完工程材料费＝

已完工程机械使用费＝

已完工程其他直接费＝

已完工程间接费用＝

(三) 掌握已完工程实际成本的计算

1. 已完工程实际成本的计算一般应根据工程价款的结算方式来进行确定

(1) 实行竣工后一次结算工程价款办法的工程实际成本的计算。

在工程竣工以前，“工程成本卡”中所归集的自开工起至本月末止施工费用累计额，即为该项工程的未完工程（或在建工程）的实际成本。工程完工后，“工程成本卡”中所归集的自开工起止竣工止施工费用累计总额，就是竣工（或已完工）工程的实际成本。

(2) 实行按月结算工程价款办法的已完工程成本的计算。

实行按月结算工程价款办法下施工企业可根据实际情况合理选择未完工程成本的计算方法。一般要计算已完工工程成本，应先计算出未完工程成本，再计算已完工程实际成本。

(3) 实行按形象进度结算办法的已完工程实际成本的计算。

其完工程实际成本的计算方法，与实行按月结算工程价款办法的工程实际成本的计算方法起本相同。所不同的是，其已完工程是指按合同规定已完成的工程阶段或部位，未完工程是指期末尚未完成合同规定的工程阶段或部位，尚不能办理结算的未完工阶段或部位的工程(其中包括已完工的分布分项工程和未完工的分部分项工程)。

2. 未完工程实际成本的计算

(1) 未完工程成本按预算单价计算。

未完工工程的预算成本计算方法一般有如下三种：

1) 估量法，又称约当产量法，是指按未完工程约当产量和分部分项工程的预算单价计算未完工程成本的方法。未完工工程约当产量是指未完工程工程量，估计其完成程度，折合为已完工程的数量。其计算公式为

未完工工程约当产量＝未完工程数量×估计完成程度

未完工程成本＝未完工工程约当产量×分部分项工程预算单价

【例 4-2】 某施工单位担负某工程木门窗油漆工程施工任务，预算定额规定应抹 3 遍，本月已抹 2 遍，已完工序数量为 900m²，预算单价为 10 元。计算未完工程成本。

解　未完工工程约当产量＝900m²×2/3＝600m²

未完工程成本＝600×10 元/m²＝6 000 元

2) 估价法，是指先确定分部分项工程内各个工序耗用的直接费占整个预算单价的百分比，用以计算出每个工序的单价，然后乘以未完工程各工序的完成量，以确定未完工程的预算成本。其计算公式为

工序单价＝分部分项工程预算单价×某工序占分部分项工程的比重

未完工程成本＝Σ(未完工序工程量×工序单价)

【例 4-3】 某施工单位承包某项工程，该工程某分部分项工程是由甲、乙两道工序组成，各工序占该分部分项工程的比重分别为 30%、70%，该分部分项工程的预算单价为 20 元；本月月末经盘点，完成甲工序 600m²、乙工序 800m²。计算未完工程成本。

解　甲工序单价＝20×30%＝6 元/m²

乙工序单价＝20×70%＝14 元/m²

未完工程成本＝600×6＋800×14＝3 600＋11 200＝14 800 元

3）直接法，是指直接根据未完工程已经投入的人工、材料和机械设备台办数量分别乘以预算单价，来计算未完工程成本，其计算公式为

未完工程成本＝投入人工数量×人工预算单价＋投入材料数量×材料预算单价＋投入机械台班×机械台班预算单价

（2）未完工程成本采用实际成本计算。

如果未完工程在当月工作量中所占比重较大，而且期初期末数相差较大，若把月末未完程的预算成本视同实际成本，就会影响成本核算结果的准确性。为了合理确定已完工程实际成本，未完工程成本还是应当采用实际成本进行计算。其计算方法有以下两种：

1）约当产量法，其计算公式为

$$成本分配率=\frac{本期实际发生施工成本+期初未完工程成本}{本期已完工程数量+期末未完工程折合量}$$

$$未完工程成本=期末未完工程约当产量\times分配率$$

【例 4-4】 某分部分项工程由甲乙丙三道工序组成，各道工序占该分部分项工程的比重分别为 50%、30%、20%；月末经过盘点，完成已完工程数量 800m²，未完工程数量为：甲工序 100m²、乙工序 50m²、丙工序 20m²，本月该分项工程实际发生的施工成本 9 035 元，月初无未完工程。

解 根据上述资料，可计算如下

$$未完工程约当产量=100\times50\%+50\times30\%+20\times20\%=69$$

$$成本分配率=9\,035/(800+69)=10.40$$

$$未完工程成本=10.40\times69=717.60元$$

2）预算成本法。凡能取得分部分项工程实际成本资料的施工单位，都应采用此种方法计算未完工程成本。如果分部分项工程实际发生的施工费用无法取得，可按本月已完工程的预算成本与月末未完工程的预算成本为标准来分配、计算未完工程实际成本。计算公式如下

$$某工程成本分配率=\frac{该工程月初未完工程成本+本月发生的施工费用}{该工程本月已完工程预算成本+月末未完工程预算成本}$$

$$某工程本月未完工程实际成本=该工程本月未完工程预算成本\times成本分配率$$

温馨提示

未完工程成本的计算方法一经确定，就不能随意变动，以保证各期成本计算口径的统一，便于进行成本的分析。期末未完工程的盘点和估价，一般应由基层施工单位于期末时进行实地盘点，并编制“未完工程盘点表”，然后移交给会计人员，作为未完工程成本计算的依据。

3. 已完工程实际成本的计算

期末未完工程成本确定以后，即可根据下式计算确定本期已完工程实际成本：

$$已完工程实际成本=期初未完工程成本+本期实际发生工程成本-期末未完工程成本$$

已完工程实际成本的计算，一般应通过编制“已完工程成本计算表”进行。其格式见表 4-5。

表 4-5　**已完工程成本计算表**　20××年×月

工程名称	期初未完工程成本	期初已领未用材料	本期工程实际成本	期末未完工程成本	期末已领未用材料	本期已完工程成本
甲	1	2	3	4	5	6=1+2+3−4−5
101 合同项目			1 236 693		52 200	1 184 493
203 合同项目			116 211			116 211
204 合同项目			125 890			125 890
302 合同项目			188 475	4 624		183 851
合计			1 667 269	4 624	52 200	1 610 445

训练4-2

乙工程施工实际发生材料费 220 000 元，人工费 330 000 元，机械使用费 25 000 元，其他直接费 13 000 元，间接费用 14 000 元。本月未完工数量较少，为 200m^3，未完工工程人机料费占比较大，未完工工程单位预算成本：材料费 460 元，人工费 350 元，机械使用费 220 元。未完工工程成本按预算成本计算。

要求：根据上述资料，计算乙工程的月末未完工程成本和完工工程成本。

二、掌握工程成本的决算

（一）工程成本决算概述

1. 工程成本决算的意义

工程成本决算是指施工企业承包建设的合同项目竣工以后，本着“工完账清”的原则，在取得竣工单位工程的验收签证后，及时编制合同项目竣工决算表，为分析考核竣工工程成本节超提供依据，从而结束工程成本的核算工作。

通过办理工程成本决算，就可以了解各个合同项目在整个施工活动过程中的状况和结果，及时总结工程的施工管理经验，找出存在的问题，从而促使施工单位改进施工和管理工作，努力降低工程成本，不断提高企业的经济效益。

2. 办理工程成本决算应做好的工作

为了正确反映竣工的合同项目施工活动的情况，在办理工程成本决算时，应做好以下几项工作：

（1）检查工程预算造价是否正确完整。

（2）检查工程实际成本是否正确完整。

3. 工程成本决算的方法和程序

工程成本决算的方法和程序如下：

(1) 合同项目竣工后，应根据施工图预算和工程设计变更、材料代用等有关签证资料，及时编制工程结算书，据以确定竣工的合同项目预算成本并作为向发包单位办理工程价款结算的依据。

(2) 结算建筑安装工程成本卡，归集竣工的合同项目自开工至竣工的累计实际成本，与预算成本相比较，计算成本降低额，并编制“合同项目竣工成本决算”表。

(3) 竣工的合同项目成本卡应于竣工当月抽出，连同工程结算书、竣工成本决算和有关的分析资料合并归档保管，建立工程技术档案，以便日后查考。

(二) 竣工成本决算表的编制

1. 竣工成本决算

竣工成本计算公式为

$$降低额=预算成本-实际成本$$

$$降低率=降低额/预算成本\times 100\%$$

假设某施工单位承包的某建设单位办公楼工程竣工，根据有关资料编制的“竣工成本决算”见表 4-6。

表 4-6　　竣工成本决算

发包单位：某建设单位　　单位：元

工程名称：车间厂房　　建筑面积：5 000m²

工程结构：混合　　工程造价：4 105 383 元

开工日期：2010 年 3 月 5 号　　竣工日期：2011 年 12 月 15 日

成本项目	预算成本	实际成本	降低额	降低率（%）	简要分析及说明
人工费	435 600	360 000	75 600	17.36	预算总造价：4 105 383 单方造价：821.08 单方预算成本：695.52 单方实际成本：653.60
材料费	2 368 000	2 196 000	172 000	7.26	
机械使用费	220 400	228 000	−7 600	−3.45	
其他直接费	151 200	156 000	−4 800	−3.17	
间接费用	302 400	328 000	−25 600	−8.47	
合计	3 477 600	3 268 000	209 600	6.03	

上述“竣工成本决算”的编制方法为：

(1)“预算成本”栏内各项数字，根据工程结算书或调整后的施工图预算分别填列。

(2)“实际成本”栏内各项数字，根据建筑安装工程成本卡的记录填列。

(3)“降低额”、“降低率”栏内各项数字，根据上列公式计算填列。

2. “工、料、机械的用量比较表”

工、料和机械用量比较中的用量，以哪项做了的就填哪项，以供分析参考；“实际用量”栏根据建筑安装工程成本卡（附页）的有关记录填列；节、超数=预算用量−实际用量。

“工、料、机械的用量比较表”见表 4-7。

表 4-7 工、料、机械的用量比较表

项 目	单 位	预算用量	定额用量	实际用量	节（+）超（-）	节超率/%
一、人工合计	工日	15 000		13 500	1 500	10
二、材料						
钢材	t	50		46.5	3.5	7
木材	m^3	35		32	3	8.57
水泥	t	520		500	20	3.85
红机砖	千块	2 650		2 642	8	0.3
黄砂	t	1 820		1 850	-30	-1.65
碎石	t	300		283.8	16.2	5.4
……						
三、机械						
大型	台班	300		288	12	4
中小型	台班	800		920	-120	-15

训练4-3

计算填列工程成本表（表 4-8）。

表 4-8 工 程 成 本 表

编报单位：某施工单位 2011 年 12 月 单位：元

成本项目	本期数				本年累计数			
	预算成本	实际成本	降低额	降低率（%）	预算成本	实际成本	降低额	降低率（%）
人工费	200 000	220 000			1 008 000	1 226 200		
材料费	1 320 000	1 304 000			13 430 000	14 228 800		
机械使用费	64 000	52 000			465 000	415 600		
其他直接费	65 000	70 000			464 000	454 200		
施工间接费	200 00	231 000			921 000	943 300		
工程总成本								

任务三 项 目 综 合 实 训

华美建筑企业下设一个工程施工部门和一个机械作业部门。前者承包施工 A、B 两项建筑工程；后者提供挖土机劳务。工程都于 8 月开工，并且均未竣工。

8 月份发生业务如下：

(1) 工程施工耗用甲材料，其中直接用于施工 A 工程 220 000 元，用于施工 B 工程 440 000元，用于工程管理部门 3 000 元；用于机械作业 13 000 元；用于企业行政管理部门 8 050元。

（2）发生工资费用：工程施工部门A工程工人工资100 000元，B工程工人工资200 000元，工程施工管理人员工资15 000元；机械作业部门生产工人工资12 000元，管理人员工资11 000元；企业行政管理人员工资18 500元。

（3）按工资总额的10%计提住房公积金。

（4）计提固定资产折旧费，其中工程施工管理部门12 500元，机械作业部门11 500元，行政管理部门12 160元。

（5）用银行存款支付水电费，其中施工A工程1 000元，B工程1 000元，施工管理部门600元，机械作业部门1 200元，行政管理部门1 900元。

（6）用银行存款支付夜间施工增加费11 000元，其中A工程4 000元，B工程5 000元。

（7）采用机械台班分配法分配机械作业成本。该企业机械作业部门为A、B两项工程施工分别提供40台班、60台班。

（8）按直接费比例工程施工部门的间接费用分配。

要求：(1) 编制各项费用发生的会计分录（做在小题下面），并登记“工程施工——合同成本”、“机械作业”、“工程施工——间接费用”等有关明细账，见表4-9～表4-15。

(2) 归集和分配机械作业费用，并登记有关明细账。

(3) 归集和分配工程施工部门的间接费用，并登记有关明细账。

表4-9　　**机械作业明细账**

机械类别：挖土机　　单位：元

年		凭证号数	摘要	借方	贷方	余额	借方明细发生额				
月	日						人工费	燃料及动力费	折旧及维修费	其他直接费用	间接费用
		略									

表4-10　　**机械作业成本分配表**

部门：　　年　月　日　　单位：元

分配对象	分配标准	分配率	分配金额
合计			

主管：　　审核：　　制表：

表4-11　　**间接费用明细账**

部门名称　　单位：

年		凭证号数	摘要	借方	贷方	余额	借方明细发生额					
月	日											其他

表 4-12 **间接费用分配表**

名称： 年 月 日 单位：元

分配对象	分配标准	分配率	分配金额
合计			

主管： 审核： 制表：

表 4-13 **工程成本明细账**

明细账户：

年		凭证号	摘要	直接费用				间接费用	工程成本合计
月	日			人工费	材料费	机械使用费	其他直接费		

表 4-14 **工程成本卡**

明细账户：

年		凭证号	摘要	直接费用				间接费用	工程成本合计
月	日			人工费	材料费	机械使用费	其他直接费		

表 4-15　**工 程 成 本 卡**

明细账户：

年		凭证号	摘要	直 接 费 用				间接费用	工程成本合计
月	日			人工费	材料费	机械使用费	其他直接费		

小　结

工程成本核算是施工企业成本管理的一个极其重要的环节。认真做好成本核算工作，对于加强成本管理，促进增产节约，发展企业施工生产都有着重要的意义。

为了完整、准确、及时地记录在施工过程中发生的各项施工费用，应设置工程成本明细账（二级）和工程成本卡（三级）。

工程预算成本是根据已完（或已结算）工程的工程数量和预算单价计算的成本，它的计算依据是已完工程结算表、建筑安装工程计价定额（基价表）和人工、材料、机械台班市场价，计算方法有两种：实算法，是按已完工程实物工程量、分部分项工程预算单价和其他直接费与间接费标准计算；固定比例法是按各类工程预算成本的分项比例进行计算。

工程成本结算通过计算各会计期已完工程的预算成本、实际成本及它们之间的差额，来反映成本的节超情况。工程成本决算是在工程竣工以后通过计算竣工工程的预算成本、实际成本及它们之间的差额，来反映竣工工程的节超情况。

练　习

一、名词解释

工程预算成本

约当产量

已完工程

未完工程

工程成本结算

二、填空题

1. 为了完整、准确、及时地记录在施工过程中发生的各项施工费用，应设置__________明细账（二级）和__________（三级）。

2. 工程预算成本是主要根据已完（或已结算）工程的__________和__________计算的成本，它的计算依据是已完工程结算表、建筑安装工程计价定额（基价表）和人工、材料、机械台班市场价。

3. 工程预算成本计算常用方法有两种：__________是按已完工程实物工程量、分部分项工程预算单价和其他直接费与间接费标准计算；__________是按各类工程预算成本的分项比例进行计算。

4. 工程实际成本的核算包括__________、__________、__________、其他直接费和施工间接费的核算，分别采用不同的方法进行归集和分配。

5. 工程成本结算通过计算各会计期已完工程的__________、实际成本及它们之间的差额来反映成本的__________情况。

三、简答题

1. 核算工程成本需要主要设置哪些账、卡？账、卡之间的关系如何？

2. 什么是已完工程和未完工程？如何计算已完工程的预算成本？

3. 试说明人工费、材料费、机械使用费、其他直接费和施工间接费用分配计入成本核算对象的方法？

4. 工程成本结算和决算的区别主要在哪里？

5. 简述工程成本核算的基本程序。

6. 未完工程成本是怎样进行计算的？

四、实务题

1. 某施工单位 2010 年 6 月份人工费核算资料如下：

(1) 计时工资 128 000 元。

(2) 奖金 74 880 元。

(3) 施工用工资料见表 4-16。

表 4-16　　施工用工资料表

工程项目	计件工日	计时工日	合计
201 合同项目	2 200	1 600	
203 合同项目	1 400	900	
403 合同项目	1 000	700	
合计			

要求：根据上述资料进行人工费分配，并作会计分录。

2. 练习材料费的核算。

(1) 资料：某施工单位 2010 年 6 月份材料费核算资料如下：

1) 各工程领用钢材见表 4-17。

表 4-17　　各工程领用钢材表

工程项目	计量单位	数量	计划单价
201 合同项目	t	110	3 000
203 合同项目	t	120	3 000
403 合同项目	t	60	3 000

材料成本差异率为1.2%。

2）月末大堆材料盘点结果见表4-18。

表4-18　月末大堆材料盘点结果表

名称规格	碎石	细砂	砖
单价	22.00元/t	15.00元/t	160.00元/t
上月盘存	2 200	2 800	
本月新进	1 000	1 500	520
月末盘存	600	2 400	30
本月耗用			

材料定额耗用量见表4-19。

表4-19　材料定额耗用量表

材料名称	计量单位	201合同项目	203合同项目	403合同项目	合计
碎石	t	1 200	800	500	
细砂	t	1 400	300	300	
砖	t	340	160		

（2）要求：根据上述资料进行材料费分配，并作会计分录。

3. 资料：某施工单位2010年6月份有关未完工程成本计算资料如下：

（1）承包的201合同项目，月末有12 600m^2的砖内墙抹水泥砂浆工程，估计按预算定额的规定完成50%，预算单价为10.50元。

（2）承包的203合同项目某分部分项工程的分项单价是：13.56元/m^2，分三道工序完成，工序价格比重为2∶3∶5。月末盘点时，该分项工程已完成第一道工序为1 300m^2，第二道工序为1 400m^2，第三道工序为1 200m^2。

（3）承包的403合同项目某分部分项工程材料成本占用的比重较大，月末盘点时确定的材料数量为：水泥60t、砂50t、碎石800t、钢筋10t；材料预算单价为：水泥310元、砂80元、碎石50元、钢筋2 800元。

要求：

（1）根据资料（1）采用估量法计算未完工程预算成本。

（2）根据资料（2）采用估价法计算未完工程预算成本。

（3）根据资料（3）采用直接法计算未完工程预算成本。

4. 某建筑公司附属工厂生产A产品，本月完工产品产量500件，月末在产品100件。完工程度按平均50%计算，材料在开始时一次投入，其他费用按约当产量比例分配。A产品本月耗用直接材料共计24 000元，直接人工费用11 000元，制造费用5 500元。

要求：根据以上资料，采用约当产量法计算本月完工产品总成本和月末在产品成本。

项目五 掌握收入、费用和利润的核算

▶ **项目要求：** 通过熟悉施工企业收入费用核算案例、熟悉利润核算案例、进行本项目综合实训这三大任务，能掌握施工企业收入、费用、利润核算。

▶ **项目内容：** 建造合同收入与成本确认与核算、利润、利润分配内容及核算。

▶ **重点难点：** 建造合同收入与成本的核算，利润、利润分配的核算。

▶ **项目引例：**

某建筑公司签订了一项总金额为 1 500 万元的建造合同，承建一幢房屋，具体由工程部负责施工。工程于 2010 年 1 月开工，预计到 2012 年 1 月完工。该建筑企业及工程部 2010 年发生一系列有关收入、费用、利润的经济业务，具体见后。

要求：根据经济业务填制记账凭证，并记间接费用明细账、工程施工有关账，计算本公司有关收入、费用、利润。

通过本项目学习，能处理这些经济业务，能掌握施工企业收入费用利润的核算。

任务一　熟悉收入和费用的核算案例

一、掌握施工企业收入的概述

1. 理解施工企业收入的内容

收入是指企业在日常活动中形成的，会导致所有者权益增加的、与所有者投入资本无关的经济利益的总流入。

按照日常活动在企业所处的地位，收入可分为主营业务收入和其他业务收入。

（1）主营业务收入主要是建造工程合同收入，是指施工企业签订合同承包工程所获得的工程价款结算收入，包括：

1）建造合同初始收入，指建造承包方与客户在双方签订合同中最初商定的合同总金额。包括合同工程价款以及向客户收取的临时设施费、劳动保险费、施工机构调迁费等。

2）合同变更收入，是指因客户改变合同规定的作业内容而增加的收入。

3）合同索赔收入，是指因客户或第三方的原因造成的、由建造承包方向客户或第三方收取的、用以补偿不包括在合同造价中的成本款项。

4）合同奖励收入，是指工程达到或超过规定的标准时，客户同意支付给建造承包方的额外款项。

（2）其他业务收入是施工企业除建造工程合同收入以外的兼营活动中取得的各项收入，是对主营业务收入的一种补充。其主要内容包括：

1）产品销售收入，如销售自制的各种建筑结构件，钢木门窗，砖，瓦，机械设备和机械配件等。

2）作业劳务收入，指机械作业、运输作业等取得的收入。

3）材料销售收入，指企业向其他企业（或内部独立核算单位）出售建筑材料或其他材料而获得的收入。

4）无形资产出租收入，指无形资产对外出租实现的收入。

5）固定资产出租收入，指企业对外单位出租机械设备等固定资产而取得的收入。

6）多种经营收入，指施工企业开展多种经营业务（如饮食，服务，商业等）而获得的收入。

温馨提示

建造合同是指一项资产或者在设计、合同、技术、功能、最终用途等方面密切相关的数项资产而订立的合同。其中，所指资产包括房屋、道路、桥梁、水坝等建筑物以及船舶、大型机械设备等。建造承包商，是指根据合同为客户建造工程（或大型资产）的企业，如承包建造房屋、建筑物的建筑安装企业，承包建造船舶、飞机和大型机械设备的制造企业。

建筑合同划分为固定造价合同和成本加成合同两种类型。

2. 理解建造合同核算设置的账户

（1）成本类账户。

1）设置“工程施工”账户（建筑安装企业使用）或“生产成本”账户（船舶等制造企

业使用)，核算实际发生的合同成本和合同毛利、间接费用。明细账户为合同成本和合同毛利、间接费用。实际发生的合同成本和确认的合同毛利、间接费用记入本账户的借方，确认的合同亏损和间接费用分配进入数记入本账户的贷方，合同完成后，本账户与“工程结算”账户对冲后结平。

2）设置“工程结算”账户，核算根据合同完工进度已向客户开出工程价款结算账单办理结算的价款。本账户是“工程施工”或“生产成本”账户的备抵账户，已向客户开出工程价款结算账单办理结算的款项记入本账户的贷方，合同完成后，本账户与“工程施工”或“生产成本”账户对冲后结平。

(2) 损益类账户。

1）设置“主营业务收入”账户，核算当期确认的合同收入。当期确认的合同收入记入本账户的贷方，期末，将本账户的余额全部转入“本年利润”账户，结转后，本账户应无余额。

2）设置“主营业务成本”账户，核算当期确认的合同费用。当期确认的合同费用记入本账户的借方，期末，将本账户的余额全部转入“本年利润”账户，结转后，本账户应无余额。

3）设置“资产减值损失——合同预计损失”账户。核算当期确认的合同预计损失。当期确认的合同预计损失，记入本账户的借方，期末，将本账户的余额全部转入“本年利润”账户，结转后，本账户应无余额。

(3) 资产类账户。

1）设置“应收账款”账户，核算应收和实际已收的进度款，预收的备料款也在本账户核算。已向客户开出工程价款结算账单应收的工程进度款记入本账户的借方，预收的备料款和实际收到的工程进度款记入本账户的贷方。

2）设置“存货跌价准备——预计损失准备”账户，核算建造合同计提的损失准备。在建合同计提的损失准备，记入本账户的贷方，在建合同完工后，应将本账户的余额调整“主营业务成本”账户。

二、建造合同收入和费用的核算

(一) 合同收入与合同费用单项核算

合同收入与合同费用的确认与计量，首先应判断建造合同的结果能否可靠地估计，然后再根据具体情况进行处理。

1. 建造合同的结果能够可靠地估计时，合同收入与合同费用的核算

在资产负债表日要根据完工百分比法确认合同收入和合同费用。完工百分比法是指根据合同完工进度确认收入和费用的方法。采用的前提是，该项建造合同的结果能够可靠地估计。

根据这种方法，合同收入应与为达到完工进度而发生的合同成本相配比，以反映当期已完工部分的合同收入、费用和利润。这种方法能为报表使用者提供有关合同进度及本期业绩的有用信息。对于已在以前会计年度开工、本年度完工的建造合同以及本年度开工本年度完工的建造合同，应在合同完工时确认当期的收入和费用。

完工百分比法首先确定建造合同的完工进度，计算出完工百分比，然后根据完工百分比，计量和确认当期的合同收入和费用。

（1）确定合同的完工进度：有以下三种方法：

1）成本法。根据累计实际发生的合同成本占合同预计总成本的比例确定合同完工进度。其计算公式如下

合同完工进度＝累计实际发生的合同成本/合同预计总成本×100％

【例 5-1】 某建筑公司签订了一项合同总金额为 1 000 万元的建造合同，合同规定的建设期为三年。第一年，实际发生合同成本 300 万元，年末预计为完成合同尚需发生成本 520 万元；第二年，实际发生合同成本为 400 万元，年末预计为完成合同尚需发生成本 150 万元。

计算合同完工进度。

解 根据上述资料，计算合同完工进度如下

第一年合同完工进度＝300/(300＋520)×100％＝37％

第二年合同完工进度＝(500＋400)/(300＋400＋150)×1 00％＝82％

2）工作量法。根据已经完成的合同工作量占合同预计总工作量的比例确定合同完工进度。该方法适用于合同工作量容易确定的建造合同，如道路工程、土石方挖掘、砌筑工程等，其计算公式为

$$合同完工进度=\frac{已经完成的合同工作量}{合同预计总工作量}\times 100\%$$

【例 5-2】 某路桥公司签订了修建一条 200km 公路的建造合同，合同规定的总金额为 18 000万元，工期为 3 年。该公司第一年修建了 70km，第二年修建了 85km。计算合同完工进度。

解 第一年合同完工进度$=\frac{70}{200}\times 100\%=35\%$

第二年合同完工进度$=\frac{70+85}{200}\times 100\%=77.50\%$

3）实测法。实测法指已完合同工作程度根据实际测量确定。这种方法是在无法根据上述两种方法确定合同完工进度时的一种特殊的技术方法。适用于一些特殊的建造合同，如水下施工工程等。

如某建筑公司承建一项水下工程，在资产负债表日，经专业人员现场测定，已完工作量达合同总工作量的 75％。则该合同完工进度为 75％。

训练5-1

某建筑公司签订了一项合同总金额为 600 万元的建造合同，合同规定的建设期为三年。第一年，实际发生合同成本 200 万元，年末预计为完成合同尚需发生成本 300 万元；第二年，实际发生合同成本为 350 万元，年末预计为完成合同尚需发生成本 160 万元。根据上述资料，按成本法计算合同完工进度如下：

第一年合同完工进度＝

第二年合同完工进度＝

（2）根据完工百分比确认和计量当期的合同收入和合同费用。

确定建造合同的完工进度后，就可以根据完工百分比法确认和计量当期的合同收入和费

用。当期确认的合同收入和费用可用下列公式计算

当期确认的合同收入＝合同总收入×完工进度－以前会计期间累计已确认的收入

当期确认的合同费用＝合同预计总成本×完工进度－以前会计期间累计已确认的费用

当期确认的合同毛利＝当期确认的合同收入－当期确认的合同费用

温馨提示

上述公式中的完工进度指累计完工进度。对于第一期，确认时不需扣除以前会计期间的。第二期后，对于当期完成的建造合同，应当按照实际合同总收入扣除以前会计期间累计已确认收入后的金额，确认为当期合同收入；同时，按照累计实际发生的合同成本扣除以前会计期间累计已确认费用后的金额，确认为当期合同费用。

训练5-2

某建筑公司签订了一项总金额为 2 000 万元的固定造价合同，合同规定的工期为 3 年。假定经计算第一年完工进度为 25%，第二年完工进度已达 80%；经测定前两年的合同预计总成本均为 1 500 万元。第三年工程全部完工，累计实际发生合同成本 1 350 万元。确定各期确认的合同收入和费用核算。

解　第一年

确认的合同收入＝2 000×25%＝500万元

确认的合同毛利＝(2 000－1 500) ×25%＝125万元

确认的合同费用＝500－125 ＝375万元

会计分录：

借：主营业务成本　　3 750 000

　　工程施工——毛利　　1 250 000

　　贷：主营业务收入　　500 0000

第二年

确认的合同收入＝2 000 ×80%－500 ＝1 100万元

确认的合同毛利＝(2 000－1 500) × 80%－125＝275万元

确认的合同费用＝1 100－275＝825万元

会计分录，略

第三年

确认的合同收入＝2 000—(500＋1 100) ＝400万元

确认的合同毛利＝(2 000－1 350)—(125＋275) ＝250万元

确认的合同费用＝400－250＝ 150万元

会计分录，略。

训练5-3

某建筑施工企业签订了一项总金额为 500 万元，建造合同，工期为两年，该合同的结果能被可靠估计。根据下面资料（表 5 - 1），要求：按完工百分比法确认 2007 年、2008 年的合同收入和费用、毛利。

表 5 - 1 **年度投入成本表** 单位：万元

项目	2007 年	2008 年	合计
年度投入成本	200	250	450
估计尚需投入成本	250		

2. 建造合同的结果不能可靠地估计时，合同收入和合同费用的确认

如果建造合同的结果不能可靠地估计，企业不能采用完工百分比法确认合同收入和费用，而应区别以下两种情况进行会计处理：

（1）合同成本能够收回的，合同收入根据能够收回的实际合同成本加以确认，合同成本在其发生的当期确认为收入、费用。

（2）合同成本不能收回的，应在发生时立即确认为费用，不确认收入。

【例 5 - 3】 某建筑公司与客户签订了一项总金额为 100 万元的建造合同。第一年实际发生工程成本 40 万元，双方均能履行合同规定的义务。但建筑公司在年末时对该项工程的完工进度无法可靠估计。其会计分录如下：

借：主营业务成本　　400 000

　　贷：主营业务收入　　400 000

该公司当年与客户只办理价款结算 15 万元，由于客户出现财务危机，其余款项 25 万元可能收不回来。其会计分录如下：

借：主营业务成本　　400 000

　　贷：主营业务收入　　150 000

　　　　工程施工——毛利　　250 000

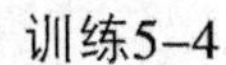

训练5-4

某建筑公司与业主签订了一项总金额为200万元的建造合同，第一年实际发生工程成本100万元，双方均能履行合同规定的义务。但建筑公司在年末时对该项工程的完工进度无法可靠估计。要求作确认当年的收入和费用的会计分录。

若该公司当年与业主只办理工程价款结算40万元，由于业主出现财务危机，其余款项可能收不回来。要求作确认为当年的亏损和费用的会计分录。

（二）合同收入与合同费用综合核算

以上只是就合同收入与合同费用单项核算。在发生合同收入与合同费用时，往往需要进行工程价款结算等方面。

1. 工程价款结算的核算

工程价款结算是指施工企业因承包工程，按照合同和工程结算办法的规定，将已完工程或竣工工程向客户办理工程结算而取得的价款，即建筑产品的价格，也就是建造合同完成的总金额。工程价款收入是施工企业的主营业务收入，是企业获取利润的源泉。

（1）工程价款结算方式。

工程价款结算是指施工企业按照建造合同向客户点交已完工程（竣工工程或已完分部分项工程），收取工程价款而发生的一种货币结算行为。工程价款结算方式有以下几种：

1）竣工后一次结算法，实现的收入额为承发包双方结算的合同价款总额。

2）按月结算法，实行旬末或月中预支，本期收入额为月终结算的已完工程价款的金额。

3）分段结算法，应按合同规定的形象进度分次确认已完阶段工程结算收入的实现。本期实现的收入额为本期已结算的分段工程价款的金额。

4）其他结算法。施工企业和客户双方约定并经开户银行同意的其他结算方式。

温馨提示

尾款结算问题。为了保证工程按期收尾竣工，工程在施工期间，不论工期长短，其结算价款一般不得超过承包工程合同价值的95%，结算双方可以在5%的幅度内协商确认尾款比例，并在工程承包合同中注明。尾款应存入建设银行，等工程竣工验收以后清算，承包方已向客户出具履约保证涵或有其他保证，可以不留工程尾款。

料款结算方式。料款结算方式有建造承包方自行采购建筑材料的；由建造承包方包工包料的，由承包方购货付款，并向客户收取备料费；由客户供应材料的，其材料可按材料预算价格转给建造承包方。材料价款在结算工程款时陆续抵扣，这部分材料，承包方不应收取备料款。

（2）工程价款的核算。

【例 5 - 4】 某施工企业发生下列经济业务。

1）工程开工前，企业按工程承包合同的规定，收到发包单位通过银行转账交来的工程备料款 250 000 元。

借：银行存款　　250 000
　　贷：预收账款——预收备料款　　250 000

2）月中，企业填列“工程价款预支账单”，向发包单位预收上半月的工程进度款 80 000 元。

借：银行存款　　80 000
　　贷：预收账款——预收工程款　　80 000

3）月末，企业提出“工程价款结算账单”，与发包单位办理工程价款结算：本月已完工程价款 170 000 元，按规定应扣还预收工程款 80 000 元、预收备料款 5 000 元。

借：应收账款——应收工程款　　170 000
　　贷：工程结算　　170 000
借：预收账款——预收工程款　　80 000
　　　　　　——预收备料款　　5 000
　　贷：应收账款——应收工程款　　85 000

4）企业收到发包单位支付的工程价款 85 000 元。

借：银行存款　　85 000
　　贷：应收账款——应收工程款　　85 000

训练5-5

与分包单位结算工程价款的核算，要求根据下列经济业务，编制企业（施工企业）的会计分录。

1）企业通过银行向分包单位预付备料款 15 000 元。

2）企业拨给分包单位主要材料一批，价值 15 000 元，抵作预付备料款。

3）月中，企业按工程分包合同规定预付给分包单位上半月的工程进度款 28 000 元。

4）月终，企业根据分包单位提出的“工程价款结算账单”，经审核应付分包单位已完工程价款 52 000 元。

5）企业按工程合同规定，从应付分包单位工程款中扣回预付备料款 5 000 元，预付工程款 28 000 元。

6）企业以银行存款支付分包单位已完工程价款 19 000 元。

温馨提示

施工企业作为总包单位向建设单位（发包单位）总承包，再由总包单位将专业工程或其他工程分包给其他施工单位。他们之间的关系是：分包单位应对总包单位负责，总包单位则对发包单位负责。分包单位所完成的工程，应通过总包单位向发包单位办理工程价款结算。

2. 工程综合核算

工程综合核算包括工程收入费用核算和工程价款结算核算，即确认各年的合同收入和费用、进行工程价款结算这两方面核算。

训练5-6

建筑施工企业签订了一项总金额为 1 100 万的建造合同，工期为两年，该合同的结果能被可靠估计。根据下面资料（单位：万元），见表 5-2，要求：

（1）按完工百分比法确认各年的合同收入和费用；

（2）按实际收到的工程款 3%计缴营业税、按营业税的 7%计缴城建税、3%计缴教育费附加。

表 5-2　工程成本价款资料表　单位：万元

项　目	2003 年	2004 年	合计
年度投入成本	450	550	1 000
估计尚需投入	550		
已结算工程价款	400	700	1 100
实际收到价款	400	700	1 100

2003 年确认合同收入及合同费用：

完工进度：

合同收入：

合同毛利：

合同费用：

营业税：

城建税：

教育附加费：

会计分录：

发生工程成本：

确认本期收入：

发生应收工程款：

收到工程款：

计算应交税费：

上交应交税费：

2004 年确认合同收入及合同费用：

完工进度：

合同收入：

合同毛利：

合同费用：

营业税：

城建税：

教育附加费：

会计分录，略。

三、其他业务收入费用的核算

1. 其他业务收入费用的内容

施工企业的其他业务收入一般包括产品销售收入、作业销售收入、材料销售收入、出租收入和其他销售收入等。成本相对应为产品销售成本、作业销售成本、材料销售成本、出租成本和其他销售成本。

2. 其他业务的核算

施工企业的其他销售收入业务应通过“其他业务收入”和“其他业务成本”账户进行核算。为了详细反映，应在“其他业务收入”账户下设置“产品销售收入”，“作业销售收入”，“材料销售收入”等二级账户；在“其他业务成本”账户下设置“产品销售支出”，“作业销售支出”，“材料销售支出”等二级账户分别进行核算。

【例 5-5】 甲公司于 2007 年 1 月 1 日向丙公司转让某专利权的使用权，协议约定转让期为 5 年，每年年末收取使用费 200 000 元。2007 年该专利权计提的摊销额为 120 000 元，每月计提金额为 10 000 元。假定不考虑其他因素。甲公司会计处理如下：

（1）2007 年年末确认使用费收入：

借：应收账款（或银行存款） 200 000

　　贷：其他业务收入 200 000

（2）2007 年每月计提专利权摊销额：

借：其他业务成本 10 000

　　贷：累计摊销 10 000

四、期间费用核算

期间费用是指不能直接计入成本而应计入当期损益的各项费用，包括管理费用、财务费用、销售费用。

（一）组成内容

1. 管理费用

管理费用是指建筑企业为组织和管理企业施工生产和经营活动所发生的各项支出。具体包括：

（1）管理人员工资，指支付给公司管理人员的工资及按规定标准计提的职工福利费。

（2）办公费，指公司管理办公用的文具、纸张、账表、印刷、邮电、书报、会议、水、电、燃煤（气）等费用。

（3）差旅交通费，指公司职工因公出差、工作调动所发生的差旅费、住勤补助费、市内交通费及误餐补助费、职工探亲路费、劳动办招募费、离退休职工一次性路费，以及自有交通工具的油料、燃料、牌照、养路费等。

（4）固定资产使用费，指公司管理和试验部门使用的属于固定资产的房屋、设备、仪器等的折旧及维修费用。

（5）工具用具使用费，指公司管理使用的不属于固定资产的工具、器具、家具、交通工具、检验、试验、消防等用具的摊销及维修费用。

（6）劳动保护费，指按规定标准发放给公司管理人员的劳保用品的购置费、洗理费、保健费、防暑降温费等。

（7）工会经费，指企业按规定标准计提的工会经费。

（8）职工教育经费，指企业为职工学习先进技术和提高文体水平按规定标准计提的费用。

（9）劳动保险费，指企业支付给离退休职工的离退休金（包括提取的离退休职工劳保统筹基金）、价格补贴、医药费、易地安家补助费、职工退职金、6个月以上的病假人员工资，职工死亡丧葬补助费、抚恤费，以及按规定支付给离休干部的其他各项经费。

（10）职工失业保险费，指按规定标准计提的职工失业保险费。

（11）财产保险费，指企业支付的财产保险和管理用车辆等保险费用。

（12）住房公积金，指按有关规定由企业支付的职工住房公积金。

（13）税金，指企业按规定交纳的房产税、车辆使用税、土地使用税、印花税及土地使用费等。

（14）其他费用，指除上述费用以外的其他开支，包括技术转让费、技术开发费、业务招待费、绿化费、广告费、公证费、法律顾问费、审讯费、咨询费等。

2. 财务费用

财务费用是指建筑企业为筹集施工生产经营所需资金而发生的各项费用。

财务费用包括：企业经营期间发生的短期借款利息支出、汇兑损失、金融机构手续费，以及企业为筹集资金发生的其他财务费用。

3. 销售费用

销售费用是指企业在销售产品、自制半成品等过程中发生的各项费用，以及专设销售机构的各项经费。具体包括的项目内容为：包装费、运输费、展览费、广告费以及专设的销售机构的费用。销售费用同样应在发生的当期就计入当期的损益，并于月末转入“本年利润”账户。建筑企业如发生的销售费用较少可不设此账户，在费用发生时记入“管理费用——销售费用”账户。

（二）核算

1. 账户

为了反映企业期间费用的发生情况，需设置“管理费用”、“财务费用”等账户进行总分类核算。发生各项费用时，记入本账户的借方；期末，应将本账户的余额转入“本年利润”账户，结转后本账户无余额。本账户应按费用项目设置明细账，组织明细核算。

2. 会计分录

【例 5-6】 某建筑企业 2008 年 12 月份假定发生下列有关的经济业务：

(1) 1 日，总务处购买办公用品 1 200 元，以现金支付。会计分录如下：

借：管理费用——公司经费（办公费）	1 200	
贷：库存现金		1 200

(2) 12 日，报销职工王刚上下班交通补贴费 1 600 元，剩余现金 600 元交回财务部门，会计分录如下：

借：管理费用——公司经费（差旅交通费）	1 000	
库存现金	600	
贷：其他应收款——王刚		1 600

(3) 13 日，计提公司管理部门固定资产折旧费 20 000 元。会计分录如下：

借：管理费用——公司经费（折旧费）	20 000	
贷：累计折旧		20 000

(4) 25 日，行政部门领用低值易耗品 600 元。会计分录如下：

借：管理费用——公司经费（低值易耗品摊销）	600	
贷：低值易耗品		600

(5) 27 日，企业持未到期的商业承兑汇票一张，向开户行申请贴现，汇票面值是 100 000元，贴现利息为 1 200 元，实收贴现额为 98 800 元。其会计分录如下

借：银行存款	98 800	
财务费用——利息支出	1 200	
贷：应收票据——商业承兑汇票		100 000

(6) 31 日，将本月发生的期间费用记入当月损益。会计分录如下：

借：本年利润	24 000	
贷：管理费用		22 800
财务费用		1 200

训练5-7

某建筑企业 2010 年 1 月份假定发生下列有关的经济业务，要求作会计分录：

(1) 6 日，办公室李宏报销业务招待费 1 500 元。以现金支付。

(2) 18 日，以现金购买印花税 150 元。会计分录如下：

（3）26日，接银行通知，支付借款利息2 650元。

（4）25日，收到银行存款利息收入通知单，通知存款利息收入1 400元。

（5）27日，委托银行办理银行汇票一份，支付手续费20元。

（6）以银行存款支付会计事务所审计费800元。

（7）30日，按行政管理部门人员工资计提工会经费5 000元，职工教育经费2 500元。

（8）30日，计算本月应交纳的房产税1 500元、车船使用税800元、土地使用税700元。

（9）31日，将本月发生的期间费用记入当月损益。

五、税费核算

建筑安装行业涉及地税的主要税种包括：营业税、城市维护建设税、教育费附加、房产税、土地使用税、土地增值税、印花税、企业所得税、个人所得税、车船使用税等。这里介绍建筑业营业税。其计税收入包括两部分：一是工程价款，二是其他业务收入。

（一）税收政策

1. 差额计税

（1）建筑业的总承包人将工程分包或者转包给他人的，以工程全部承包额减去付给分包人或者转包人的价款后的余额为营业额征收营业税。对分包人或者转包人可以实行代扣代缴营业税。

（2）建筑安装工程的计税营业额一般不包括设备价值（具体设备名单由省地税局列举）；未被列举，凡所安装的设备的价值作为安装产值的，其营业额应包括设备的价款在内。

（3）通信线路工程和输送管道工程所使用的电缆、光缆和构成管道工程主体的设备，不含在计税营业额中。

2. 全额计税

（1）不管是包工包料还是包工不包料，营业额中均包括工程所用原材料及其他物资和动力款（不含装饰劳务），一律以料工费全额计税。

（2）建筑安装企业向建设单位收取的临时设施费、劳动保护费和施工机构迁移费，不得从营业额中扣除。

（3）施工企业向建设单位收取的材料差价款、抢工费、全优工程奖和提前竣工奖，应并入营业额征收营业税。

（二）会计处理

会计制度规定建筑企业从事建筑业务所取得的收入等作为“主营业务收入”或“其他业务收入”入账。

按规定计算出应上交的营业税时，借记“营业税金及附加”科目，贷记“应交税费——应交营业税”科目。

（三）核算举例

【例5-7】 某建筑工程公司2010年5月31日有关资料如下：

向业主结算并取得建造合同总包工程款390万元，其中：包括公司应支付给某工程队分包工程价款30万元。另取得其他业务收入13万元，其中：机械作业收入3万元，无形资产使用权转让收入10万元。

解 该建筑工程公司有关会计处理如下（3900 000元，简化390万，其他同）：

（1）收入的确认

借：银行存款 390万

　　贷：主营业务收入 360万

　　　　应付账款——应付分包工程款 30万

借：银行存款 13万

　　贷：其他业务收入 13万

（2）月份终了，企业按建造合同计算出营业收入应纳的营业税。

应纳税额＝(390－30)×3%＝10.8万元

作如下会计分录：

借：营业税金及附加 10.8万

　　贷：应交税费——应交营业税 10.8万

（3）计算代扣的营业税时：代扣税金＝30×3%＝0.9万元，作如下会计分录：

借：应付账款——应付分包工程款 0.9万

　　贷：应交税费——应交营业税 0.9万

（4）企业按照规定计算出其他业务收入应纳营业税：机械作业收入属于“建筑业”税目，应按3%缴纳营业税。则应纳税额为

应纳税额＝3×3%＝0.09万元

对于转让无形资产收入，按照税法规定，属于“转让无形资产”税目，应按5%缴纳营业税。则应纳税额＝10×5%＝0.5万元

对于其他业务收入应纳税额，该公司应作如下会计分录：

借：营业税金及附加 0.59万

　　贷：应交税费——应交营业税 0.59万

（5）月度终了，该公司实际交清营业税时：

借：应交税费——应交营业税 12.29万

　　贷：银行存款 12.29万

训练5-8

中国建筑工程公司 2007 年 1 月承包某高速公路工程，并收到其中两处加油站工程分包给大成建设有限责任公司。至当年 12 月 15 日完工，结算工程价款，总收入为 4 亿元，两处加油站工程价款为 800 万元。公司对分包人实行代扣代缴营业税。要求作以下有关会计分录。

（1）公司收到承包款时：

（2）应交及代扣营业税

应交营业税＝

代扣税金＝

（3）支付承包款

（4）上交营业税时

任务二　熟悉利润核算案例

一、施工企业利润总额的组成

1. 利润的概念

施工企业的利润是指企业在一定会计期间的经营成果。实现的收入减去费用后所实现的总成果。利润概念还包括它的反面，即负利润或亏损。

2. 利润的计算

（1）利润总额。

利润总额＝营业利润 ＋营业外收入－营业外支出

其中，营业外收入是指企业取得的与企业施工生产活动无直接关系的各项收入。具体包括：

非流动资产处置利得、非货币性资产交换利得、债务重组利得、政府补助、捐赠利得、罚款收入、教育费附加返还款、逾期未退包装物没收的、加收的押金等。

营业外支出是指与企业生产经营没有直接关系，不属于生产经营费用，但按规定应从实现的利润中列支的各项支出。主要包括：非流动资产处置损失、非货币性资产交换损失、债务重组损失、公益性捐赠支出、非常损失、盘亏损失、赔偿金、违约金、子弟学校经费和技工学校经费等。

（2）营业利润。

营业利润 ＝营业收入－营业成本－营业成本－营业税金及附加＋投资净收益
－管理费用－财务费用－销售费用

营业利润是施工企业利润总额的主要组成部分，是施工企业从事施工生产经营活动取得的财务成果。

其中，投资净收益是指对外投资所取得的收益减去投资损失后的余额（若后者大于前者则为投资损失）。营业外收支是指与企业施工生产经营活动没有直接关系的各项收入和支出，营业外收支净额是营业外收入扣除营业外支出后的差额。

（3）净利润。

净利润＝利润总额－所得税费用

其中，所得税费用是企业在为取得净利润所必须花费的代价。所得税是对施工企业生产经营活动中所得征收的一种税赋。企业应交所得税额＝应纳税所得额×适用税率。企业所得税税率统一采用25%的比例税率。微利小型企业，税法又规定了照顾性税率20%。如果企业上一年度发生亏损，可用当年应纳税所得予以弥补，按弥补亏损后的应纳税所得来确定适用税率。

二、施工企业利润的账务处理

1．账户设置

（1）“本年利润”账户。

（2）“营业外收入”、“营业外支出”账户。

（3）“所得税费用”账户，借方登记按计税利润和适用税率计算的应交所得税，贷方登记转入“本年利润”账户的数额；期末结转后，本账户应无余额。

（4）“递延税款资产”、“递延税款负债”账户等。

2．利润核算

【例5-8】 （1）某建筑公司曾与G公司签订，后因G公司违约，收到G公司交来的合同违约金1 000元。

会计分录如下：

借：银行存款　　1 000

　　贷：营业外收入　　1 000

（2）ABC建筑公司通过希望工程捐款20 000元。

会计分录如下：

借：营业外支出　　20 000

　　贷：银行存款　　20 000

【例5-9】 京华施工企业5月末经账项核对、账目调整后和损益类账户结转前，各有关损益类账户的余额为：“主营业务收入”余额230 000元，“主营业务成本”余额43 500元，“销售费用”余额75 890元，“营业税金及附加”余额12 400元，“管理费用”余额34 000元，“财务费用”余额8 700元，“营业外支出”余额2 300元，“投资收益”贷方余额6 700元，“营业外收入”余额3 650元。结转当月实现的利润额，作会计分录如下：

将收入类账户余额结转“本年利润”账户时

借：主营业务收入　230 000

　　投资收益　6 700

　　营业外收入　3 650

　　贷：本年利润　240 350

将费用类账户余额结转“本年利润”账户时

借：本年利润　176 790

　　贷：主营业务成本　43 500

　　　　销售费用　75 890

　　　　营业税金及附加　12 400

　　　　管理费用　34 000

　　　　财务费用　8 700

　　　　营业外支出　2 300

本月实现的利润总额＝240 350－176 790＝ 63 560 元

如果没有所得税纳税调整项目，那么企业应交所得税额＝63 560×20%＝ 12 712 元。

计算应交所得税的会计分录

借：所得税费用　12 712

　　贷：应交税费——应交所得税　12 712

期末结转所得税费用的会计分录

借：本年利润　12 712

　　贷：所得税费用　12 712

任务三　项目综合实训

资料：某建筑公司签订了一项总金额为 1 500 万元的建造合同，承建一幢房屋，具体由工程部负责施工。工程于 2010 年 1 月开工，预计到 2012 年 1 月完工。该建筑企业及工程部 2010 年 1 月（假定）发生下列经济业务。

要求：根据经济业务作出会计分录，并记有关账。

（1）以银行存款支付工程部管理人员差旅费 2 200 元；

（2）工程部为建房屋领用材料费 950 000 元，施工管理领用材料 1 000 元；

（3）以银行存款支付房产税 1 700 元；

（4）以银行存款支付业务招待费 3 500 元；

（5）以银行存款支付印花税 3 300 元；

（6）工程部施工房屋发生应付供电局电费 8 200 元，自来水公司水费 1 800 元，施工管理发生水电费 1 000 元；

（7）公司行政管理部门发生应付供电局电费 1 600 元，自来水公司水费 500 元；

（8）分配工程部施工人员工资 216 000 元，工程部管理人员 50 000 元，公司行政管理人员工资 186 000 元；

（9）计提公司行政管理部门固定资产折旧费 1 500 元；

（10）以银行存款支付银行手续费 400 元；

（11）为建房屋以银行存款支付机械租赁费 20 000 元；

（12）以银行存款支付雨季施工增加费 1 800 元；

（13）结转间接费用；

（14）预计的工程总成本为 1 200 万元，按完工百分比法计算本月合同收入、毛利、费用；

（15）出租机械设备通过银行取得收入 10 000 元；计提该设备折旧费 8 000 元；

（16）工程款通过银行取得 1 000 000 元；

（17）按规定计算应交营业税；

（18）计算应交所得税；

（19）结转损益类账户余额。

间接费用明细账见表 5-3。

表 5-3　　**间接费用明细账**

部门名称　　单位：

年		凭证号数	摘要	借方	贷方	余额	借方明细发生额					
月	日											其他

工程成本卡见表 5 - 4。

表 5 - 4　　工 程 成 本 卡

核算对象：

年		摘要	借方						贷方	余额
月	日		人工费	材料费	机械使用费	其他直接费	间接费用	合计		

小　结

本章讲述建造合同收入与成本确认与核算、利润内容及核算。要求掌握建造合同的收入、成本、税金及附加、利润的核算方法。

建造合同收入、成本确认、核算账户与会计分录是应掌握账户与会计分录时的重点。合同费用（成本）是建筑企业已结算工程或提供劳务的成本，是与合同收入相配比的支出。由于建造合同施工的长期性，合同收入与成本的确认方法为：当建造合同的结果能够可靠地估计时，按完工百分比法计量与确认合同收入与成本；当建造合同的结果不能够可靠地估计时，如合同成本能够收回的，则合同成本在其发生的当期确认为合同收入与成本，如合同成本不能收回的则在发生时立即确认为费用。合同费用通过“主营业务成本”账户核算，按上述方法确认的合同费用，记入该账户的借方，年末时将该账户的余额转入“本年利润”账户，结转后该账户无余额。当期确认的合同毛利，通过“工程施工——合同毛利”明细账户核算。当期确认的合同毛利，应记入该明细账户的借方。

施工企业的利润是指企业在一定会计期间的经营成果，即实现的收入减去费用后所实现的总成果。利润、利润分配内容及核算账户与会计分录是应掌握的重点。利润总额＝营业利润 ＋营业外收入－营业外支出。净利润的分配顺序是弥补以前年度亏损、提取盈余公积和向投资者分配利润等。

练　习

一、填空题

1. 营业收入按主次分为__________和__________。
2. 利润总额的构成，分__________、__________、__________。
3. 利润总额减__________就是建筑企业的净利润。
4. 年终“利润分配”各明细账户的结转，最终计算出施工企业当年末的__________。
5. 期间费用分为__________、__________、__________。

二、名词解释

1. 工程结算
2. 完工百分比法
3. 施工间接费用
4. 临时设施

三、简答题

1. 施工企业建造收入的内容有哪些?
2. 工程价款的含义是什么? 由哪些内容组成?
3. 工程价款结算的方式有几种?
4. 采用完工百分比法时，如何计算完工程度、合同收入和合同成本?
5. 管理费用包括哪些内容?
6. 财务费用包括哪些内容?

四、实务题

1. (1) 资料：某建筑公司签订了一项总金额为 1 520 万元的建造合同，承建一幢房屋。工程于 2006 年 7 月开工，预计到 2008 年 7 月完工。2006 年末预计的工程总成本为 1 200 万元，到 2007 年底预计工程总成本已为 1 280 万元。建造该项工程的其他有关资料见表 5 - 5。

表 5 - 5　　**建造该项工程的其他有关资料**　　单位：万元

	2006 年	2007 年	2008 年
至本期止实际发生的成本	240	960	1 280
完成合同尚需投入的成本	960	320	—

(2) 要求：

1) 确定各年的合同完工进度;

2) 计量确认各年的合同收入、合同费用和毛利;

3) 编制各年的会计分录。

2. (1) 资料：长白企业在会计期末将本期实现的各种收入包括主营业务收入 3721 00 元、其他业务收入 89 800 元、投资净收益 5 000 元、营业外收入 5 000 元；各项支出包括主营业务成本 216 752 元、其他业务成本 56 500 元、营业税金及附加 49 210 元、管理费用 11 780元、财务费用 600 元、销售费用 448 元、营业外支出 1 170 元。

（2）要求：

1）列式计算利润总额，并列式计算本年应交所得税（所得税率为 25%，假定本例利润总额等于应纳税所得额）。

2）作计算所得税、结转损益类账户的会计分录。

3.（1）资料：某建筑企业 2005 年 12 月份发生下列经济业务：

1）以银行存款支付职工差旅费 8 600 元；

2）支付投标费 3 000 元；

3）支付房产税 2 000 元，劳动保险费 1 600 元；

4）支付业务招待费 2 200 元；

5）支付银行借款利息 3 500 元；

6）发生应付供电局电费 2 600 元，自来水公司水费 1 800 元；

7）分配工程部管理人员工资 19 000 元，企业管理人员工资 19 000 元，应计提管理人员的住房公积金比例为 10%；

8）计提行政管理部门固定资产折旧为 8 300 元。

9）支付银行手续费 100 元；

（2）要求：根据上述经济业务作出会计分录。

4. 某企业于 2×××年 1 月 1 日向银行借入生产经营用短期借款 360 000 元，期限 6 个月，年利率 5%，该借款本金到期后一次归还，利息分月预提，按季支付。假定 1 月份其中 120 000 元暂时作为闲置资金存入银行，并获得利息收入 400 元，假定所有利息均不符合利息资本化条件。要求：计算借款月息，作有关会计分录。

项目六 掌握施工企业会计报表的编制

▶ **项目要求：** 通过掌握成本费用报表编制、掌握财务报表编制、进行综合项目实训这三大任务，能掌握施工企业会计报表的理论知识和实际编制。

▶ **项目内容：** 会计报表的作用、种类；会计报表的编制。

▶ **重点难点：** 会计报表的编制。

▶ **项目引例：**

某建筑公司假定 2010 年 1 月初余额：银行存款 800 000 元，原材料 6 000 000 元，固定资产 20 000 000 元，应收账款 5 790 000 元，短期借款 10 000 元，实收资本 21 000 000 元；本年已完工程预算成本：人工费、材料费、机械使用费、其他直接费和间接费用分别为200 000元、1000 000 元、21 000 元、12 000 元、56 000 元。该建筑公司签订了一项总金额为 1 500 万元的建造合同，承建一幢房屋，具体由工程部负责施工。工程于 2010 年 1 月开工，预计到 2012 年 1 月完工。该建筑企业及工程部 2010 年 1 月发生一系列有关收入、费用、利润的经济业务，见“项目五、任务三项目综合实训”。

要求：根据资料编制本年资产负债表、利润表、现金流量表和工程成本报表。

任务一　掌握成本费用报表编制

一、理解工程成本费用会计报表概述

（一）成本费用报表概念

成本费用报表是用以反映企业生产费用与产品成本的构成及其升降变动情况，以考核各项费用与生产成本计划执行结果的会计报表，是会计报表体系的重要组成部分。

（1）全面反映企业的成本和费用状况。

（2）为制定工程成本计划，为企业经营决策提供依据。

（3）评价和考核成本中心成本管理的业绩。

（4）利用工程成本会计报表资料进行成本分析。

（二）成本费用报表的种类

1. 按反映的经济内容的不同分类

（1）成本报表。它是反映施工企业工程成本的构成及升降情况的报表，如工程成本表、竣工工程成本表和施工间接费用明细表等。如有附属工厂，那么反映成本情况的报表还有产品生产成本表或产品生产成本及销售成本表、主要产品生产成本表、责任成本表、质量成本表等。

（2）费用报表。它是反映施工企业期间费用的构成及升降情况的报表，如管理费用明细表、财务费用明细表等。

2. 按编制的范围分类

（1）公司成本报表。

（2）项目部成本报表（施工队成本报表）。

（3）班组成本报表，反映班组会计期间的成本和费用情况的报表。

二、掌握工程成本表编制

1. 已完工程成本表

已完工程成本表是反映施工单位在一定时期（月份、季度、年度）内，已完工程成本情况的会计报表。通过该表提供的资料，可以了解施工单位已完工程的成本构成及升降情况，有利于考核成本计划的执行情况和结果。

工程成本表应按工程成本项目分别列示，分别反映本期及本年各成本项目及总成本的预算数、实际数、降低额和降低率。格式见表6-1。

表6-1　　　**工 程 成 本 表**

编报单位：某施工单位　　　　2010年12月　　　　单位：元

成本项目	本期数				本年累计数			
	预算成本	实际成本	降低额	降低率（%）	预算成本	实际成本	降低额	降低率（%）
人工费								
材料费								
机械使用费								
其他直接费								
施工间接费								
工程总成本								

工程成本表的编制方法说明如下：

（1）预算成本，指已完工程的预算成本，可根据预算成本计算表有关数据。

（2）实际成本，指已完工程的实际成本，根据建筑安装工程成本明细账中。

（3）降低额，为预算成本减去实际成本的差额，如为负数，则反映工程成本超支。

（4）降低率，按下列公式计算

$$某项目成本降低率=\frac{本项目成本降低额}{本项目预算成本}\times 100\%$$

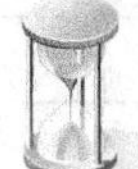

训练6-1

要求根据表6-2中资料，编制工程成本表（部分）。

表6-2　　工程成本表

编报单位：某施工队　　2011年12月　　单位：元

成本项目	本期数				本年累计数			
	预算成本	实际成本	降低额	降低率（%）	预算成本	实际成本	降低额	降低率（%）
人工费	191 250	190 200			2 108 700	2 026 000		
材料费	1 321 300	1 294 300			13 430 500	13 080 200		
机械使用费	34 560	33 500			418 240	395 020		
其他直接费	45 080	46 120			464 210	454 210		
施工间接费	95 230	91 500			931 600	940 610		
工程总成本								

2. 竣工工程成本表

企业或其所属内部独立核算的施工单位应定期编制竣工工程成本表，用以反映每一季度和年度内已经完成工程设计文件所规定的全部工程内容，并已与发包单位办理移交和竣工结算手续的工程的全部成本的会计报表。

设置本表是为了反映施工单位竣工工程自开工时起至竣工时止的全部成本及其节约或超支情况。通过竣工工程成本的计算，可以积累工程成本资料，研究同类工程之间的成本水平；同时通过本表竣工工程当年预算成本同工程成本表中当年结算的工程预算成本相比较，可以分析施工单位的竣工率和反映施工单位的工程建造速度。

竣工工程成本表分为"工程名称"、"竣工工程量"、"预算成本"、"实际成本"、"成本降低额"和"成本降低率"等栏目，其格式举例见表6-3。其中各栏的填列方法为：

（1）竣工工程量，是填列竣工工程的实物工程量，其计量单位以统计制度规定为准。如对房屋建筑工程填列竣工房屋建筑面积。

（2）预算总成本，是填列各项竣工工程自开工起至竣工止的全部预算成本，根据调整后的工程决算书填列。"其中：上年结转"一栏是填列跨年度施工工程在以前年度已办理过工程价款结算，在本季度内竣工的工程预算成本。

（3）实际成本，是填列各项竣工工程自开工起至竣工止的全部实际成本，根据"建筑安装工程成本卡"的成本资料填列。

（4）本季竣工工程合计，是根据本季竣工的各项工程汇总填列，其中主要工程应按成本计算对象分项填列。

(5) 自年初起至上季末止的竣工工程累计，“工程名称”栏内的第一项，即为上季度本表的第三项“自年初起至本季末止的竣工工程累计”。第一季度编制本表时，此项不填。

表 6-3 **竣工工程成本表**

编制单位： ××××年第×季度 单位：元

工程名称	行次	竣工工程量（m^2）	预算成本		实际成本	成本降低额	成本降低率（%）
			总成本	其中：上年结转			
		1	2	3	4	5	6
一、自年初至上季末止的竣工工程累计		×					
二、本季竣工工程合计		×					
其中：（按主要工程分项填列）							
1. ××合同项目							
2. ××合同项目							
三、自年初起至本季末止的竣工工程累计							

训练6-2

要求根据表 6-4 中资料，编制竣工工程成本表（部分）。

表 6-4 **竣工工程成本表**

编制单位：某施工单位 2011 年第 4 季度 单位：元

工程名称	竣工工程量（m^2）	预算成本	实际总成本	成本降低额	成本降低率（%）
		1	2	3	4
一、自年初至上季末止的竣工工程累计	×	18 650 000	18 458 000		
二、本季竣工工程合计	×				
其中：					
1. 104 合同项目（厂房）	3 000	3 588 000	3 236 000		
2. 204 合同项目（办公楼）	1 000	1 234 567	1 022 478		
三、自年初起至本季末止的竣工工程累计					

3. 施工间接费用明细表

施工间接费用明细表是反映施工企业各施工单位在一定时期内为组织和管理工程施工所发生的费用总额和各明细项目数额的报表。

该表按费用项目分列“本年计划数”和“本年累计实际数”进行反映。通过本表，可以了解施工间接费用的开支情况，以及为分析施工间接费用计划完成情况和节约或超支的原因提供依据。

为了反映施工单位各期施工间接费用计划的执行情况，施工间接费用明细表应按月进行编制，其格式见表6-5。

表6-5　施工间接费用明细表

编制单位：某施工单位　　2011年12月　　单位：元

项目费用	计划数	实际数
1. 管理员工资及福利费	300 000	303 000
2. 办公费	106 500	100 000
3. 差旅费	240 800	234 000
4. 固定资产使用费	104 500	105 000
5. 低植易耗品使用费	156 000	153 000
6. 劳动保险费	140 800	140 200
7. 保险费	20 200	17 200
8. 水电费	25 000	18 000
9. 工程保修费	20 000	18 000
10. 其他费用	71 000	72 000
合计	1 184 800	1 160 400

三、期间费用明细表

1. 财务费用明细表

财务费用明细表是反映施工企业在一定时期内为筹集施工生产经营所需资金所发生的费用总额和各明细项目数额的报表。

2. 管理费用明细表

管理费用明细表是反映施工企业行政管理部门在一定时期内为组织和管理施工生产经营所发生的费用总额和各明细项目数额的报表。

3. 销售费用明细表

销售费用明细表是反映施工企业专设销售部门在一定时期内为组织和宣传企业所发生的费用总额和各明细项目数额的报表。

编制方法及格式与施工间接费明细表的基本相同。通过它们可以了解到企业在一定期间内期间费用支出总额及其构成，并可以了解费用支出合理性以及支出变动的趋势，这有利于企业和主管部门正确制定费用预算，控制费用支出，考核费用支出指标合理性，明确有关部门和人员的经济责任，防止随意扩大费用开支范围。

任务二　掌握财务报表的编制

一、财务报表的概述

财务报表是对企业财务状况、经营成果和现金流量的结构性表述。一套完整的财务报表至少应当包括资产负债表、利润表、现金流量表、所有者权益（或股东权益）变动表以及附注。

资产负债表、利润表、现金流量表和所有者权益变动表分别从不同角度反映企业的财务状况、经营成果、现金流量和所有者权益变动情况。附注是财务报表不可或缺的组成部分，是对在资产负债表、利润表、现金流量表和所有者权益变动表等报表中列示项目的文字描述或明细资料，以及对未能在这些报表中列示项目的说明等。

二、掌握资产负债表编制

（一）资产负债表的结构和内容

1. 资产负债表的内容

（1）资产。

资产负债表中的资产反映由过去的交易、事项形成并由企业在某一特定日期所拥有或控制的、预期会给企业带来经济利益的资源。资产应当按照流动资产和非流动资产两大类别在资产负债表中列示，在流动资产和非流动资产类别下进一步按性质分项列示。

流动资产是预计在一个正常营业周期中变现、出售或耗用，或者主要为交易目的而持有，或者预计在资产负债表日起一年内（含一年）变现的资产，或者自资产负债表日起一年内交换其他资产或清偿负债的能力不受限制的现金或现金等价物。

资产负债表中列示的流动资产项目通常包括：货币资金、交易性金融资产、应收票据、应收账款、预付款项、应收利息、应收股利、其他应收款、存货和一年内到期的非流动资产等。

非流动资产是流动资产以外的资产。资产负债表中列示的非流动资产项目通常包括：长期股权投资、固定资产、在建工程、工程物资、固定资产清理、无形资产、开发支出、长期待摊费用以及其他非流动资产等。

（2）负债。

资产负债表中的负债反映在某一特定日期企业所承担的、预期会导致经济利益流出企业的现时义务。负债应当按照流动负债和非流动负债在资产负债表中进行列示，在流动负债和非流动负债类别下再进一步按性质分项列示。

流动负债是预计在一个正常营业周期中清偿，或者主要为交易目的而持有，或者自资产负债表日起一年内（含一年）到期应予以清偿，或者企业无权自主地将清偿推迟至资产负债表日后一年以上的负债。资产负债表中列示的流动负债项目通常包括 短期借款、应付票据、应付账款、预收款项、应付职工薪酬、应交税费、应付利息、应付股利、其他应付款、一年内到期的非流动负债等。

非流动负债是流动负债以外的负债。非流动负债项目通常包括长期借款、应付债券和其他非流动负债等。

（3）所有者权益。

资产负债表中的所有者权益是企业资产扣除负债后的剩余权益，反映企业在某一特定日期股东（投资者）拥有的净资产的总额，它一般按照实收资本、资本公积、盈余公积和未分配利润分项列示。

2. 资产负债表结构

资产负债表是反映企业在某一特定日期的财务状况的报表。

资产负债表的格式（结构）主要有账户式和报告式两种。我国企业的资产负债表采用账户式结构。账户式资产负债表分左右两方，左方为资产项目，按资产的流动性大小排列；右方为负债及所有者权益项目，一般按求偿权先后顺序排列。

左方为资产项目，大体按资产的流动性大小排列，流动性大的资产如"货币资金"、"交易性金融资产"等排在前面，流动性小的资产如"长期股权投资"、"固定资产"等排在后面。

右方为负债及所有者权益项目，一般按要求清偿时间的先后顺序排列："短期借款"、"应付票据"、"应付账款"等需要在一年以内或者长于一年的一个正常营业周期内偿还的流动负债排在前面，"长期借款"等在一年以上才需偿还的非流动负债排在中间，在企业清算之前不需要偿还的所有者权益项目排在后面。

账户式资产负债表中的资产各项目的合计等于负债和所有者权益各项目的合计，即资产负债表左方和右方平衡。因此，通过账户式资产负债表，可以反映资产、负债、所有者权益之间的内在关系，即"资产＝负债＋所有者权益"。

我国企业资产负债表格式见表 6-6。

表 6-6　　资 产 负 债 表

会企 01 表

编制单位：　　　　年　月　日　　　　单位：元

资　产	期末余额	年初余额	负债和所有者权益（或股东权益）	期末余额	年初余额
流动资产：			流动负债：		
货币资金			短期借款		
交易性金融资产			交易性金融负债		
应收票据			应付票据		
应收账款			应付账款		
预付款项			预收款项		
应收利息			应付职工薪酬		
应收股利			应交税费		
其他应收款			应付利息		
存货			应付股利		
一年内到期的非流动资产			其他应付款		
其他流动资产			一年内到期的非流动负债		
流动资产合计			其他流动负债		
非流动资产：			流动负债合计		
可供出售金融资产			非流动负债：		
持有至到期投资			长期借款		
长期应收款			应付债券		
长期股权投资			长期应付款		
投资性房地产			专项应付款		
固定资产			预计负债		
在建工程			递延所得税负债		
工程物资			其他非流动负债		
固定资产清理			非流动负债合计		

续表

资　产	期末余额	年初余额	负债和所有者权益（或股东权益）	期末余额	年初余额
生产性生物资产			负债合计		
油气资产			所有者权益（或股东权益）：		
无形资产			实收资本（或股本）		
开发支出			资本公积		
商誉			减：库存股		
长期待摊费用			盈余公积		
递延所得税资产			未分配利润		
其他非流动资产			所有者权益（或股东权益）合计		
非流动资产合计					
资产总计			负债和所有者权益（或股东权益）总计		

（二）资产负债表的编制

资产负债表的各项目均需填列“年初余额”和“期末余额”两栏。

资产负债表“年初余额”栏内各项数字，应根据上年末资产负债表的“期末余额”栏内所列数字填列。如果上年度资产负债表规定的各个项目的名称和内容与本年度不一致，应对上年年末资产负债表各项目的名称和数字按照本年度的规定进行调整，填入本表“年初余额”栏内。

资产负债表的“期末余额”栏内各项数字，其填列方法如下：

（1）根据总账科目的余额填列。资产负债表中的有些项目，可直接根据有关总账科目的余额填列，如“交易性金融资产”、“短期借款”、“应付票据”、“应付职工薪酬”等项目；有些项目，则需根据几个总账科目的余额计算填列，如“货币资金”项目，需根据“库存现金”、“银行存款”、“其他货币资金”三个总账科目余额合计填列。

（2）根据有关明细科目的余额计算填列。资产负债表中的有些项目，需要根据明细科目余额填列，如“应付账款”项目，需要分别根据“应付账款”和“预付账款”两科目所属明细科目的期末贷方余额计算填列。

（3）根据总账科目和明细科目的余额分析计算填列。资产负债表的有些项目，需要依据总账科目和明细科目两者的余额分析填列，如“长期借款”项目，应根据“长期借款”总账科目余额扣除“长期借款”科目所属的明细科目中将在资产负债表日起一年内到期、且企业不能自主地将清偿义务展期的长期借款后的金额填列。

（4）根据有关科目余额减去其备抵科目余额后的净额填列。如资产负债表中的“应收账款”、“长期股权投资”等项目，应根据“应收账款”、“长期股权投资”等科目的期末余额减去“坏账准备”、“长期股权投资减值准备”等科目余额后的净额填列，“固定资产”项目，应根据“固定资产”科目期末余额减去“累计折旧”、“固定资产减值准备”科目余额后的净额填列；“无形资产”项目，应根据“无形资产”科目期末余额减去“累计摊销”、“无形资产减值准备”科目余额后的净额填列。

（5）综合运用上述填列方怯分析填列。如资产负债表中的“存货”项目，需根据“原材料”、“库存商品”、“委托加工物资”、“周转材料”、“材料采购”、“在途物资”、“发出商品”、“材料成本差异”等总账科目期末余额的分析汇总数，再减去“存货跌价准备”备抵科目余额后的金额填列。

训练6-3

1 东方施工企业 2008 年 12 月末有关资料：资产、负债及所有者权益类各账户的余额试算平衡表见表 6-7，要求编制资产负债表。

表 6-7　　试 算 平 衡 表

资产类			负债及所有者权益类		
会计科目	借或贷	金额	会计科目	借或贷	金额
库存现金	借	885	短期借款	贷	100 000
银行存款	借	250 000	应付账款	贷	91 500
其他货币资金	借	53 600	其他应付款	贷	5 800
应收账款	借	448 600	应付职工薪酬	贷	367 500
坏账准备	贷	985	应交税费	贷	88 100
其他应收款	借	50 000	应付股利	贷	117 900
原材料	借	415 000	预收账款	贷	27 000
周转材料	借	179 500	长期借款	贷	800 000
库存商品	借	203 500	应付债券	贷	780 000
工程施工	借	430 900	长期应付款	贷	150 000
固定资产	借	2 628 000	实收资本	贷	1 600 000
累计折旧	借	66 000	资本公积	贷	510 000
在建工程	借	1 201 000	盈余公积	贷	659 200
无形资产	借	297 000	利润分配	贷	594 000
			工程结算	贷	200 000

三、掌握利润表编制

(一) 利润表结构和内容

1. 利润表的内容

广义收入，包括营业收入、公允价值变动收益（减去公允价值变动损失）、投资收益（减去投资损失）、营业外收入。

广义费用，包括营业成本、营业税金及附加、销售费用、管理费用、财务费用、资产减值损失、营业外支出、所得税费用。费用按照功能分类，分为从事经营业务发生的成本、管理费用、销售费用和财务费用等。

利润。营业利润、利润总额、净利润（或净亏损）。

2. 利润表结构

利润表是反映企业在一定会计期间的经营成果的报表。

利润表的格式主要有多步式利润表和单步式利润表两种。

我国企业的利润表采用多步式格式，分以下三个步骤编制：

第一步，以营业收入为基础，减去营业成本、营业税金及附加、销售费用、管理费用、财务费用、资产减值损失，加上公允价值变动收益（减去公允价值变动损失）和投资收益

（减去投资损失），计算出营业利润。

第二步，以营业利润为基础，加上营业外收入，减去营业外支出，计算出利润总额。

第三步，以利润总额为基础，减去所得税费用，计算出净利润（或净亏损）。

我国企业利润表格式见表6-8。

表6-8　　利　润　表

会企02表

编制单位：　　　　年　　月　　　　单位：元

项　　目	本期金额	上期金额
一、营业收入		
减：营业成本		
营业税金及附加		
销售费用		
管理费用		
财务费用		
资产减值损失		
加：公允价值变动收益（损失以"－"号填列）		
投资收益（损失以"－"号填列）		
其中：对联营企业和合营企业的投资收益		
二、营业利润（亏损以"－"号填列）		
加：营业外收入		
减：营业外支出		
其中：非流动资产处置损失		
三、利润总额（亏损总额以"－"号填列）		
减：所得税费用		
四、净利润（净亏损以"－"号填列）		

（二）利润表的编制

利润表各项目均需填列"本期金额"和"上期金额"两栏。

在编制利润表时，"本期金额"栏应分为"本期金额"和"年初至本期末累计发生额"两栏，分别填列各项目本中期（月、季或半年）各项目实际发生额，以及自年初起至本中期（月、季或半年）末止的累计实际发生额。

"上期金额"栏应分为"上年可比本中期金额"和"上年初至可比本中期末累计发生额"两栏，应根据上年可比中期利润表"本期金额"下对应的两栏数字分别填列。上年度利润表与本年度利润表的项目名称和内容不一致的，应对上年度利润表项目的名称和数字按本年度的规定进行调整。年终结账时，由于全年的收入和支出已全部转入"本年利润"科目，并且通过收支对比结出本年净利润的数额。因此，应将年度利润表中的"净利润"数字，与"本年利润"科目结转到"利润分配——未分配利润"科目的数字相核对，检查账簿记录和报表编制的正确性。

利润表"本期金额"、"上期金额"栏内各项数字，应当按照相关科目的发生额分析填列。本期金额表内各项目主要根据有关收入和费用科目的发生额编制的。利润表各项目的填列方法是：

（1）根据账户本期发生额直接填列。“营业税金及附加”、“管理费用”、“财务费用”、“投资收益”、“营业外收入”、“营业外支出”、“所得税费用”等项目“投资收益”若为损失，也以“一”号填列。

（2）根据账户发生额分析计算填列。“营业收入”、“营业成本”等项目“主营业务收入”、“其他业务收入”、“主营业务成本”、“其他业务成本”等，若为亏损，以“一”号填列。

（3）根据表列公式计算填列 。如“营业利润”、“利润总额”、“净利润”若为亏损，应以“一”号填列。

营业收入－营业成本－营业税金及附加－管理费用－财务费用－资产减值损失＋投资收益＝营业利润

营业利润＋营业外收入－营业外支出＝利润总额

利润总额－所得税费用＝净利润

“补充资料”企业根据具体情况，据实填列。

【例 6 - 1】 某股份有限公司损益类账户 2×××年度累计发生净额（单位：元），见表6 - 9。

表 6 - 9　　损益类账户 2×××年度累计发生净额表

科　目　名　称	借方发生额	贷方发生额
主营业务收入		1 250 000
主营业务成本	750 000	
营业税金及附加	2 000	
销售费用	20 000	
管理费用	157 100	
财务费用	41 500	
资产减值损失	30 900	
投资收益		31 500
营业外收入		50 000
营业外支出	19 700	
所得税费用	85 300	

根据上述资料，编制某股份有限公司 2×××年度利润表，见表 6 - 10 。

表 6 - 10　　利　润　表

会企 02 表

编制单位：某股份有限公司　　2×××年　　单位：元

项　　目	本期金额	上期金额（略）
一、营业收入	1 250 000	
减：营业成本	750 000	
营业税金及附加	2 000	
销售费用	20 000	

续表

项　　目	本期金额	上期金额（略）
管理费用	157 100	
财务费用	41 500	
资产减值损失	30 900	
加：公允价值变动收益（损失以“—”号填列）	0	
投资收益（损失以“—”号填列）	31 500	
其中：对联营企业和合营企业的投资收益	0	
二、营业利润（亏损以“—”号填列）	280 000	
加：营业外收入	50 000	
减：营业外支出	19 700	
其中：非流动资产处置损失	（略）	
三、利润总额（亏损总额以“—”号填列）	310 300	
减：所得税费用	85 300	
四、净利润（净亏损以“—”号填列）	225 000	
五、每股收益：	（略）	
（一）基本每股收益		
（二）稀释每股收益		

训练6-4

某企业 2011 年 1 月 1 日至 12 月 31 日损益类科目累计发生额如下：
主营业务收入 3 750 万元（贷方），主营业务成本 1375 万元（借方）；
营业税金及附加 425 万元（借方），销售费用 500 万元（借方）；
管理费用 250 万元（借方），财务费用 250 万元（借方）；
投资收益 500 万元（贷方），营业外收入 250 万元（贷方）；
营业外支出 200 万元（借方），其他业务收入 750 万元（贷方）；
其他业务成本 450 万元（借方），所得税费用 600 万元（借方）。
要求：编制该企业 2011 年的利润表（表 6-11）。

表 6-11　　　　利　润　表

会企 02 表

编制单位：　　　　年　　月　　　　单位：元

项　　目	本期金额	上期金额
一、营业收入		
减：营业成本		
营业税金及附加		
销售费用		
管理费用		

续表

项目	本期金额	上期金额
财务费用		
资产减值损失		
加：公允价值变动收益（损失以“—”号填列）		
投资收益（损失以“—”号填列）		
其中：对联营企业和合营企业的投资收益		
二、营业利润（亏损以“—”号填列）		
加：营业外收入		
减：营业外支出		
其中：非流动资产处置损失		
三、利润总额（亏损总额以“—”号填列）		
减：所得税费用		
四、净利润（净亏损以“—”号填列）		

四、掌握现金流量表编制

（一）现金流量表内容和结构

1. 内容

现金流量表是反映企业在一定会计期间现金和现金等价物流入和流出的报表。

内容包括企业产生的三类现金流量、汇率变动对现金及现金等价物的影响、现金及现金等价物净增加额、期初现金及现金等价物余额、期末现金及现金等价物余额。

企业产生的现金流量分为三类：

（1）经营活动产生的现金流量。

经营活动是企业投资活动和筹资活动以外的所有交易和事项。经营活动主要包括销售商品或提供劳务、购买商品、接受劳务、支付工资和交纳税款等流入和流出现金和现金等价物的活动或事项。

（2）投资活动产生的现金流量。

投资活动是企业长期资产的购建和不包括在现金等价物范围内的投资及其处置活动。投资活动主要包括购建固定资产、处置子公司及其他营业单位等流入和流出现金和现金等价物的活动或事项。

（3）筹资活动产生的现金流量。

筹资活动是导致企业资本及债务规模和构成发生变化的活动。筹资活动主要包括吸收投资、发行股票、分配利润、发行债券、偿还债务等流入和流出现金和现金等价物的活动或事项。偿付应付账款、应付票据等商业应付款等属于经营活动，不属于筹资活动。

2. 结构

我国企业现金流量表采用报告式结构，分类反映经营活动产生的现金流量、投资活动产生的现金流量和筹资活动产生的现金流量，最后汇总反映企业某一期间现金及现金等价物的净增加额。

我国企业现金流量表的格式见表 6-12。

表 6-12 **现金流量表**

会企 03 表

编制单位： 年 月 单位：元

项目	本期金额	上期金额
一、经营活动产生的现金流量		
销售商品、提供劳务收到的现金		
收到的税费返还		
收到其他与经营活动有关的现金		
经营活动现金流入小计		
购买商品、接受劳务支付的现金		
支付给职工以及为职工支付的现金		
支付的各项税费		
支付其他与经营活动有关的现金		
经营活动现金流出小计		
经营活动产生的现金流量净额		
二、投资活动产生的现金流量		
收回投资收到的现金		
取得投资收益收到的现金		
处置固定资产、无形资产和其他长期资产收回的现金净额		
处置子公司及其他营业单位收到的现金净额		
收到其他与投资活动有关的现金		
投资活动现金流入小计		
购建固定资产、无形资产和其他长期资产支付的现金		
投资支付的现金		
取得子公司及其他营业单位支付的现金净额		
支付其他与投资活动有关的现金		
投资活动现金流出小计		
投资活动产生的现金流量净额		
三、筹资活动产生的现金流量		
吸收投资收到的现金		
取得借款收到的现金		
收到其他与筹资活动有关的现金		

续表

项　　目	本期金额	上期金额
筹资活动现金流入小计		
偿还债务支付的现金		
分配股利、利润或偿付利息支付的现金		
支付其他与筹资活动有关的现金		
筹资活动现金流出小计		
筹资活动产生的现金流量净额		
四、汇率变动对现金及现金等价物的影响		
五、现金及现金等价物净增加额		
加：期初现金及现金等价物余额		
六、期末现金及现金等价物余额		

（二）现金流量表的编制

企业应当采用直接法列示经营活动产生的现金流量。直接法是通过现金收入和现金支出的主要类别列示经营活动的现金流量。

采用直接法编制经营活动的现金流量时，一般以利润表中的营业收入为起算点，调整与经营活动有关的项目的增减变动，然后计算出经营活动的现金流量。采用直接法具体编制现金流量表时，可以采用工作底稿法或T型账户法，也可以根据有关科目记录分析填列。

【例6-2】 假设营业收入是100万，应收账款本期净增加20万元，预收账款净减少10万元，没有其他事项发生。问：经营活动产生的现金流量——销售商品、提供劳务收到的现金为多少?

销售商品、提供劳务收到的现金＝营业收入－应收账款净增加额－预收账款净减少额

＝100－20－10＝70万元

五、掌握所有者权益变动表编制

（一）所有者权益变动表的内容和结构

所有者权益变动表是反映构成所有者权益的各组成部分当期的增减变动情况的报表。

1. 内容

所有者权益变动表要求至少应当单独列示反映以下信息：净利润；直接计入所有者权益的利得和损失项目及其总额；会计政策变更和差错更正的累积影响金额；所有者投入资本和向所有者分配利润；按照规定提取的盈余公积；实收资本（或股本）、资本公积、盈余公积、未分配利润的期初和期末余额及其调节情况。

2. 结构

所有者权益变动表以矩阵的形式列示：一方面，列示导致所有者权益变动的交易或事项，即所有者权益变动的来源对一定时期所有者权益的变动情况进行全面反映，另一方面，按照所有者权益各组成部分（即实收资本、资本公积、盈余公积、未分配利润和库存股）列示交易或事项对所有者权益各部分的影响。

【例6-3】 我国企业所有者权益变动表的格式见表6-13。

表 6-13　　所有者权益变动表

会企 04 表

编制单位：长青公司　　2010 年度　　单位：元

项　　目	本年金额					
	实收资本（或股本）	资本公积	减：库存股	盈余公积	未分配利润	所有者权益合计
一、上年年末余额	10 000 000	235 700	0	185 430	231 800	10 652 930
加：会计政策变更				0	0	0
前期差错更正				0	0	0
二、本年年初余额	10 000 000	235 700	0	185 430	231 800	10 652 930
三、本年增减变动金额（减少以“—”填列）						
（一）净利润					175 040	175 040
（二）直接计入所有者权益的利得和损失						
1. 可供出售金融资产公允价值变动净额		0				0
2. 权益法下被投资单位其他所有者权益变动的影响		0				0
3. 与计入所有者权益项目相关的所得税影响		0				0
4. 其他		0				0
上述（一）和（二）小计	0	0	0	0	175 040	175 040
（三）所有者投入和减少资本						
1. 所有者投入资本	0	0				0
2. 股份支付计入所有者权益的金额	0	0				0
3. 其他	0	0	0	0	0	0
（四）利润分配						
1. 提取盈余公积				26 256	—26 256	0
2. 对所有者（或股东）的分配					0	0
3. 其他					0	0
（五）所有者权益内部结转						
1. 资本公积转增资本（或股本）	0	0				0
2. 盈余公积转增资本（或股本）	0			0		0
3. 盈余公积弥补亏损				0	0	0
4. 其他	0	0	0	0	0	0
四、本年年末余额	10 000 000	235 700		211 686	380 584	10 827 970

（二）所有者权益变动表的编制

所有者权益变动表各项目均需填列“本年金额”和“上年金额”两栏。

所有者权益表变动表“上年金额”栏内各项数字，应根据上年度所有者权益变动表“本年金额”内所列数字填列。上年度所有者权益变动表规定的各个项目的名称和内容同本年度不一致的，应对上年度所有者权益变动表各项目的名称和数字按照本年度

的规定进行调整，填入所有者权益变动表的“上年金额”栏内。

所有者权益变动表“本年金额”栏内各项数字一般应根据“实收资本（或股本）”、“资本公积”、“盈余公积”、“利润分配”、“库存股”、“以前年度损益调整”科目的发生额分析填列。

六、理解附注的编写

（一）附注的主要内容

附注是对资产负债表、利润表、现金流量表和所有者权益变动表等报表中列示项目的文字描述或明细资料，以及对未能在这些报表中列示项目的说明等。

附注是财务报表的重要组成部分。企业应当按照如下顺序披露附注的内容：

（1）企业的基本情况。

（2）财务报表的编制基础。

（3）遵循企业会计准则的声明。

（4）重要会计政策和会计估计。

（5）会计政策和会计估计变更以及差错更正的说明。

（6）报表重要项目的说明。

（7）其他需要说明的重要事项。

（二）附注的编写

附注的编写此处略。

任务三　项目综合实训

某建筑公司假定2010年1月初余额：银行存款800 000元，原材料6 000 000元，固定资产20 000 000元，应收账款5 790 000元，短期借款10 000元，实收资本21 000 000元；本月假定已完工程预算成本：人工费、材料费、机械使用费、其他直接费和间接费用分别为200 000元、1000 000元、21 000元、12 000元、56 000元。该建筑公司签订了一项总金额为1 500万元的建造合同，承建一幢房屋，具体由工程部负责施工。工程于2010年1月开工，预计到2012年1月完工。该建筑企业及工程部2010年1月发生一系列有关收入、费用、利润的经济业务，见“项目五、任务三项目综合实训”。

要求：根据资料编制本月资产负债表（表6-14）、利润表（表6-15）、现金流量表（主表）（表6-16）和工程成本表（表6-17）。

表6-14　　　　**资产负债表**

会企01表

编制单位：　　　　年　月　日　　　　单位：元

资　产	期末余额	年初余额	负债和所有者权益（或股东权益）	期末余额	年初余额
流动资产：			流动负债：		
货币资金			短期借款		

续表

资　　产	期末余额	年初余额	负债和所有者权益（或股东权益）	期末余额	年初余额
交易性金融资产			交易性金融负债		
应收票据			应付票据		
应收账款			应付账款		
预付款项			预收款项		
应收利息			应付职工薪酬		
应收股利			应交税费		
其他应收款			应付利息		
存货			应付股利		
一年内到期的非流动资产			其他应付款		
其他流动资产			一年内到期的非流动负债		
流动资产合计			其他流动负债		
非流动资产：			流动负债合计		
可供出售金融资产			非流动负债：		
持有至到期投资			长期借款		
长期应收款			应付债券		
长期股权投资			长期应付款		
投资性房地产			专项应付款		
固定资产			预计负债		
在建工程			递延所得税负债		
工程物资			其他非流动负债		
固定资产清理			非流动负债合计		
生产性生物资产			负债合计		
油气资产			所有者权益（或股东权益）：		
无形资产			实收资本（或股本）		
开发支出			资本公积		
商誉			减：库存股		
长期待摊费用			盈余公积		
递延所得税资产			未分配利润		
其他非流动资产			所有者权益（或股东权益）合计		
非流动资产合计					
资产总计			负债和所有者权益（或股东权益）总计		

表 6-15　　利　润　表

会企 02 表

编制单位：　　年　月　　单位：元

项　目	本期金额	上期金额
一、营业收入		
减：营业成本		
营业税金及附加		
销售费用		
管理费用		
财务费用		
资产减值损失		
加：公允价值变动收益（损失以“—”号填列）		
投资收益（损失以“—”号填列）		
其中：对联营企业和合营企业的投资收益		
二、营业利润（亏损以“—”号填列）		
加：营业外收入		
减：营业外支出		
其中：非流动资产处置损失		
三、利润总额（亏损总额以“—”号填列）		
减：所得税费用		
四、净利润（净亏损以“—”号填列）		

表 6-16　　现金流量表（主表）

会企 03 表

编制单位：　　年　月　　单位：元

项　目	本期金额	上期金额
一、经营活动产生的现金流量		
销售商品、提供劳务收到的现金		
收到的税费返还		
收到其他与经营活动有关的现金		
经营活动现金流入小计		
购买商品、接受劳务支付的现金		
支付给职工以及为职工支付的现金		
支付的各项税费		
支付其他与经营活动有关的现金		

续表

项　　目	本期金额	上期金额
经营活动现金流出小计		
经营活动产生的现金流量净额		
二、投资活动产生的现金流量		
收回投资收到的现金		
取得投资收益收到的现金		
处置固定资产、无形资产和其他长期资产收回的现金净额		
处置子公司及其他营业单位收到的现金净额		
收到其他与投资活动有关的现金		
投资活动现金流入小计		
购建固定资产、无形资产和其他长期资产支付的现金		
投资支付的现金		
取得子公司及其他营业单位支付的现金净额		
支付其他与投资活动有关的现金		
投资活动现金流出小计		
投资活动产生的现金流量净额		
三、筹资活动产生的现金流量		
吸收投资收到的现金		
取得借款收到的现金		
收到其他与筹资活动有关的现金		
筹资活动现金流入小计		
偿还债务支付的现金		
分配股利、利润或偿付利息支付的现金		
支付其他与筹资活动有关的现金		
筹资活动现金流出小计		
筹资活动产生的现金流量净额		
四、汇率变动对现金及现金等价物的影响		
五、现金及现金等价物净增加额		
加：期初现金及现金等价物余额		
六、期末现金及现金等价物余额		

表 6 - 17　　工 程 成 本 表

编报单位：　　　　年　　月　　　　单位：元

成本项目	本期数				本年累计数			
	预算成本	实际成本	降低额	降低率（%）	预算成本	实际成本	降低额	降低率（%）
人工费								
材料费								
机械使用费								
其他直接费								
施工间接费								
工程总成本								

小　结

会计报表是通过表格的形式对建筑企业财务状况、经营成果、现金流量和成本费用进行归纳和总结，为企业的内外信息使用者提供所需会计信息的表格。通过会计报表，为企业的经营决策提供依据，为工程成本的分析提供资料。为了充分发挥报表的作用，保证报表的质量，编制报表应做到报送及时、内容完整、数字准确。

会计报表按报表提供对象分为：对外报表和内部报表。对外会计报表，也称财务报表，是会计主体对外提供的反映会计主体财务状况和经营成果、现金流量的会计报表，包括资产负债表、利润表、现金流量表、所有者变动表和附注。财务报表是财务报告的主要部分。内部报表是对外报表的对称，是以管理要求为重点编制的，向企业管理者等内部使用者提供的会计报表。内部报表主要指成本费用报表，包括工程成本表、竣工工程成本表、施工间接费用明细表等。建筑企业应编制的成本报表通常是根据企业工程成本的实际发生资料、预算或计划资料进行编制，并作出对比分析，揭示成本水平和成本差异，为企业的经营决策提供依据。

练　习

一、　填空题

1. 财务报告是企业对外提供的反映企业某一特定日期的________和某一会计期间的________、________等会计信息的文件。

2. 会计报表是对企业________、________和________的________表述。

3. 企业的会计报表至少应当包括________、________、________、所有者权益（或股东权益）变动表和附注。小企业编制的会计报表可以不包括________。

4. 会计报表按编报的时间不同可分为________和________，其中________是年度终了对外提供的会计报表，______是指一年以内的报表，主要包括______、________和______。

5. 资产负债表是指反映企业在某一________的________的会计报表。我国的________式资产负债表是根据________的会计等式设计的，属于________态报表。

6. 利润表是指反映企业在一定________的________的报表。它是根据________的会计等式设计的，属于________态报表。

7. 我国编制的________式利润表中利润按照形成过程列示，依次是包括________、________和________。

8. 资产负债表中的“货币资金”项目应按________、________和其他货币资金账户的期末余额填列。

9. 现金流量表是以________为基础编制的，反映企业在一定________的现金及现金等价物（简称为现金）的________和________信息的会计报表，属于________态报表。

二、单项选择题

1. 以下报表中属于静态报表的是（　　）。

A. 资产负债表　　B. 利润表

C. 现金流量表　　D. 所有者权益变动表

2. 在资产负债表中，可按总分类账户的余额直接填列的是（　　）。

A. 货币资金　　B. 存货

C. 固定资产　　D. 应付职工薪酬

3. 在资产负债表中，应按几个总分类账户的余额计算填列的是（　　）。

A. 货币资金　　B. 应付职工薪酬

C. 应交税费　　D. 应付股利

4. 利润表是反映企业（　　）经营成果的报表。

A. 一个时点　　B. 某一特定日期

C. 一年　　D. 某一特定期间

5. 编制资产负债表的主要依据是（　　）。

A. 资产、负债及所有者权益各账户的本期发生额

B. 各损益类账户的本期发生额

C. 资产、负债及所有者权益各账户的期末余额

D. 各损益类账户的期末余额

6. 编制利润表的主要依据是（　　）。

A. 资产、负债及所有者权益各账户的本期发生额

B. 各损益类账户的本期发生额

C. 资产、负债及所有者权益各账户的期末余额

D. 各损益类账户的期末余额

7. 资产负债表中“未分配利润”项目应根据（　　）科目的余额填列。

A. 本年利润和应付股利　　B. 利润分配和应付股利

C. 本年利润和盈余公积　　D. 本年利润和利润分配

8. 资产负债表中的资产项目应按资产的（　　）程序大小排列。

A. 流动性　　B. 重要性

C. 变动性　　D. 盈利性

9. 资产负债表中“长期待摊费用”项目应根据（　　）填列。

A. “长期待摊费用”科目借方余额

B. “长期待摊费用”科目贷方余额

C. “长期待摊费用”科目余额扣除将于一年内摊销金额

D.“长期待摊费用”科目余额减去“长期待摊费用减值准备”

10.“应收账款”总账科目借方余额为 100 000 元，所属明细科目借方余额为 120 000 元，贷方余额为 20 000 元，“坏账准备”科目中根据应收账款计提的部分为 5 000 元，则资产负债表中“应收账款”项目应填列的金额为（　　）。

A. 100 000　　B. 95 000

C. 120 000　　D. 115 000

11. 我国的利润表采用（　　）格式。

A. 报告式　　B. 账户式

C. 单步式　　D. 多步式

三、名词解释

工程成本报表

竣工工程成本表

因素分析法

四、简答题

1. 施工企业成本报表有哪些？

2. 简述编制工程成本报表的一般要求。

3. 工程成本报表主要说明什么问题？它与竣工工程成本表有何不同？

4. 什么是工程成本分析？影响工程成本形成的因素有哪些？

5. 如何进行工程成本的具体分析？

五、实务题

实务 1：某公司 2008 年 12 月 31 日账户余额见表 6-18。

表 6-18　　**账户余额表（12 月 31 日）**　　单位：元

账户名称	借方余额	贷方余额	账户名称	借方余额	贷方余额
库存现金	1 000		长期待摊费用	4 000	
银行存款	15 000		短期借款		60 000
交易性金额资产	14 000		应付账款		10 000
应收账款	23 000		预收账款		1 000
预付账款	4 700		其他应付款		6 000
其他应收款	5 000		应付职工薪酬		34 700
材料采购	10 000		应交税费		60 000
原材料	27 000		应付利润		23 000
库存商品	20 000		长期借款		30 000
长期股权投资	200 000		实收资本		334 000
固定资产	400 000		盈余公积		22 080
累计折旧		6 000	利润分配		159 920
无形资产	23 000				

实务要求：根据上述账户记录编制深云实业该年12月31日资产负债表。

实务2：某公司2007年12月份有关损益类账户的发生额见表6-19。

表6-19　损益类账户发生额

账户名称	借方发生额	贷方发生额
主营业务收入	450 000	4 930 800
其他业务收入		2 345 800
投资收益	300 000	2 450 878
营业外收入		500 940
主营业务成本	3 670 700	345 800
营业税金及附加	1 222 454	
其他业务成本	754 600	
销售费用	333 655	
管理费用	326 000	45 000
财务费用	229 767	76 348
营业外支出	547 657	
所得税费用	809 774	
合计	8 644 607	10 695 566

实务要求：根据上述资料编制该公司2007年12月利润表。

实务3：某公司上年年末余额：实收资本5 000 000元，盈余公积100 000元，未分配利润50 000元。本年实现净利润225 000元，提取盈余公积24 770.4元，向投资者分配现金股利32 215.85元。

根据上述资料，某公司编制2007年度的所有者权益变动表，见表6-20。

表6-20　所有者权益变动表

会企04表

编制单位：某公司　　2007年度　　单位：元

项目	本年金额						略
	实收资本（或股本）	资本公积	减：库存股	盈余公积	未分配利润	所有者权益合计	略
一、上年年末余额							
加：会计政策变更							
前期差错更正							
二、本年年初余额							

续表

项目	本年金额						略
	实收资本（或股本）	资本公积	减：库存股	盈余公积	未分配利润	所有者权益合计	略
三、本年增减变动金额（减少以“－”填列）							
（一）净利润							
（二）直接计入所有者权益的利得和损失							
1. 可供出售金融资产公允价值变动净额							
2. 权益法下被投资单位其他所有者权益变动的影响							
3. 与计入所有者权益项目相关的所得税影响							
4. 其他							
上述（一）和（二）小计							
（三）所有者投入和减少资本							
1. 所有者投入资本							
2. 股份支付计入所有者权益的金额							
3. 其他							
（四）利润分配							
1. 提取盈余公积							
2. 对所有者（或股东）的分配							
3. 其他							
（五）所有者权益内部结转							
1. 资本公积转增资本（或股本）							
2. 盈余公积转增资本（或股本）							
3. 盈余公积弥补亏损							
4. 其他							
四、本年年末余额							

实务 4：要求根据资料，编制竣工工程成本表（部分），见表 6－21。

表 6-21 **竣工工程成本表**

编制单位：某施工单位 2011年第4季度 单位：元

工程名称	竣工工程量(m²)	预算成本	实际总成本	成本降低额	成本降低率（%）
		1	2	3	4
一、自年初至上季末止的竣工工程累计	×	12 620 000	12 558 000		
二、本季竣工工程合计	×				
其中：					
1.104合同项目（厂房）	2000	2 528 000	2 430 000		
2.204合同项目（办公楼）	1500	1 584 000	1 610 000		
3.					
三、自年初起至本季末止的竣工工程累计					

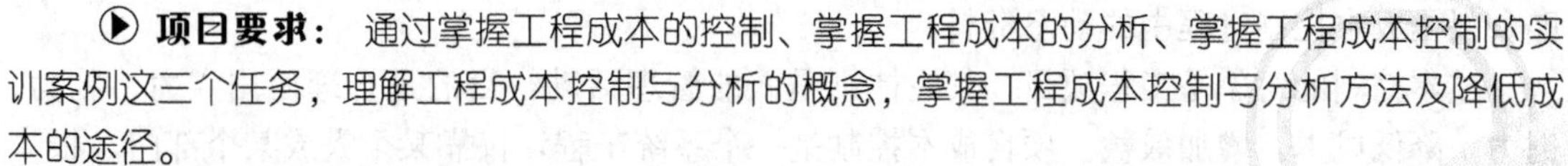

项目七 掌握工程成本的控制与分析

▶ 项目要求： 通过掌握工程成本的控制、掌握工程成本的分析、掌握工程成本控制的实训案例这三个任务，理解工程成本控制与分析的概念，掌握工程成本控制与分析方法及降低成本的途径。

▶ 项目内容： 工程成本控制与分析的意义、程序、方法及降低成本的途径。

▶ 重点难点： 工程成本控制与分析的方法及降低成本的途径。

▶ 项目引例：

工程成本管理是充分动员和组织施工企业全体人员，在保证施工产品质量的前提下，对施工企业施工生产经营过程的各个环节进行科学合理的管理，力求以最少施工生产耗费取得最大的施工生产成果。

工程成本管理是施工企业管理的一个重要组成部分，它要求系统而全面、科学和合理，它对于促进增产节支、加强经济核算，改进企业管理，提高企业整体管理水平具有重大意义。

要搞好工程成本管理和提高成本管理水平，首先要认真开展成本预测工作，规划一定时期的成本水平和成本目标，对比分析实现成本目标的各项方案，进行最有效的成本决策。然后应根据成本决策的具体内容，编制成本计划，并以此作为成本控制的依据，加强日常的成本审核监督，随时发现并克服生产过程中的损失浪费情况，在平时要认真组织成本核算工作，建立健全成本核算制度和各项基本工作，严格执行成本开支范围，采用适当的成本核算方法，正确计算产品成本。同时安排好成本的考核和分析工作，正确评价各部门的成本管理业绩，促进企业不断改善成本管理措施，提高企业的成本管理水平。要定期积极地开展成本分析，找出成本升降变动的原因，挖掘降低生产耗费和节约成本开支的潜力。

本项目选取工程成本管理的两个重要环节——工程成本控制与分析进行学习。通过学习，能掌握有关工程成本控制与分析的会计处理职业能力。

任务一 掌握工程成本的控制

一、工程成本控制概念

工程成本控制是指在施工过程中，对影响施工工程成本的各种因素加强管理，并采取各种有效措施，将施工工程中实际发生的各种消耗和支出严格控制在成本计划范围内，随时揭示并及时反馈，严格审查各项费用是否符合标准，计算实际成本和计划成本之间的差异并进行分析，进而采取多种措施，消除施工中的损失浪费现象。简言之，工程成本控制就是在实施过程中对资源的投入、施工过程及成果进行监督、检查和衡量，并采取措施确保项目工程成本计划（目标）的实现。

建设工程项目施工成本控制应贯穿于项目从投标阶段开始直至竣工验收的全过程，它是企业全面成本管理的重要环节。在项目的施工过程中，需按动态控制原理对实际施工成本的发生过程进行有效控制。合同文件和成本计划是成本控制的目标，进度报告和工程变更与索赔资料是成本控制过程中的动态资料。

成本控制的对象是工程项目，其主体则是人的管理活动，目的是合理使用人力、物力、财力，降低成本，增加效益。项目成本控制是一个系统工程，仅靠某个人或某个部门，根本无力作好此项工作，因此，提倡全员参与、人人有成本意识，提倡将施工环节进行分解，成本控制落实到每一个环节。

工程成本控制的意义：

（1）加强工程成本控制是降低成本、提高经济效益的手段。

（2）加强工程成本控制是现代工程成本管理的核心。

（3）加强工程成本控制是稳定整个施工行业经济发展的基础。

二、工程成本控制的分类

1. 按控制时间分类

（1）事前控制。

事前控制又称计划准备控制，是在现场施工前，对影响成本支出的有关因素进行详细分析和计划，建立组织、技术和经济上的定额成本支出标准和岗位责任制，以保证施工现场成本计划的完成和目标成本的实现。其具体内容有以下：

对各项成本进行目标管理。根据目前企业平均先进水平的施工劳动定额、材料定额、机械台班定额及各种费用开支限额、预定成本计划或施工图预算，来制定成本费用支出的标准，健全施工中物资使用制度、内部核算制度和原始记录、资料等，使施工中成本控制活动有标准可依，有章程可循，做到规划清晰明了。

落实现场成本控制责任制。现场成本控制责任制的落实是把成本项目按其作业单元的大小或工序的差异，对项目的组成指标层层进行分解，然后对企业目前施工管理水平进行分析，并同以往的项目施工进行比较，以规定各生产环节和职工个人单位工程量的成本支出限额和标准，将这些标准落实到施工现场的各个门和个人，建立岗位责任制，做到横向到边，纵向到底。

（2）过程控制。

过程控制又称事中控制。它是在开工后的工程施工在全过程对工程成本的控制，是通过对成本形成的内容和偏离成本目标的差异进行控制，以达到控制整个工程成本的目的。它是工程成本支出的决定性阶段。其具体内容有以下：

严格执行计划准备阶段的成本、费用的消耗定额，对所有物资的计量、收发、领退和盘点、随时随在进行逐项审核，以争取节约，避免浪费；各项计划外用工用费用支出应坚决落实审批手续；审批人员要严格计划审批制度，杜绝不合理开支，把可能引起的损失和浪费消灭在萌芽状态中。

建立施工中偏差定期分析体系。在施工过程中，定期把实际成本形成时所产生的偏差项目划分出来，并根据需要或企业施工管理的具体情况，按施工段、施工工序或作业部门进行归类汇总，使偏差项目同责任制相联系，以便成本控制的有关部门迅速提出产生偏差的原因，并制定有效的限制措施，也为下一阶段施工提供经验和教训。

(3) 反馈控制。

反馈控制又称事后控制。在施工现场的工完料清之后，必须对已建工程项目的总实际成本支出及计划完成情况进行全面核算，对偏差情况进行综合分析，对完成工程的盈余情况、经验和教训加以概况和总结，才能有效地分清责任，形成成本控制档案，为后续工程提供服务。反馈控制的具体工作包括两个方面：分析成本支出的实际情况。这种分析方法与过程控制中的定期分析相同。分析工程施工成本节约或超支的原因，以明确责任部门或个人，落实改进措施。

2. 按采取的措施不同分

(1) 采取组织措施控制。

项目经理部必须建立以项目经理为中心的成本控制体系。采取组织措施要明确项目经理部的机构设置与人员配备，明确处、项目经理部、公司或施工队之间职权关系的划分。项目经理部是作业管理班子，是企业法人指定项目经理做他的代表人管理项目的工作班子，项目建成后即行解体，所以它不是经济实体，但是应对整体利益负责任，同理应协调好项目部与公司之间的责、权、利的关系。要明确项目部成本控制者及任务，从而使成本控制有人负责，避免成本大了，费用超了，项目亏了责任却不明的问题。具体有：

1) 加强施工的工序协调。

2) 实行任务分工，职能分工跟踪进度、质量、投资针对性控制。

3) 做好环境处理，协调控制。

(2) 采取经济措施控制。

1) 定期进行与计划目标值比较。

2) 定期进行与计划目标值比较制定防止偏差方案。

3) 寻找、挖潜节约资金的可能性，杜绝延期和工程事件发生。

(3) 采取技术措施控制。

采取技术措施是在施工阶段充分发挥技术人员的主观能动性，对标书中主要技术方案作必要的技术经济论证，以寻求较为经济可靠的方案，从而降低工程成本，包括采用新材料、新技术、新工艺节约能耗，提高机械化操作等。具体有：

1) 严格把住施工工艺质量。

2) 及时解决影响施工进度种类问题。按进度工作计划实施。

3) 加强施工进度方案技术经济性、可行性分析，以防止工程变更、返工的发生。

（4）采取法规措施控制。

合同管理是施工企业法规管理的重要内容，也是降低工程成本，提高经济效益的有效途径。项目施工合同管理的时间范围应从合同谈判开始，至保修日结束止，尤其加强施工过程中的合同管理，抓好合同管理的攻与守，攻意味着在合同执行期间密切注意我方履行合同的进展效果，以防止被对方索赔。合同管理者的任务是非曲直天天念合同经，在字里行间攻的机会与守的措施。

三、工程成本控制的方法和步骤

（一）工程成本控制的方法

1. 定额成本控制法

定额成本控制法是通过制定定额成本、编制施工预算（编制施工预算所采用的定额最好是能反映参与项目施工队伍生产水平的内部施工定额），结合施工项目现场施工条件、环境、施工组织设计、材料实际价格变动，来降低工程成本的一种成本控制方法。

工程的定额成本是以现行消耗定额为根据计算出来的工程成本，是企业在现有生产成本和技术条件下所应达到的成本水平。定额成本控制首先要根据工程项目制定工程的材料消耗、工时消耗定额，并根据材料费的计划单价和各项消耗定额、计划工资率或计件工资单价，计算出该工程项目的材料费和人工费用。其次间接费用预算数，并按一定标准分摊到单位成本而计算出该工程的间接成本。最后将直接成本和间接成本相加，从而得出该工程项目的定额成本。

工程项目定额成本制定以后，要按定额进行施工，定额成本在执行中如果发现差异就应及时地揭示差异，并追查产生差异的原因和责任，采取有效措施，消除不利差异的影响。

2. 目标成本控制法

目标成本控制法是指通过确定工程项目的目标成本，结合施工项目现场施工条件、环境、施工组织设计、材料实际价格变动，来降低工程成本的一种成本控制方法。

目标成本的制定公式

目标成本＝预计合同收入－预计税费－目标利润

目标成本控制是根据目标成本来控制成本的活动，企业将目标成本指标作为奋斗目标，提出降低成本的措施，寻求降低成本的方向和途径，使实际成本符合目标成本的要求，并不断降低。“费用目标”对业主而言是投资目标，对施工方而言是成本目标。

温馨提示

施工现场成本控制能否达到预期的目的，关键在于施工经理部在施工现场成本控制中所使用的方法。这要求工程项目的施工成本控制方法必须符合客观规律并有效地控制好现场成本，以保证目标成本的实现。

（二）工程成本控制的步骤

1. 比较

比较结果以确定偏差。按照某种确定的方式将施工成本的计划值和实际值逐项进行比较，发现施工成本是否已超支。进行比较时，应分段进行比较。所谓分段，就是按建筑项目规模的大小，划分成比较简单、直观的、便于成本对比的段落，如单项工程、单位工程及分部分项工程，由最小的划分段起进行比较，得出一个偏差值，称为局部偏差。

2. 分析

分析比较结果以确定偏差的严重性和原因。在比较的基础上，对结果进行分析，以确定偏差的程度及偏差产生的原因，从而有可能采取有针对性的措施，减少或避免相同原因的再次发生，这是成本费用控制的核心任务。在进行偏差原因分析时，首先应当将已经导致和可能导致偏差的原因一一列举出来，逐条加以分析。一般说来，产生费用偏差的原因主要有以下几种：

(1) 物价原因，包括人工费上涨、原材料涨价、利率、汇率调整等。

(2) 施工方自身原因，包括施工方案不当、施工质量不过关导致返工、延误工期、赶进度等。

(3) 业主原因，包括增加工程量、改变工程性质、协调不利等。

(4) 设计原因，包括设计纰漏、设计图纸提供不及时、设计标准变化等。

(5) 其他不确定因素，包括法律变化、政府行为、社会原因、自然条件等。

3. 预测

预测估计完成项目所需的总费用。根据项目实施情况估算整个项目完成时的施工成本。预测的目的在于为决策提供支持。

4. 纠偏

采取适当措施纠偏。当工程项目的实际施工成本出现了偏差，应当根据工程的具体情况、偏差分析和预测的结果，采用适当的措施，以其达到使施工成本偏差尽可能小的目的。纠偏是施工成本控制中最具实质性的一步。只有通过纠偏，才能最终达到有效控制施工成本的目的。

5. 检查

检查纠偏措施的执行情况。它是指对工程的进展进行跟踪和检查，及时了解工程进展状况以及纠偏措施的执行情况和效果，为今后的工作积累经验，对纠偏后出现的新问题及时解决。纠偏措施出台之后，要把好落实关。项目部负责人要高度重视，技术、材料等管理人员要认真负责，施工的工人要将措施落到，树立团队的成本与效益挂钩的忧患意识。这是一个需要循环进行的工作，它的结束点就是竣工后的保修期期满日。

四、采取降低工程施工成本的措施

在施工过程中，降低工程施工项目成本可以从以下几个方面考虑。

1. 加强施工管理，提高施工组织水平

主要是选择施工方案，合理布置施工现场，采用先进的施工方法和施工工艺，组织均衡施工，搞好现场调度和协调配合，注意竣工收尾，加强工程施工进度。要做季施工计划，月施工计划，周施工计划，并按计划工期施工。

2. 加强技术管理，提高施工质量

(1) 主要是推广采用新技术、新工艺、新材料和其他技术革新措施。

(2) 制定并贯彻降低成本的技术组织措施，提高施工经济效果。

(3) 加强施工过程的技术检验制度，提高施工质量。

(4) 搞好技术交底，杜绝因交底不善造成的返工。

3. 加强劳动工资管理，提高劳动生产率

(1) 主要是改善劳动组织、合理使用劳动力，减少窝工浪费。

（2）执行劳动定额实行合理的工资和奖励制度。

（3）加强技术教育和培训工作，提高工人的文化技术水平和操作熟练程度。

（4）加强劳动纪律，提高工作效率。

（5）压缩非生产用工和辅助用工，严格控制非生产人员的比例。

4. 加强机械设备管理，提高机械设备使用率

（1）要正确选择和合理使用机械设备，搞好机械设备的保养修理，提高机械的完好率、利用率和使用效率，从而加快施工进度，降低机械使用费。

（2）机械设备利用率要高，不积压浪费台班。

（3）施工过程中尽量与固定设施合用。

5. 加强材料管理，节约材料费用

（1）要改进材料的采购、运输、收发、保管等方面的工作，减少各个环节的损耗，节约采购费用。

（2）合理堆放材料，组织分批进场，避免和减少二次搬运。

（3）严格材料进场验收和限额领料制度。

（4）制定并贯彻节约材料的技术措施，合理使用材料（特别是三大材），大搞节约代用、修旧利废和废料回收，综合利用一切资源。

（5）材料计划周到，不影响工期，又不积压，以免材料损坏。严格按定额发料，以免浪费。

6. 加强费用管理，节约施工管理费

（1）要精简管理机构，减少管理层次，压缩非生产人员。

（2）实行满负荷，一专多能。

（3）实行定额管理，制定费用分项、分部门的定额指标，有计划控制各项费用开支。

五、某施工单位的施工项目成本目标责任制案例

施工项目成本目标责任制是施工项目经理负责制中的一个重要部分，即以施工项目经理为责任中心，通过项目经理部将目标成本和相应责任进行分解，落实到项目经理部中各个管理部门和全体人员，通过成本控制和分析，督促其挖掘降低成本的潜力，并对各目标成本责任人员进行考核，据以确定奖惩，保证施工项目目标成本的实现。

某施工单位的施工项目成本管理责任制如下：

项目经理分解落实成本责任。

预算员编制两算，办理项目增减账，负责外包和对外结算；提供分部完成实物工程量统计表；工程变更的成本控制。

技术人员参与编制施工组织设计、优化施工方案，负责落实各项技术节约措施，提供技术措施节约实物量报表。

劳动定额员验收施工任务单，严格控制定额用工；提供人工分析表、核发工资、奖金、外包应付账单等。

施工员编制各类施工进度计划，签发施工任务单，控制施工工期和负责做好项目统计工作。

机管员负责编制各类机械台班使用计划，提供各类机械实际使用台班资料，提高机械完好、利用率。负责外来机械的租赁费的控制。

材料员编制各类材料合作计划，负责限额发料、进料验收及台账记录；负责提供材料耗用月报，周转材料租赁单及各类供料的验收资料，控制材料采购成本。

技监员负责质量检查、验收工作，控制质量成本，提供为提高 质量而发生实物量统计表及返修、奖惩资料。

行政事务员项目行政事务工作，包括行政报销、办公、生活等方面工作，以及文书档案管理。

安全场容管理员负责保持场容整洁，落实修旧利废节约代用等降低成本措施，并负责安全宣传教育，落实安全措施，预防事故发生。

成本员负责编制项目目标成本（成本计划）。正确、及时核算项目实际成本，及时提供成本资料，进行分部、分阶段的三算分析，编制成本报表。

构件员负责构配使用的加工计划申请、验收（包括甲供构配件），按月提供构配件耗用表，以及现场构配件的合理堆放保管。

任务二　掌握工程成本的分析

一、掌握工程成本分析方法

（一）工程成本分析的概念

工程成本分析是分析成本目标完成情况，从而揭示实际与计划或预算的差异，查明成本升降原因，寻求降低成本的途径和方法的一项工作。具体地说，工程成本分析是按照一定的原则，采用一定的方法，利用工程成本计划、工程成本核算所提供的成本指标和其他一些资料，全面分析成本计划完成情况，从而揭示实际与计划或预算的差异，查明成本升降原因，寻求降低成本的途径和方法的一项工作。

工程成本分析是工程成本核算与成本会计报表编制工作的继续和发展。通过工程成本分析，可以揭示有关单位和部门在成本管理中的经验，进一步降低工程施工成本；可以正确认识和掌握工程成本变动的规律性，为未来时期成本决策和计划编制提供依据；可以掌握工程成本计划的完成程度及其影响工程成本的因素，评价工程成本计划的优劣和执行的好坏。

（二）影响工程成本的因素

1. 内部的因素

企业内部的因素主要有：

职工的素质，包括职工所具有的政治、思想、文化、技术等的水平，职工素质的高低对劳动生产率有直接的影响。

物资消耗和利用水平，包括材料配比、材料使用和综合利用等是否合理，直接影响材料费成本。

机械设备利用程度，包括机械设备的时间利用情况和在单位时间内生产效率的高低，都会影响机械使用费成本。

机构设置是否符合精简、高效的原则，包括生产人员和非生产人员的比例是否合适，机构设置是否有利于工作有效开展。

费用的支出是否符合节约、有效的要求。

工程质量的高低。一般来说工程质量要求高，工程成本就高。反之亦然。

2. 外部的因素

外部的因素主要有：

施工所处的地理位置，如工程施工在高原、海边沙地与山地，施工的工程成本也显著不同。

外购材料的价格升降，如建材市场材料成本上升，会导致工程成本上升。

施工任务情况，如施工行业竞争激烈，会导致投标成本增加。

物资供应情况，如周转材料市场供应紧张，会导致工程成本增加。

企业规模和技术装备水平，如企业技术装备水平高，机械使用费增加，但是施工效率高，工程成本总体会低一些。

（三）工程成本分析的技术方法

工程成本分析应借助于一定的技术方法。一般可以采用对比分析法、构成比率分析法和相关指标比率分析法、因素分析法等进行分析。

1. 对比分析法

对比分析法也称比较分析法，它是通过实际数与基数的对比来揭示实际数与基数之间的差异，借以了解经济活动的成绩和问题的一种分析方法。

对比的基数由于分析的目的不同而有所不同，一般有计划数、定额数、前期实际数、以往年度同期实际数以及本企业历史先进水平和国内外同行业的先进水平等。

对比分析法只适用于同质指标的数量对比。在采用这种分析法时，应当注意相比指标的可比性。进行对比的各项指标，在经济内容、计算方法、计算期和影响指标形成的客观条件等方面，应有可比的共同基础。如果相比的指标之间有不可比因素，应先按可比的口径进行调整，然后再进行对比。

2. 构成比率分析法

构成比率分析法是通过计算某项指标的各个组成部分占总体的比重，即部分与全部的比率，进行数量分析的方法。这种比率分析法也称比重分析法。通过这种分析，可以反映施工产品成本的构成是否合理。

施工企业附属工厂产品成本构成比率的计算公式列示如下

$$直接材料成本比率=\frac{直接材料成本}{产品成本}\times100\%$$

$$直接人工成本比率=\frac{直接人工成本}{产品成本}\times100\%$$

$$制造费用比率=\frac{制造费用}{产品成本}\times100\%$$

施工企业工程成本构成比率练习如下：

直接材料费成本比率

直接人工费成本比率

机械使用费成本比率

其他直接费成本比率

间接费用成本比率

3. 相关指标比率分析法

相关指标比率分析法是计算两个性质不同而又相关的指标的比率进行数量分析的方法。

在实际工作中，由于企业规模不同等原因，单纯地对比产值、销售收入或利润等绝对数多少，不能说明各个企业经济效益好坏，如果计算成本与产值、销售收入或利润相比的相对数，即产值成本率、销售收入成本率或成本利润率，就可以反映各企业经济效益的好坏。

附属工厂相关指标比率的计算公式如下

$$产值成本率=\frac{成本}{产值}\times100\%$$

$$销售收入成本率=\frac{成本}{销售收入}\times100\%$$

$$成本利润率=\frac{利润}{成本}\times100\%$$

从上述计算公式可以看出，产值成本率和销售收入成本率高的企业经济效益差；这两种比率低的企业经济效益好。而成本利润率则与之相反，成本利润率高的企业经济效益好；成本利润率低的企业经济效益差。

施工企业相关指标比率练习如下：

产值成本率

合同收入成本率

成本利润率

4. 趋势分析法

趋势分析法，它主要是通过对同类相关的数字进行分析比较，尤其是将一个时期的数据同另一个或几个时期的比较，以判断公司财务状况和经营业绩的演变趋势以及在同行业中地位的变化情况的一种分析方法。目的在于：预测未来发展趋势。

一般分为定基比、环比。

定比是以某一时期为基数，其他各期均与该期的基数进行比较。如以 2005 年年成本为基数，那么将 2006 年、2007 年、2008 年的成本都与 2005 年的成本进行比较。

而环比是分别以上一时期为基数，下一时期与上一时期的基数进行比较。如 2005 年同 2006 年比较，2006 年同 2007 年比较，2007 年同 2008 年比较。

5. 因素分析法

因素分析法是把成本综合性指标分解为各个因素，研究各因素变动对成本指标变动影响程度的一种分析方法。因素分析法主要有连环替代法和差额分析法两种。

（1）连环替代法。

在进行分析时，首先要假定众多因素中的一个因素发生了变化，而其他因素则不变，然后逐个替换，分别比较其计算结果，以确定各个因素的变化对成本的影响程度。

该分析法的计算步骤如下：

1）确定分析对象，并计算出实际与目标（或计划）数的差异。

2）确定该指标是由哪几个因素组成的，并按其相互关系进行排序（排序规则是：先实物量，后价值量；先绝对值，后相对值）。

3）以目标（或计划）数为基础，将各因素的目标数（或计划）相乘，作为分析替代的基数。

4）将各个因素的实际数按照上面的排列顺序进行替换计算，并将替换后的实际数保留下来。

5）将每次替换计算所得的结果，与前一次的计算结果相比较，两者的差异即为该因素对成本的影响程度。

6）各个因素的影响程度之和，应与分析对象的总差异相等。

如单位工程直接材料实际成本与计划成本之间的差额构成了直接材料成本差异。形成该差异的基本原因有两个：一是用量偏离计划标准；二是价格偏离计划标准。影响金额计算公式如下

单位工程材料消耗量变动的影响＝(实际数量－计划数量)×材料计划价格

材料价格变动的影响＝实际数量×(实际价格－计划价格)

【例 7-1】 单位工程材料费用的有关资料见表 7-1。

表 7-1　　单位工程材料费用表

项目	单位	计划	实际
单位工程材料消耗量	t	100	110
材料单价	元/t	80	70
单位工程材料费用	元	8 000	7 700

要求：用连环替代法计算材料消耗量因素、材料单价因素对单位工程材料费用的影响数。

单位工程材料费用总差异＝7 700－8 000＝－300 元

计划值 100 × 80 ＝ 8 000 元　　(1)

第一次替代(材料消耗量因素) 110 × 80 ＝ 8 800 元　　(2)

第二次替代(材料单价因素) 110 × 70 ＝ 7 700 元　　(3)

由于单位产品材料消耗量节约对材料费用的影响为

(2)－(1)＝8 800－8 000＝－800 元

由于材料单价提高对材料费用的影响为

(3)－(2)＝7 700－8 800＝－1 100 元

综合这两个因素对材料费用的影响为

800－1100＝－300 元

等于单位工程材料费用总差异。

(2) 差额分析法。

差额分析法是利用各个因素的目标值与实际值的差额来计算其对成本的影响程度的一种分析方法。它是因素分析法的一种简化形式。

【例 7-2】 根据上例资料，要求：用差额分析法计算材料消耗量因素、材料单价因素对单位工程材料费用总额的影响数。

单位工程材料费用总差额＝7 700－8 000＝－300 元

由于单位产品材料消耗量节约对材料费用的影响为

(100－110)×80＝－800 元

由于材料单价提高对材料费用的影响为

110×(70－80)＝ －1100 元

综合这两个因素对材料费用总额的影响为

800－1 100＝－300元

二、掌握工程成本的分析案例

（一）工程成本分析的内容

1. 工程总成本分析

（1）按成本项目反映的工程成本表的分析。

按成本项目反映的工程产品生产成本表，一般可以采用对比分析法、构成比率分析法和相关指标比率分析法进行分析。

（2）按施工产品种类反映的工程成本表的分析。

按施工产品种类反映的生产成本表的分析，一般可以从以下两个方面进行，一是本期实际成本与计划成本的对比分析；二是本期实际成本与上年实际成本的对比分析。

2. 主要工程单位成本表的分析

（1）一般分析。

根据单位成本表，说明该施工产品的本年累计实际平均成本和本月实际成本，与本年计划成本及与上年实际平均成本和历史先进水平的比较情况，是高还是低。可见，成本节约或超支的情况是否比较严重，这是分析的表述格式。分析的方法主要采用对比分析法和趋势分析法等。

（2）各主要项目分析。

按成本项目进行分项分析，即从各成本项目分析数量差异与价格差异因素，查明成本节约或超支的原因。分析的方法主要采用对比分析法和因素分析法等。

温馨提示

应当选择成本超支或节约较多的产品有重点地进行，以更有效地降低产品的单位成本。进行分析时，企业可以根据表中本期实际的生产成本（即本期实际的单位成本合计数）与其他各种生产成本进行对比，对产品单位成本进行一般的分析；然后按其成本项目（包括直接材料成本、直接人工成本、机械使用费、其他直接费、间接费用等）进行具体的分析。

（二）工程总成本分析

工程总成本分析是对工程总成本计划或预算的完成情况进行总的评价，初步揭示成本计划或预算的完成情况和原因，为进一步查明成本升降原因指明方向。现以按产品种类反映的产品生产成本表的分析为例。

按产品种类反映的生产成本表的分析，一般可以从以下两个方面进行，一是本期实际成本与计划成本的对比分析；二是本期实际成本与上年实际成本的对比分析。

1. 本期实际成本与计划成本的对比分析

根据成本表所列全部产品和各种主要产品的本月实际总成本和本年累计实际总成本，分别与其本月计划总成本和本年累计计划总成本进行比较，确定全部产品和各种主要产品实际成本与计划成本的差异，了解成本计划的执行结果。

2. 本期实际成本与上年实际成本的对比分析

对于可比产品，还可以进行这一方面的成本对比，分析可比产品成本本期比上年的升降情况。如果企业规定有可比产品成本降低计划，即成本的计划降低率或降低额，还应进行可比产品成本降低计划执行结果的分析。但是，应注意可比产品与不可比产品的划分是否正确。

(1) 可比产品成本升降情况分析。

可比产品成本升降情况的分析，可以按产品品种进行，也可以按全部可比产品进行。可比产品成本的降低计划一般按全部可比产品综合规定，因而可比产品成本降低计划执行结果的分析一般按全部可比产品综合进行。

进行这一方面的分析，应当根据产品生产成本表中所列全部可比产品和各种可比产品的本月实际总成本和本年累计实际总成本，分别与其本月按上月实际平均单位成本计算的总成本和本年按上年实际平均单位成本计算的累计总成本进行比较，确定全部可比产品和各种可比产品本期实际成本与上年实际成本的差异，了解成本升降的情况。

(2) 可比产品成本降低计划执行结果的分析。

可比产品成本的计划降低额是根据各种产品的计划产量确定的，实际降低额是根据实际产量计算的。在产品品种比重和产品单位成本不变的情况下，产量增减会使成本降低额发生同比例的增减，但由于按上年实际平均单位成本计算的本年累计总成本也发生了同比例的增减，因而不会使成本降低率发生变动（成本降低率计算分式的分子和分母发生同比例变动，其结果不变）。产品单位成本的变动，则会影响成本降低额和降低率同时发生变动。产品单位成本降低使成本降低额和降低率增加；反之，则会减少。此外，由于各种产品的成本降低程度不同，因而产品品种比重的变动，也会影响成本降低额和降低率同时发生变动。成本降低程度大的产品比重增加会使成本降低额和降低率增加；反之则会减少。

因此，影响可比产品成本降低率变动的因素有两个，即产品品种比重变动和产品单位成本变动；影响可比产品成本降低额变动的因素有三个，即产品产量变动、产品品种比重变动和产品单位成本变动。

（三）工程单位成本表的分析

为了进一步查明工程成本节约超支的具体原因，在综合分析的基础上，还应按成本项目进行具体的分析。

1. 材料费项目分析

影响材料费节超的原因很多，应从以下几个方面进行分析：是否做好材料验收、保管和发放工作，防止材料短缺、损坏和丢失；是否充分利用和代用材料，做到修旧利废、物尽其用；是否认真执行材料消耗定额，节约材料消耗；是否认真采取各项技术组织措施，并收到预期的效果等。但是归纳起来，对单位材料费的影响因素有材料耗用量、单价。对此，要进一步分析，计算公式如下

单位材料费＝单位耗用材料数量×材料单位价格

材料消耗量变动的影响＝(实际数量－计划数量)×材料计划单位价格

材料价格变动的影响＝实际数量×(实际单位价格－计划单位价格)

【例 7-3】 假设某施工单位 2010 年度单位工程 主要材料（钢筋）耗用量、材料价格见表 7-2。

表 7-2　**主要材料用量和价格信息表**　单位：元

材料名称	规格	单位	材料用量		材料单价		单位材料费		
			预算	实际	计划单价	实际单价	预算	实际	差异
钢筋		t	12 900	13 000	3 000	2 900	38 700 000	37 700 000	−1 000 000
合计							38 700 000	37 700 000	−1 000 000

要求：计算主要材料耗用量、单价对单位材料费的影响金额。

解答：主要材料耗用量差异分析、价格差异分析与材料费分析情况，见表 7-3。

表 7-3　**主要材料用量差异分析表**

材料名称	材料用量		材料价格		影响金额合计
	节超数量	影响金额	节超单价	影响金额	
钢筋	+100	100×3000 =+300 000	−100	13 000×(−100) =−1 300 000	+30 000−1 300 000 =−1 000 000
合计		+300 000		−1 300 000	−1 000 000

说明：由以上资料可知，该施工单位材料成本降低额为 1 000 000 元，降低率为 2.58%（1 000 000/38 700 000×100%），其中属于材料耗用数量差异的因素发生的增加额为300 000元，属于价格差异的因素发生的降低额为 1 300 000 元。说明该单位材料成本降低的主要因素是材料单价的节约。

训练7-1

假设某施工单位 2011 年度单位工程主要材料耗用量、材料价格见表 7-4。

表 7-4　**主要材料用量和价格信息表**

材料名称	规格	单位	材料用量		材料单价		单位材料费		
			预算	实际	计划单价（元）	实际单价（元）	预算	实际	差异
钢筋 水泥 红砖	（略）	t t 千块	3 000 6 000 12 000	2 900 5 500 11 800	3 900 190 198	4 000 200 195			
合计									

要求：计算主要材料耗用量、单价对材料费的影响金额。

解答：主要材料耗用量差异分析、价格差异分析与材料费分析情况，分别见表 7-5。

表 7-5 **主要材料用量差异分析表**

材料名称	材料用量		材料价格		影响金额合计
	节超数量	影响金额	节超单价	影响金额	
钢筋 水泥 红砖					
合计					

文字说明：

2. 人工费项目分析

影响人工费节超的原因应从工资构成的变化、平均工资和技术等级的升降、技普工比例和工种之间的平衡、技术工人用工和辅助用工数量的增减、工时利用的水平和工效高低等方面，深入分析主客观原因。

但是影响人工费节约超支的因素主要有工日差，即实际耗用工日数同定额工日数的差异；日工资标准差，即建安工人日平均工资与定额规定的日平均工资的差异，公式如下

单位人工费成本 ＝工日×日工资标准

工日对单位人工费成本的影响金额＝工日实际与预算差异×计划日工资

日工资标准对单位人工费成本的影响金额＝工日实际数×计划日工资实际与预算差异

训练7–2

某施工单位2010年度的单位工程人工费分析情况见表7-6，要求：计算单位人工费成本；计算并分析工日、日工资标准对单位人工费成本的影响金额（表7-7)。

表 7-6 **人工费差异信息表**

项目	单位	定额	实际	差异
建安工人日平均工资	元	60	70	
单位工程用工数	工日	346 000	366 000	
单位人工费成本	元			

表 7-7 **主要材料用量差异分析表**

材料名称	人工用量		日平均工资		影响金额合计
	人工用量差异	影响金额	日平均工资差异	影响金额	
合计					

文字说明：

3. 机械使用费分析

企业施工机械分自有和租赁两种，故机械使用费也要采取不同的方法进行分析。

自有机械由于类别、数量比较多，为减少分析工作量，对于大型和重点核算机械可按上述方法进行分析。一般机械可综合进行分析。在机械使用费分析中应分析：机械化程度的变化、机械利用效率的高低、油料消耗定额的执行情况、机械设备完好率和利用率情况，以及因管理不善所造成的各种损失等。

租赁机械在使用时要支付台班费，停用时要支付停置费，因此应着重分析台班利用率和机械实际效能，即要分析台班产量定额的工效差和台班费用的成本差等。

计算公式如下

单位机械使用费成本 ＝单位工程使用机械台班数×机械台班费用

单位工程使用机械台班数的影响金额＝单位工程使用机械台班数实际与预算差异
×机械台班费用

机械台班费用的影响金额＝单位工程使用机械台班实际数×机械台班费用实际与预算差异

4. 其他直接费项目分析

主要分析其他直接费中各项费用节超的情况及原因，从而改进管理。

分析的方法是：其他直接费中固定费用以预算成本与实际成本进行比较；变动费用考虑预算收入调整预算成本，再以调整后的预算成本与实际成本进行比较。

5. 施工间接费项目分析

施工间接费应分析以下内容：非生产人员的数量是否超过上级下达的定员指标，非生产用工现象是否得到改善；是否严格执行国家财政制度和费用开支标准，切实加强费用计划管理；是否按规定标准发放和有效使用低值易耗品，做到修旧利废、物尽其用。

其分析方法为：由于间接费中大部分项目的开支数是相对固定的，如管理人员工资，办公费、差旅费、折旧及修理费等，一般不随施工产量的增减而变动，因此在分析时应将实际发生数与计划开支数进行对比，就可以全面地反映其超支节约的真实情况。部分变动费用要按预算收入数调整，考核实际支出的水平，这样才能真实反映间接费节超的情况。

如某施工单位 2010 年度间接费分析情况见表 7-8。

表 7-8　　施工间接费分析表

项目费用	计划数	实际数	差额
1. 管理人员工资及福利费	300 000	305 000	＋5 000
2. 办公费	106 500	105 000	－1 500
3. 差旅费	240 800	234 000	－6 800
4. 固定资产使用费	104 500	105 000	＋500
5. 低植易耗品使用费	156 000	153 000	－3 000
6. 劳动保险费	140 800	140 200	－600
7. 保险费	20 200	17 200	－3 000
8. 水电费	25 000	18 000	－7 000
9. 工程保修费	20 000	18 000	－2 000
10. 其他费用	71 000	72 000	＋1 000
合计	1 184 800	1 167 400	－17 400

从表 7 - 8 可以看出，实际数比计划数节约 17 400 元，计划执行情况较好。但从费用明细项目来看，工资与福利费、折旧与修理费、其他项目等均有超支现象，应进一步深入分析这几项费用超支的原因，从而采取措施、加强管理，节约费用开支。

工程成本的分析，除了上述内容外，还应从以下几个方面对工程成本进行全面的分析：分析技术组织措施计划的完成情况，找出完成或未完成计划的原因，进一步挖掘节约潜力；分析合理化建议、技术革新对降低成本的作用和影响，检查有无片面追求节约而不顾质量的现象；分析开展样板工程对降低成本的作用和影响；分析实行奖励制度对降低成本的作用和影响，检查有无因奖金计发不当而影响成本的现象；分析预算成本的高低，检查有无高估多算等不合理的降低成本来源。

任务三　项 目 综 合 实 训

一、熟悉某住宅小区工程项目概况

某住宅小区建筑面积 41 465m²，由 3 栋框剪小高层（12 层）和 3 栋砖混楼（五层）、1 栋框架商业楼组成（五层）。中标价格为 4 710 万元，平均价格 1 135.89 元/m²。合同形式为固定总价合同。工期 10 个月。质量标准为合格。2005 年签订的合同要求：工程款根据确定的工程计量结果，发包人按照每月验收的计价金额的 80%支付工程进度款，当工程款支付达到合同金额的 85%时，停止支付，待工程全部竣工验收合格，且工程结算完成后，付工程结算之的 95%，余下的 5%待工程保修期满后支付。对于费用的增加或减少按照设计变更单项 5 000 元（含 5 000 元）以上调整，5 000 元以下不调整。

工程范围包含：场地清理；周边临时围墙及临时出入口；管桩基工程；结构、初装修；除专业分包工程及独立工程以外的全部机电工程、包括强电及照明系统；弱电工程线槽、线管预埋。还规定了初装修包括内容。

另外业主指定了部分项目和材料的价格。例如预应力管桩直径 300mm 为 40 元/m、400mm 为 50 元/m；60mm 厚屋面挤塑聚苯板为 30 元/m²；成套外墙保温技术（50mm 厚挤塑聚苯板）全价 50 元/m²；花岗岩石材 40 元/m²；入户三防门 800 元/樘；玻璃幕墙 500 元/m²；塑钢门窗 300 元/m²、地板采暖 30 元/m²。指定项目由业主和施工方共同商定确认分包商，价格超出部分由业主承担。

二、掌握该住宅小区工程成本控制的措施

（一）该住宅小区工程成本控制概述

建筑企业能否在市场竞争中立于不败之地，关键在于能否为社会提供质量优、工期短、成本低的产品，而企业能否获得一定的经济效益，关键在于有无低廉的成本。本小区原清单预算为 5 400 万元，考虑到目前市场状况和企业的自身情况，管理费考虑了 3%，利润考虑了 1.5%，投标压价共为 15%。因此有组织、有计划地进行控制、核算、考核、分析等以降低成本为宗旨的工作，是决定项目是否盈利的关键。本项目由施工经验较为丰富的项目经理及班组承担，共计管理人员 18 人组成。公司要求盈利目标为 200 万元以上。

本项目经理部根据我公司现有状况并结合目前市场情况，安装部分以 130 元/m² 由长期合作的专业队伍分包，并得到业主认可。

（二）该住宅小区工程成本控制具体措施

本案例以土建部分为主进一步分析说明。主要为人工费、材料费、机械费、其他直接费的控制、过程控制为主线。以下提供的一些数据均为土建内容。

本小区的土建人材机等分析见表 7-9。

表 7-9　本小区工程土建分析表

序号	项目名称	建筑面积	总价	单方造价	人工费	材料费	机械费	规费	管理费	利润	税金
1	1# 楼框剪	5 723.67	5 966 032	1 042.34	727 476	4 184 285	268 050	323 808	183 510	86 692	192 210
2	2# 楼框剪	8 476.33	8 884 181	1 048.12	1 023 018	6 330 989	388 214	464 248	261 441	132 070	284 200
3	3# 楼框剪	5 723.67	6 020 873	1 051.93	739 816	4 216 726	266 742	333 756	181 836	87 698	194 299
⋮	⋮	⋮	⋮	⋮	⋮	⋮	⋮	⋮	⋮	⋮	⋮
8	合计	41 465.32	41 709 508	1 005.89	5 026135	29 306 366	1 918 570	2 259 420	1 254 862	624 810	1 319 344
占总造价（%）					12.05	70.26	4.60	5.42	3.01	1.50	3.16

本项目控制工程成本主要包括以下内容。

1. 人工费控制

除安装工程已分包外，土建部分人工费占土建全部工程费用 12.05%。土建人工费用主要从用工数量方面控制。通过以下的做法，达到了降低工日消耗，控制工程成本的目的。

（1）有针对性地减少或缩短某些工序的工日消耗量，并将安全生产、文明施工及零星用工按一定比例（6%）一起包给班组，进行包干控制。

（2）提高生产工人的技术水平和班组的组织管理水平，合理进行劳动组织，杜绝窝工返工现象，提高劳动效率，并有意识地精减部分人员。

（3）技术含量较低的项目和专业性较强的项目，分包给分包商，采取包干控制，降低工费。例如土方每 8 元/m^3 和防水 24 元/m^2 等。

本小区在施工过程中依据工程分部分项内容，对每天用工数量连续记录，完成一个分项工程后，与清单报价中的用工数量进行对比，找出存在的问题，采取相应的措施，对控制指标加以修正。每月完成几个工程分项后都同清单报价中的用工数量对比，考核控制指标完成情况。本小区土建预算总用工 175 600 个，通过这种控制对比节约了用工 1 500 个，虽然节约不多，但从目前大部分项目人工费基本上都亏损的情况下，本项目降低了人工费的支出，也就意味着控制住了人工成本。[降低人工成本：1 500×29 元＝ 43 500（元）]

2. 材料费的控制

土建材料费占土建全部工程费的 70.26%，直接影响工程成本和经济效益。材料成本控制包括材料订购、材料价格和材料用量控制三个方面内容。

（1）材料订购方面，应考虑资金的时间价值，减少资金占用，合理确定进货批量和批次，尽可能降低材料储备。比如按照工程进度及材料价值所占比例大小分出重点控制材料、一般控制材料、只需采取简单控制的材料三类。不同类型材料采用不同的采购原则、领料制度。例如钢筋、混凝土为重点控制材料，砂石料、砌块等为一般控制材料，腻子、铅丝等为简单控制材料。

（2）材料价格控制包括：

1）买价控制。通过市行情的调查研究，在保质保量的前提下，货比三家，择优购料。

2）运费控制。合理组织运输，就近购料，选用最经济的运输方法，以降低运输成本。

3）考虑资金、时间价值，减少资金占用，合理确定进货批量和批次，尽可能降低材料储备。

（3）材料用量的控制包括：

1）坚持按定额确定的材料消耗量，实行限额领料制度，各班组只能在规定限额内分期分批领用，如超出限额领料，要分析原因，及时采取纠正措施；也有因预算量不准确而导致材料量大或小的情况发生，因此要正确对待，认真核实，把损失降到最低。

2）改进施工技术，推广使用降低料耗的各种新技术、新工艺、新材料，例如非承重墙的砌块等。

3）在对工程进行功能分析、对材料进行性能分析的基础上，力求用价格低的材料代替价格高的材料；尤其是用在临时设施的材料上。

4）认真计量验收。坚持余料回收，降低料耗水平。

5）加强现场管理，合理堆放，减少搬运，降低堆放、仓储损耗。

中标后，通过与混凝土供应商的谈判及沟通，商品混凝土按投标报价时的主要材料价格表中的价格降价 8 元/m^3，钢筋比预估市场价格平均低 3%，相应分包项目通过协商有所降低。其他部分材料经过货比三家，择优购料等降低了采购价格。通过采取以上的方法控制降低了材料费用 1 021 392 元，其中：

混凝土降低了 16 000×10=160 000 元；钢筋降低了 1 270×127.08=161 392 元；其他材料及分包降低了 480 000 元；利用及节约为 220 000 元。

3. 机械费的控制

机械费占全部工程费的 4.6%，本工程主要从以下方面入手：

（1）工程根据自己的施工生产特点，向公司或项目经理部申请配备必须的施工机械，充分利用现有机械设备、内部合理调度，力求提高主要机械的利用率；而对那些特种施工机械，可以采用从外部租用的办法，这样可减少折旧、维修保养费在工程成本中的开支，并且提高租用的机械利用率高，各栋号穿插使用；因此塔吊实际发生成本只有 25 万元。

（2）严格机械设备利用定额和油料消耗定额，开展单机、单车等多种形式的内部经济承包核算，从而达到增加机械设备的作业产量和进一步减少配件和油料的消耗。

（3）加强对机械设备的日常性管理工作，平时编制好机械设备运转、维修、保养计划，做好设备管理保养工作，保证机械设备正常运转，提高设备完好率、利用率和使用效果，减少大修费用的支出。

（4）做好操作人员与现场施工人员的协调配合，提高机械台班产量效率。

按照以上四点的要求和控制，机械费用整体降低了 40%，为 767 428 元。达到理想的指标。

4. 其他直接费的控制

其他直接费是从项目工程耗用水、电、风、气的管理和辅助生产的临时措施费等方面加以控制，严格执行成本开支，加强节约，制止可能发生的浪费。使得本项目其他直接费未超过投标时的预算价格。例如工程中损坏的模板用废旧木方钉成铺板加以利用等。其他直接费投标报价中含 2 310 000 元，实际使用 1 760 000 元，节约 450 000 元。

报价预估成本具体为：管理费（项目班组人员工资等）70 万元；临时道路 10 万元；临时设施 60 万元；围档 8 万元；临时设施用电 15 万元；水电费用 50 万元；电变费 7 万元；试验费 3 万元；其他费用 8 万元。

实际节约成本为：临时设施 26 万元；围档 5 万元；临时设施用电 8 万元；水电费用 3 万元；试验费 1 万元；其他费用 2 万元。

5. 加强造价全过程控制管理

（1）在合理工期，质量满足要求的条件下，与业主、监理单位一同配合好项目的造价具体目标及相应实施的规章制度。在此基础上，做好资金计划表，科学确定工程预付款额度与工程款拨付时间。

（2）与监理一道做好施工单位已完成工作的内容及其工作量的确认，使监理与我公司在造价签证方面互相监督，及时弥补各自的失误。例如在土方施工中，由于遇到废旧管沟需要处理，经过认真、细致地测量，实际数量比原清单数量多 600 多立方，后经业主、监理、我公司三方共同复测证实后，得以更正，增加造价 13 万元。

（3）做好施工现场经济技术签证的审核，设计变更的经济比较，并确定由此而引起的造价增减，并且及时调整工程拨付款额度。

（4）认真处理好公司工程造价方面的索赔，使因此而产生的造价最大限度地追回。例如原 7# 楼屋顶装饰架图纸仅为示意图，报价是根据施工方案提供的内容及类似项目市场价格为 20 万元，施工中业主提供的实际施工图与原投标图出入较大，我方提出的索赔金额是比原造价多出的 12 万元。业主根据固定总价合同提出由我方独自承担此项费用。我方据理力争，以装饰架投影面积加大为由认定业主已超出了示意图所涵盖的范围，改变了设计初衷，应按设计变更考虑，若不增加造价，建议按原投标示意图范围修改设计。业主考虑到设计、工期等各方面的影响，同意与我方谈判，经过努力我方争取到索赔金额 10 万元。

（5）随时做好材料、设备采购价，运杂费等费用的确认工作，防止漏洞产生影响造价。

（6）每月根据已完成工作量进行结算审核报量，及时收回工程款以保证项目顺利进行，防止因工程款未到位影响到材料采购及农民工的工资支付等。

（7）竣工后及时协助业主做好经济技术资料的移交工作并报送结算书。

通过与业主及时沟通谈判，最终结算金额为 4 831 万元。实现盈利为 2 412 130 元，降低成本 1 787 320 元（本工程报价预留利润 624 810 元），占总造价 5.12%。达到了利润总额超过 200 万元的目标。

小　结

工程成本控制是根据预定的成本目标，对企业生产经营过程中的劳动耗费进行约束和调节，找出偏差，采取措施及时纠正，以实现预定的成本目标。达到成本的不断降低，提高经济效益。

企业进行工程成本控制，必须按一定的步骤进行。成本控制的程序主要包括比较、分析、预测、纠偏、检查。

工程成本控制的方法主要解决怎样控制成本的问题，根据成本控制的不同对象、不同目的和不同要求，采用不同的成本控制方法，主要有定额成本控制法、目标成本控制法。

工程成本分析是工程成本核算与成本会计报表编制工作的继续。通过工程成本分析，可以揭示成本差异，分析成本升降的原因，挖掘降低成本的潜力。工程成本分析的技术方法主要有比较分析法、因素分析法等。

影响工程成本的因素有内部的和外部的因素。通过比较分析法，可揭示成本的差异，通过因素分析法，可查明因素影响成本的金额。工程成本分析的内容主要包括工程成本综合分析和单位工程成本分析。各成本项目的分析除采用上述方法分析外，还应进行重点分析，以查明成本节超的具体原因，指明挖掘成本潜力的方向。

练　习

一、单选题

1. 施工项目成本控制应贯穿于施工项目从（　　）的全过程，它是企业全面成本管理的重要环节。

A. 从投标到竣工　　B. 从招标到竣工

C. 从筹建到竣工　　D. 从开工到竣工

2. 通过生产要素的优化配置，有效控制实际成本，属于（　　）。

A. 经济措施　　B. 技术措施

C. 组织措施　　D. 合同措施

3. 下列属于施工成本控制经济措施的是（　　）。

A. 进行技术经济分析，确定最佳的施工方案

B. 通过生产要素的优化配置、合同使用、动态管理，控制实际成本

C. 密切注视对方合同执行的情况，以寻求合同索赔的机会

D. 对施工成本管理目标进行风险分析，并制定防范性对策

4. 某埋管沟槽开挖分项工程，计日工每工日工资标准 30 元。在开挖过程中，由于业主原因造成承包商 10 人窝工 5 天，承包商原因造成 15 人施工 9 天，由此承包商提出的人工费索赔为（　　）元。

A. 0　　B. 1 200　　C. 1 500　　D. 2 700

5. 施工成本控制工作的核心是（　　）。

A. 预测　　B. 比较

C. 分析　　D. 纠偏

6. 施工成本控制的实施步骤为（　　）。

A. 预测、分析、比较、纠偏、检查　　B. 分析、检查、预测、比较、纠偏

C. 比较、分析、预测、纠偏、检查　　D. 比较、预测、分析、检查、纠偏

7. 综合成本的分析中，（　　）是指施工项目定期的、经常性的中间成本分析，对于具有一次性特点的施工项目来说，有着特别重要的意义。

A. 分部分项工程成本分析　　B. 月（季）度成本分析

C. 年度成本分析　　D. 竣工成本综合分析

8. 在施工成本控制的步骤中，控制工作的核心是（　　）。

A. 预测估计完成项目所需的总费用
B. 采取适当措施纠偏
C. 分析比较结果以确定偏差的严重性和原因
D. 检查纠偏措施的执行情况

9. 施工成本控制中最具实质性的一步是（　　）。
A. 预测　　B. 比较
C. 分析　　D. 纠偏

10. 工料单价法中，工程的承发包价是由措施费、间接费、利润、税金及汇总后的（　　）组成。
A. 直接费　　B. 直接工程费
C. 材料费　　D. 规费

11. 施工项目成本管理工作从（　　）开始直到项目竣工结算完成，贯穿于项目实施全过程。
A. 设计阶段　　B. 投标报价阶段
C. 施工准备阶段　　D. 正式开工

12. 某工程工期为 3 个月，承包合同价为 85 万元，工程结算适宜采用（　　）的方式。
A. 按月结算　　B. 竣工后一次结算
C. 分段结算　　D. 分部结算

13. 下列关于施工预算和施工图预算的说法中，正确的是（　　）。
A. 它们的编制依据相同　　B. 施工预算与建设单位无关
C. 它们发挥的作用相同　　D. 它们适用的范围相同

二、多选题

1. 单位工程竣工成本分析内容包括（　　）。
A. 竣工成本分析　　B. 主要资源节超对比分析
C. 差额计算分析　　D. 主要技术节约措施及经济效果分析
E. 年度成本分析法

2. 施工成本控制中的人工费控制，主要是对（　　）进行控制。
A. 用工数量　　B. 用工定额
C. 用工数量标准　　D. 人工单价
E. 市场价格指数

3. 用比较法进行施工成本分析时，通常采用的比较形式有（　　）。
A. 将实际指标与目标指标对比　　B. 本期实际指标与拟完成指标对比
C. 本期实际指标与上期实际指标对比　　D. 与本行业平均水平对比
E. 与本行业先进水平对比

4. 施工成本控制可分为（　　）。在项目的施工过程中．需按动态控制原理对实际施工成本的发生过程进行有效控制。
A. 事先控制　　B. 事中控制
C. 主动控制　　D. 事后控制
E. 被动控制

5. 下列属于成本管理经济措施的有（　　）。
A. 加强调度，避免因计划不周和盲目调度造成施工损失使施工成本增加
B. 管理人员应编制资金使用计划，确定、分解施工成本管理目标
C. 对各种变更，及时做好增减账，及时落实业主签证
D. 认真做好资金的使用计划，并在施工中严格控制各项开支
E. 结合施工组织设计及自然地理条件，降低材料的库存成本和运输成本

三、实务题

（1）假设某施工单位 2011 年度单位工程 主要材料（钢筋）耗用量、材料价格见表 7-10。

表 7-10　主要材料用量和价格信息表　单位：元

材料名称	规格	单位	材料用量		材料单价		单位材料费		
			预算	实际	计划单价	实际单价	预算	实际	差异
钢筋		t	1 500	1 480	3 000	2 900			
合计									

要求：计算单位材料费（钢筋）及其差异额，计算主要材料（钢筋）耗用量、单价对单位材料费（钢筋）的影响金额。

（2）某施工单位承接一项 200MW 火力发电厂全部机电安装工程，工程内容包括：锅炉机组、汽轮发电机组、厂变配电站、化学水车间、制氢车间、空气压缩车间等。其中锅炉汽包中 102t，安装位置中心标高为 52.7m；发电机定子 158t，安装在标高＋10.00m 平台上。且汽机车间仅配置一台 75/20t 桥式起重机；压力容器和管道最高工作压力位 13.73MPa。由于工期紧和需要节约成本，水冷壁安装第一次采用地面组合整体柔性吊装新工艺。由于该项目经理部注重项目成本各阶段的控制，对成本控制的内容责任落实，重点突出，方法得当，并定期开展“三同步”检查活动，因此工程竣工后取得了较好的经济效益。

问题：

1. 机电安装工程在进行项目成本实施工作时应考虑哪些原则？为控制成本，在施工阶段应进行哪些工作？

2. 在施工过程中如何对项目人工成本进行控制？本工程项目中应以哪项成本内容为主要控制内容？

3. 按施工项目成本构成如何对材料费成本进行分析？

4. 汽机间热力管线钢管用量大，编制两套工艺管线安装施工方案，两套方案的计划用工日数均为 2 500 个，预算日平均为 2 500 个，预算日平均工资为 50 元，计划用钢材 500t，计划价格为 7 000 元/t。方案甲为买现货，价格为 7 100 元/t；方案乙为第 15d 后取货，价格为 6 800 元/t。如按方案乙实行，则工人窝工 150 日，机械台班费需增加 20 000 元，现场管理费需增加 15 000 元。通过进度分析，方案甲和方案乙两种情况均不影响工期。试用因素分析最低工程成本。该施工单位决定采用哪种工艺管线方案？

5. 对施工方案进行经济性评价的常用方法是什么？对施工方案进行技术经济比较应包括哪些内容？从施工项目成本管理的角度，在此背景中应对哪些施工方案进行技术经济比较？

工程成本核算与控制

项目八

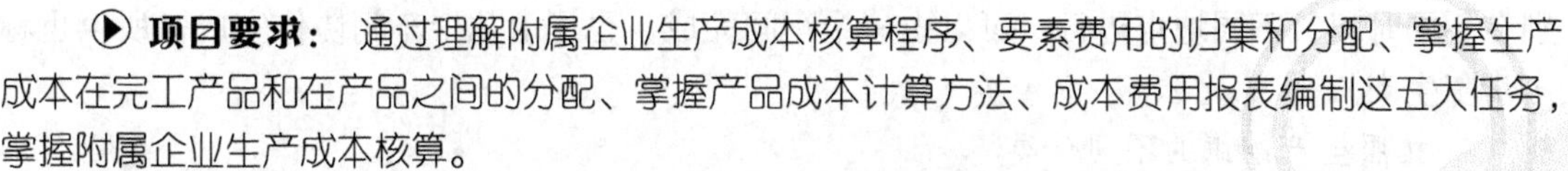

掌握附属企业生产成本核算

项目要求： 通过理解附属企业生产成本核算程序、要素费用的归集和分配、掌握生产成本在完工产品和在产品之间的分配、掌握产品成本计算方法、成本费用报表编制这五大任务，掌握附属企业生产成本核算。

项目内容： 附属企业生产成本核算程序、要素费用的归集和分配、生产成本在完工产品和在产品之间的分配、产品成本计算方法、成本费用报表编制。

重点难点： 生产成本在完工产品和在产品之间的分配、产品成本计算方法、成本费用报表编制。

项目引例：

建筑企业下属独立核算的商品混凝土搅拌站于2010年8月发生经济业务，生产完成200号商品混凝土6 000m^3，300号商品混凝土4 000m^3。会计人员应该采用什么成本计算方法进行计算？如何按成本项目设置生产成本、制造费用明细账，编制凭证，登记生产成本明细账、制造费用明细账？

某建筑企业下属内部独立核算的混凝土预制品厂，专门生产吊车梁和大型屋面板，设置钢筋车间、灌制车间，产品分2步加工完成。2010年9月发生经济业务，数据见后。要求：用综合逐步结转分步法计算吊车梁成本；用平行结转分步法计算大型屋面板成本。会计人员如何按成本项目设置生产成本、制造费用明细账，编制凭证，登记生产成本明细账、制造费用明细账？

本项目将告知你有关制造业成本核算的知识和能力。通过学习，能掌握有关制造业成本核算会计处理职业能力。

任务一　理解附属企业生产成本核算程序

附属企业是指施工企业所属的为建筑安装工程提供结构件、材料和劳务，并实行独立核算的生产单位，如附属的预制构件厂、机修厂、木材加工厂、机械站、运输队等。这些附属企业生产的产品或劳务，主要提供给本企业的施工生产耗用，如果有剩余，也可对外销售。

一、生产类型和成本核算对象

（一）附属企业的生产类型

1. 按照生产工艺过程是否可以间断分类

(1) 简单生产，是指产品的生产工艺过程不能间断，不能或不便于划分生产步骤的生产。其生产周期较短，通常在一个车间或一个场地上进行，一般没有在产品或只有少量在产品。

(2) 复杂生产，是指产品的生产工艺过程由若干个生产步骤组成的生产。复杂生产可分别在不同时间、不同地点进行，可以由一个车间完成，也可由几个车间协作完成，所以也称多步骤生产。

2. 按照生产组织的不同分类

附属企业生产按照生产组织的不同，可分为单件生产、成批生产和大量生产。

（二）成本核算对象

成本核算对象是确定归集和分配生产费用的具体对象，即生产费用承担的客体，是设立成本明细分类账户，归集和分配生产费用以及正确计算成本的前提。

由于产品工艺、生产方式、成本管理等要求不同，产品项目不等于成本核算对象。一般情况下，生产一种或几种产品的，以产品品种为成本核算对象；分批、单件生产的产品，以每批或每件产品为成本核算对象；多步骤连续加工的产品，以每种产品及各生产步骤为成本核算对象。产品规格繁多的，可将产品结构、耗用原材料和工艺过程基本相同的各种产品，适当合并作为成本核算对象。

成本核算对象确定后，一般不应当中途变更。

二、成本核算的主要账户和成本项目

（一）成本核算的主要账户

为了按照用途归集各项成本，划清有关成本的界限，正确计算产品成本，应当设置“生产成本”、“制造费用”账户，必要时还可以增设“废品损失”和“停工损失”等账户。

1. “生产成本”账户

“生产成本”账户核算施工企业进行工业性生产发生的各项生产成本，包括生产各种产品（产成品、自制半成品）、自制材料、自制工具、自制设备等。

“生产成本”账户可按基本生产成本和辅助生产成本进行明细核算。基本生产成本账户应当分别按照基本生产车间和成本核算对象（产品的品种、类别、订单、批别、生产阶段等）设置明细账（或成本计算单，下同），并按照规定的成本项目设置专栏。

企业发生的各项直接生产成本、各生产车间应负担的制造费用、辅助生产车间为基本生产车间、企业管理部门和其他部门提供的劳务和产品，期（月）末按照一定的分配标准分配给各收益对象记入本账户的借方；企业已经生产完成并已验收入库的产成品以及入库的自制

半成品成本，应于期（月）末记入本账户的贷方；本账户的期末借方余额，反映企业尚未加工完成的在产品成本。

2.“制造费用”账户

“制造费用”账户核算企业生产车间（部门）为生产产品和提供劳务而发生的各项间接费用。该科目可按不同的生产车间、部门和费用项目进行明细核算。生产车间发生的机物料消耗、管理人员的工资等职工薪酬、计提的固定资产折旧、支付的办公费、水电费等、发生季节性的停工损失等记入本账户的借方；将制造费用分配计入有关的成本核算对象记入本账户的贷方。季节性生产企业制造费用全年实际发生额与分配额的差额，除其中属于为下一年开工生产做准备的可留待下一年分配外，其余部分实际发生额与分配额的差额计入生产成本。除季节性的生产性企业外，本账户期末应无余额。

（二）产品生产成本项目

根据生产特点和管理要求，企业一般可以设立以下几个成本项目。

1. 直接材料

直接材料是指企业在生产产品和提供劳务过程中所消耗的直接用于产品生产并构成产品实体的原料、主要材料、外购半成品以及有助于产品形成的辅助材料等。

2. 燃料和动力

燃料和动力是指直接用于产品生产的外购和自制的燃料和动力。

3. 直接人工

直接人工是指企业在生产产品和提供劳务过程中，直接参加产品生产的工人工资以及其他各种形式的职工薪酬。

4. 制造费用

制造费用是指企业为生产产品和提供劳务而发生的各项间接费用，包括生产车间管理人员的工资等职工薪酬、折旧费、办公费、水电费、机物料消耗、劳动保护费、季节性和修理期间的停工损失等。

三、产品成本计算方法

适应各种类型生产的特点和管理要求，产品成本计算方法主要包括品种法、分批法、分步法。各种方法的适用范围见表 8-1。

表 8-1　　产品成本计算的基本方法

产品成本计算方法	成本计算对象	生产类型		成本管理要求
		生产组织特点	生产工艺特点	
			单步骤生产	
品种法	产品品种	大量大批生产	多步骤生产	不要求分步计算成本
分批法	产品批别	单件小批生产	单步骤生产	
			多步骤生产	不要求分步计算成本
分步法	生产步骤	大量大批生产	多步骤生产	要求分步计算成本

四、附属企业生产成本核算一般程序

（1）根据生产特点和成本管理的要求，确定成本核算对象。

（2）确定成本项目。企业计算产品生产成本，一般应当设置直接材料、直接人工、制造

费用、管理费用等成本项目。

（3）设置有关成本和费用明细账。如生产成本明细账、制造费用明细账、产成品、自制半成品明细账等。

（4）收集确定各种产品的生产量、入库量、在产品盘存量，以及材料、工时、动力消耗等，并对所有已发生费用进行审核。

（5）归集所发生的全部费用，并按照确定的成本计算对象予以分配，按成本项目计算各种产品的在产品成本、产成品成本和单位成本。

（6）结转产品销售成本。

训练8-1

某建筑企业下属某工厂生产车间本月开始生产A产品一批，发生费用如下：

（1）生产A产品领用原材料6 800元，生产车间一般性耗费600元。

（2）分配生产工人工资6 400元，其他人员工资1 000元。

（3）按工资总额10%的比例提取住房公积金。

（4）发生燃料和动力费2 800元，银行转账支付。

（5）计提生产车间固定资产折旧费2 200元。

（6）以银行存款支付办公费，共计1 600元。

（7）结转生产车间的间接费用。

（8）A产品全部完工并验收入库，结转实际成本。

要求：

（1）按成本项目设置生产成本、生产车间制造费用明细账。

（2）编制会计分录（列示“生产成本”、“制造费用”明细科目）。

（3）登记生产成本明细账、生产车间制造费用明细账，见表8-2、表8-3。

表8-2 制造费用明细账

车间：

年		凭证号数	摘要	费用项目								合计
月	日											

表 8-3　　生产成本明细账

产品品种：

年		凭证号数	摘要	借方（成本项目）				合计
月	日			直接材料	燃料和动力	直接人工	制造费用	

任务二　生产费用的归集和分配

一、生产费用的归集和分配要点

1. 材料、燃料、动力的归集和分配

无论是外购的，还是自制的，发生材料、燃料和动力等各项要素费用时，对于直接用于产品生产、构成产品实体的材料、燃料和动力，一般分产品领用，应根据领退料凭证直接计入相应产品成本的“直接材料”项目。对于不能分产品领用的，需要采用适当的分配方法，分配计入各相关产品成本的“直接材料”成本项目。

在消耗定额比较准确的情况下，原材料、燃料也可按照产品的材料定额消耗量比例或材料定额费用比例进行分配。

2. 职工薪酬的归集和分配

职工薪酬是根据劳动者提供劳动的数量和质量确定的应支付给职工个人的劳动报酬，包括职工工资、福利费、住房公积、社会保险、职工教育经费、工会经费及解除劳动关系给职工的补偿。一般按车间、部门分别填制，是职工薪酬分配的依据。直接进行产品生产的生产工人的职工薪酬，直接计入产品成本的“直接人工”成本项目，不能直接计入产品成本的职工薪酬，按工时、产品产量、产值比例等方式进行合理分配，计入各有关产品成本的“直接人工”项目。

如果取得各种产品的实际生产工时数据比较困难，而各种产品的单件工时定额比较准确，也可按产品的定额工时比例分配职工薪酬。

3. 辅助生产费用的归集和分配

辅助生产费用的归集是通过辅助生产成本总账及明细账进行。一般按车间及产品和劳务设立明细账。辅助生产成本核算流程主要是：

(1) 建账：生产成本总账、辅助生产成本明细账。

(2) 填制并审核要素费用归集的记账凭证。

（3）根据要素费用归集的记账凭证记账。

（4）分配辅助生产费用、制证并记账。

辅助生产的分配应通过辅助生产费用分配表进行。辅助生产费用的分配方法很多，通常采用直接分配法、交互分配法、计划成本分配法、顺序分配法和代数分配法等。

4. 制造费用的归集和分配

制造费用包括机物料消耗、车间管理人员的薪酬，车间管理用房屋和设备的折旧费、修理费、租赁费和保险费，车间管理用具摊销，车间管理用的照明费、水费、取暖费、劳动保护费、设计制图费、试验检验费、差旅费、办公费以及季节性及修理期间停工损失等。制造费用应通过“制造费用”账户进行归集，月末按照一定的方法从贷方分配转入有关成本计算对象。

制造费用应当按照车间分别进行，并将各车间的制造费用分别汇总，分别进行分配。制造费用分配方法很多，通常采用生产工人工时比例法（或生产工时比例法）、生产工人工资比例法（或生产工资比例法）、机器工时比例法和按年度计划分配率分配法等。

5. 废品损失和停工损失的核算

（1）废品损失的核算。

废品损失是在生产过程中发生的和入库后发现的不可修复废品的生产成本，以及可修复废品的修复费用，扣除回收的废品残料价值和应收赔款以后的损失。经质量检验部门鉴定不需要返修、可以降价出售的不合格品，以及产品入库后由于保管不善等原因而损坏变质的产品和实行“三包”企业在产品出售后发现的废品均不包括在废品损失内。废品损失可单独核算，也可在“基本生产成本”、“原材料”等账户中反映。辅助生产一般不单独核算废品损失。

不可修复废品损失的生产成本，可按废品所耗实际费用计算，也可按废品所耗定额费用计算，对于可修复废品，“废品损失”账户只登记返修发生的各种费用，不登记返修前发生的费用，回收的残料价值和应收的赔款，应从“废品损失”账户贷方分别转入“原材料”和“其他应收款”科目的账户。结转后“废品损失”账户的借方反映的是归集的可修复损失成本，应转入“基本生产成本”科目的账户。

（2）停工损失的核算。

停工损失是生产车间或车间内某个班组在停工期间发生的各项费用，包括停工期间发生的原材料费用、人工费用和制造费用等。应由过失单位或保险公司负担的赔款，应从停工损失中扣除。不满一个工作日的停工，一般不计算停工损失。停工损失可单独核算，也可直接反映在“制造费用”和“营业外支出”等账户中。辅助生产一般不单独核算停工损失。

对于应计入产品成本的停工损失，如果停工车间只生产一种产品，应将“停工损失”账户归集的费用计入该产品成本明细账的“停工损失”项目，如果停工车间生产多种产品，一般按照制造费用分配方法在各种产品之间进行分配。

二、掌握辅助生产费用核算

（一）辅助生产成本核算的成本项目

一般分为：人工费、材料费、机械使用费、其他直接费和间接费用。

（1）人工费，指直接从事生产材料、构件和提供劳务服务的生产工人的工资和福利费。

（2）材料费，指生产材料、构件和提供劳务服务过程中实际耗用的原材料、辅助材料等。

(3) 机械使用费，指企业辅助生产部门的固定资产的折旧费、大小修理费，以及外购燃料和动力费。

(4) 其他直接费，企业辅助生产单位的低值易耗品摊销、废品损失、次品修复费等。

(5) 间接费用，指辅助生产单位直接为组织和管理生产而发生的所有支出。

上述成本项目中，人工费、材料费、机械使用费以及其他直接费等四项内容辅助生产成本的直接成本，间接费用构成辅助生产成本的间接成本。

(二) 掌握辅助生产费用归集核算

建账：以辅助生产成本明细账为例，设置和登记“辅助生产明细账”，见下。

将发生的辅助生产费用通过设置和登记“辅助生产明细账”进行辅助生产费用的归集。辅助生产明细账应按车间、单位或部门和成本核算对象设置，并按规定的成本项目分设专栏，进行明细分类核算。

辅助生产部门发生的间接成本，应先按辅助生产部门设立“生产成本——辅助生产成本——间接成本”明细账进行归集，月终时再按一定标准，分配计入有关材料或劳务成本中去。

【例 8-1】 某施工单位有供水车间和供电车间两个辅助生产部门，本月份发生下列费用：

(1) 供水车间领用燃料 900 元，供电车间领用燃料 1 800 元。

借：生产成本——辅助生产成本——供水车间　900
　　　　　　　　　　　　　——供电车间　1 800
　贷：原材料　2 700

(2) 分配本月职工工资，其中供水车间 1 100 元，供电车间 2 200 元。

借：生产成本——辅助生产成本——供水车间　1 100
　　　　　　　　　　　　　——供电车间　2 200
　贷：应付职工薪酬——工资　3 300

(3) 计提本月固定资产折旧费，其中供水车间 3 000 元，供电车间 4 000 元

借：生产成本——辅助生产成本——供水车间　3 000
　　　　　　　　　　　　　——供电车间　4 000
　贷：累计折旧　7 000

根据以上业务以供水车间为例对辅助生产费用进行归集，登记辅助生产明细账（表 8-4）。

表 8-4　辅助生产明细账

部门：供水车间　单位：元

年		凭证号数	摘要	借方	贷方	余额	借方明细发生额				
月	日						人工费	材料费	折旧费	其他直接费	间接费用
略	略	略	领用燃料	900		900		900			
			分配工资	1 100		2 000	1 100		3 000		
			计提折旧	3 000		5 000					

训练8-2

根据以上业务，对供电车间辅助生产费用进行归集，登记辅助生产明细账（表8-5）。

表8-5 辅助生产明细账

部门：供电车间 单位：元

年		凭证号数	摘要	借方	贷方	余额	借方明细发生额				
月	日						人工费	材料费	折旧费	其他直接费	间接费用
略	略	略	领用燃料 分配工资 计提折旧								

（三）掌握辅助生产费用分配的核算

辅助生产费用分配的方法

1. 直接分配法

直接分配法是指在不考虑各辅助生产部门之间相互提供劳务、作业的情况下，将各辅助生产部门所发生的费用直接分配给辅助生产部门以外的受益对象。

分配率＝待分配辅助生产费用÷（辅助车间外部各受益单位耗用劳务量）

某受益对象分配费用＝该受益对象耗用量×分配率

【例8-2】 上题某施工单位有供水和供电两个辅助生产车间，主要为本企业施工生产单位及施工管理等部门服务，供水车间本月发生费用为5 000元，供电车间本月发生费用为8 000元。各辅助生产车间供应劳务数量见表8-6。

表8-6 劳务供应量统计表

受益单位	耗水（m^3）	耗电（度）
工程施工	6 000	5 000
施工管理	2 600	2 000
机械作业	1 400	1 000
供电车间	1 000	
供水车间		500
合计	11 000	8 500

分配

水分配率＝5 000÷(11 000－1 000)＝0.5

电分配率＝8 000÷(8 500－500)＝1

计算见表8-7。

表 8-7　**辅助生产成本分配表（直接分配法）**　单位：元

项　目		供水车间	供电车间	合　计
待分配生产费用（元）		5 000	8 000	13 000
分配数量		11 000	8 000	
分配率		0.5	1	
工程施工	数量	6 000	5 000	
	金额	3 000	5 000	8 000
施工管理	数量	2 600	2 000	
	金额	1 300	2 000	3 300
机械作业	数量	1 400	1 000	
	金额	700	1 000	1 700
合　计				13 000

根据上述分配表，可作如下会计分录：

借：工程施工——合同成本　8 000

　　　　　　——间接费用　3 300

　　机械作业　1 700

　　贷：生产成本——辅助生产成本——供电车间　5 000

　　　　　　　　　　　　　　　　——供水车间　8 000

训练8-3

根据上列会计分录，登记上题的辅助生产明细账。

采用直接分配法，由于各辅助生产部门所发生的生产费用只对辅助生产部门以外的受益对象进行分配，计算手续简便。但由于它没考虑各辅助生产部门之间相互提供劳务、作业的情况，导致各辅助生产部门生产成本的计算不完整，辅助生产费用的分配结果准确程度较差。因此，直接分配法一般只适用于各辅助生产部门相互提供劳务、作业的数量不多，以及不进行交互分配对辅助生产成本影响不大的情况。

训练8-4

某施工企业有供水和供电两个辅助生产车间，主要为本企业施工生产单位及施工管理部门等部门服务。供水车间本月发生费用为 30 400 元，供电车间本月发生费用为 18 150 元。各辅助生产车间供应劳务数量见表 8-8。

表 8-8 **各辅助生产车间供应劳务数量**

受益对象	耗水（t）	耗电（度）
供水车间		5 000
供电车间	4 000	
甲工程	6 500	5 000
乙工程	5 500	3 500
施工管理	2 000	18 000
机械作业	1 000	1 500
合计	19 000	33 000

要求：采用直接分配法分配辅助生产费用，编制辅助生产费用分配的会计分录。

2. 一次交互分配法

一次交互分配法是指将各辅助生产部门直接发生的生产费用，先在辅助生产部门之间根据相互提供劳务、作业的数量进行交互分配，然后将各辅助生产部门在交互分配前直接发生的生产费用加上交互分配后转入的费用，减去交互分配后转出的费用，再向辅助生产部门以外的受益对象进行分配。

其具体方法是需进行两次分配。

（1）第一步对内分配（交互分配）。先根据各辅助部门直接发生的生产费用总额和提供劳务、作业总量（包括向其他辅助生产部门提供劳务、作业的数量），计算出其提供劳务、作业的实际单位成本即分配率，其公式为

$$\text{某项劳务的分配率}=\frac{\text{待分配辅助生产费用}}{\text{该辅助生产部门提供的劳务总量}}$$

某辅助生产部门分配额＝该辅助生产部门耗用某辅助生产部门的劳务总量数量×分配率

（2）第二步对外分配。根据各辅助生产部门相互提供劳务、作业的数量和实际单位成本，计算出其应分配的其他辅助生产部门的生产费用；最后再根据交互分配后各辅助生产部门的实际生产费用和为辅助生产部门以外的各受益对象提供劳务、作业的总量，计算出其提供劳务、作业的实际单位成本，并根据各受益对象实际耗用劳务、作业的数量，计算出其应分配的辅助生产费用。其计算公式如下

$$\text{某项劳务的分配率}=\frac{\text{该部门直接发生的成本}+\text{分配转入费用}-\text{分配转出费用}}{\text{该部门为辅助生产部门以外提供的劳务量}}$$

某受益对象分配额＝该受益对象用某辅助生产部门提供的劳务总量数量×分配率

【例 8-3】 以［例 8-2］中资料为例，采用一次交互分配法分配辅助生产费用。为方便讲解，上例抄录如下：

某施工单位有供水和供电两个辅助生产车间，主要为本企业施工生产车间及施工管理部

门等部门服务，供水车间本月发生费用为 5 000 元，供电车间本月发生费用为 8 000 元。各辅助生产车间供应劳务数量见表 8-9。

表 8-9　　劳务供应量统计表

受益对象	耗水（m^3）	耗电（度）
工程施工	6 000	5 000
施工管理	2 600	2 000
机械作业	1 400	1 000
供电车间	1 000	
供水车间		500
合计	11 000	8 500

(1) 交互分配

水费分配率＝5 000÷11 000＝0.45

供电车间负担水费＝1 000×0.45＝450 元

电费分配率＝8 000÷8 500＝0.94

供水车间负担电费＝500×0.94＝470 元

(2) 对外分配

水费分配率＝(5 000＋470－450)÷(11 000－1 000)＝5 020/10 000＝0.502＝0.50

电费分配率＝(8 000－470＋450)÷(8 500－500)＝7 980/8 000＝0.9975＝1.00

辅助生产成本分配见表 8-10。

表 8-10　　辅助生产成本分配表（交互分配法）　　单位：元

项目		供水车间			供电车间			合计
		数量	分配率	分配额	数量	分配率	分配额	
待分配生产费用		11 000	0.45	5 000	8 500	0.94	8 000	13 000
交互分配	辅助生产——供水			470	－500		－470	
	辅助生产——供电	－1 000		－450			450	
对外分配的辅助生产费用		11 000	0.5	5 020	8 000	1	7 980	
对外分配	工程施工	6 000		3 000	5 000		5 000	8 000
	施工管理	2 600		1 300	2 000		2 000	3 300
	机械作业	1 400		720	1 000		980	1 700
	合计							13 000

根据上述分配表，可作如下会计分录：

(1) 交互分配时

借：生产成本——辅助生产成本——供电车间　　450

　　　　　　　　　　　　　　——供水车间　　470

　贷：生产成本——辅助生产成本——供水车间　　450

　　　　　　　　　　　　　　　——供电车间　　470

（2）对外分配时

借：工程施工——合同成本　　8 000

　　　　　　——间接费用　　3 300

　　机械作业　　1 700

　　贷：生产成本——辅助生产成本——供电车间　　5 020

　　　　　　　　　　　　　　　——供水车间　　7 980

在实际工作中，可以不编制交互分配的会计分录，而只需将其分配金额在有关的辅助生产明细账中进行登记即可。

采用一次交互分配法，由于辅助生产部门之间相互提供劳务、作业所发进行了交互分配，保证了各辅助生产部门生产成本计算的完整性，提高了辅助生产费用分配结果的准确性。但由于各辅助生产部门都要计算两次提供劳务、作业的实际单位成本，对辅助生产费用进行两次分配，其核算手续比较复杂，核算工作量较大。因此，交互分配法只适用于各辅助生产部门之间相互提供劳务、作业的数量较多，以及不进行费用的交互分配对辅助生产成本影响较大的情况。

训练8-5

根据直接分配法的训练题资料，采用一次交互分配法分配辅助生产费用，并作分配的分录。

三、掌握废品损失的核算

【例 8 - 4】 某建筑企业某分厂月末时发现有不可修复废品 20 件，本月全部产量为 350 件。原材料费用总额 77 000 元，原材料在生产开始时一次投入；本月全部生产工时 18 000h，其中废品耗用 120h，全部人工费用 27 000 元，全部制造费用 54 000 元，按照生产工时分配人工费用和制造费用。废品报废时回收残料 460 元，应收责任人赔款 180 元，尚未收到。要求：

（1）计算不可修复废品的生产成本。

（2）计算不可修复废品的报废净损失。

（3）编制相关会计分录。

计算、分录如下：

（1）原材料费用分配率＝77 000/350＝220

人工费用分配率＝27 000/18 000＝1.5

制造费用分配率＝54 000/18 000＝3

废品耗费的生产费用＝220×20＋1.5×120＋3×120＝4 940 元

（2）废品报废净损失＝4 940－460－180＝4 300 元

（3）账务处理

A 借：废品损失　4 940

　　贷：生产成本　4 940

B 借：原材料　460

　　贷：废品损失　460

C 借：其他应收款　180

　　贷：废品损失　180

D 借：生产成本　4 300

　　贷：废品损失　4 300

训练8–6

某企业生产甲、乙两种产品，共同耗用某种材料 1 200kg，每千克 4 元。甲产品的实际产量为 140 件，单件产品材料消耗定额为 4kg；乙产品的实际产量为 80 件，单件产品材料消耗定额为 5.5kg。试列式计算分配甲、乙产品各自应负担的材料费，并作分配的会计分录。

训练8–7

某工业企业各种费用分配表所列甲种产品可修复废品的修复费用为：原材料 1 850 元，应付生产工人工资 700 元，提取的生产工人职工福利费 98 元，制造费用 1 182元。不可修复废品成本按定额计价。不可修复废品损失计算表所列甲种产品不可修复废品的定额成本资料为：不可修复废品 10 件，每件原材料费用定额 50 元；10 件分配的定额工时共为 120，每小时的费用定额为：工资及福利费 2 元，制造费用 3.4 元。可修复废品和不可修复废品的残料，作为辅助材料入库，按计划成本计价 240 元；应由过失人赔偿 150 元，废品净损失由当月同种产品成本负担。

要求：（1）计算甲种产品不可修复废品的生产成本。

（2）计算甲种产品可修复废品和不可修复废品的净损失。

（3）编制归集可修复废品修复费用，以及结转不可修复废品生产成本、废品残值和废品净损失的会计分录。

任务三　掌握生产成本在完工产品和在产品之间的分配

一、掌握生产成本在完工产品和在产品之间的分配要点

（一）分配思路

通过上述各项生产成本的归集和分配，基本生产车间在生产过程中发生的各项成本，已经集中反映在“生产成本——基本生产成本”科目及其明细账的借方，这些成本都是本月发生的生产成本，并不是本月完工产品的成本。要计算出本月完工产品的成本，还要将本月发生的生产成本，加上月初在产品成本，然后再将其在本月完工产品和月末在产品之间进行分配，以求得本月完工产品成本。

本月发生的生产成本和月初、月末在产品及本月完工产品成本四项成本的关系可用下列公式表达：月初在产品成本＋本月发生生产成本＝本月完工产品成本＋月末在产品成本或者：月初在产品成本＋本月发生生产成本—月末在产品成本＝本月完工产品成本。由于公式中前两项是已知数，所以，在完工产品和月末在产品之间分配成本的方法有两种（两类）：一是将前两项之和按一定比例在后两项之间进行分配，从而求得完工产品和月末在产品的成本；二是先确定月末在产品成本，再计算求得完工产品的成本。但无论采用哪一类方法，都必须取得在产品数量的核算资料。

企业的在产品是指没有完成全部生产过程、不能作为商品销售的在产品，包括正在车间加工中的在产品和已经完成一个或几个生产步骤但还需继续加工的半成品两部分。对外销售的自制半成品，属于商品产品，验收入库后不应列入在产品之内。

为确定在产品结存的数量，企业需要做好两方面工作：一是在产品收发结存的日常核算；二是做好产品的清查工作。在产品发生盘盈时，盘盈在产品的成本，借记“生产成本”科目，并记入相应的生产成本明细账各成本项目，贷记“待处理财产损溢”科目；按管理权限经批准进行处理时，借记“待处理财产损溢”科目，贷记“管理费用”科目。在产品发生盘亏和毁损时，借记“待处理财产损溢”科目，贷记“生产成本”科目，并从相应的生产成本明细账各成本项目中转出，冲减在产品成本；毁损在产品的残值，借记“原材料”科目，贷记“待处理财产损溢”科目；按管理权限报经批准进行处理时，应借记“待处理财产损溢”科目，贷记“管理费用”、“其他应收款”等有关科目。

（二）分配方法

结合生产特点，完工产品与在产品费用的分配方法通常有：在产品不计算成本法、在产品按固定成本计价法、在产品按所耗用直接材料成本计价法、约当产量比例法、在产品按定额成本计价法和定额比例法，大体分为两类。

1. 先确定月末在产品成本，再计算求得完工产品的成本

（1）不计算在产品成本法。

该方法的特点是，月末虽然有在产品，但每月发生的成本全部由完工产品负担，在产品不负担。适用于月末在产品数量很小的产品。

（2）在产品按固定成本计价法。

该方法的特点是：年内各月在产品成本都按年初在产品成本计算，固定不变。它适用于各月末之间在产品数量变化不大的产品。

（3）在产品按所耗用直接材料成本计价法。

该方法的特点是：月末在产品成本只按所耗的直接材料成本计算确认，人工成本和制造费用则全部由完工产品成本承担。适用于各月末在产品数量较大、各月在产品数量变化也较大以及直接材料成本在产品成本中所占比重也较大的产品。

（4）在产品按定额成本计价法。

该方法的特点是：月末在产品成本根据月末在产品数量和单位定额成本计算，然后从本月该种产品的全部生产成本（如果有月初在产品，包括月初在产品成本）中扣除，以求得完工产品的成本。适用于各项消耗定额或费用定额比较准确、稳定，各月末在产品数量变化不大的产品。

2. 通过分配率进行分配，在完工产品和在产品之间的分配

（1）约当产量比例法。

该方法的特点是：将月末在产品数量按照完工程度折算为相当于完工产品的产量，即约当产品，然后将期初结存在产品成本与本期发生的生产成本之和，按完工产品数量与月末在产品约当产量的比例进行分配，以计算完工产品成本和月末在产品成本。它适用于月末在产品数量较大，各月末在产品数量变化也较大，产品成本中直接材料成本和人工成本及制造费用的比重相差不大的产品。

（2）定额比例法。

该方法的特点是：完工产品和月末在产品的成本计算按照生产成本占完工产品和月末在产品的定额消耗量或定额成本比例分配。其中，直接材料成本按直接材料的定额消耗量或定额成本比例分配，其他成本项目按定额工时比例分配。适用于各项消耗定额或成本定额比较准确、稳定，但各月末在产品数量变动较大的产品。

（三）联产品和副产品的成本分配

1. 联产品

联产品是使用同种原材料，经过同一生产过程，同时生产出来的两种或两种以上的主要产品。联产品的联合成本在分离点后，可按售价法、实物数量法等在各联产品之间进行分配。

“分离点”，是指在联产品生产中，投入相同原料，经过同一生产过程，分离为各种联产品的时点。在分离点以前发生的生产成本，称为联合成本。

售价法要求联合成本按照分离点上每种产品的销售价格比例进行分配，适用于每种产品在分离点时的销售价格能够可靠计量的情况。

实物数量法要求联合成本以产品的实物数量或重量为基础分配，适用于所生产的产品的价格很不稳定或无法直接确定的情况。

2. 副产品

副产品是在同一生产过程中，使用同种原料，在生产主要产品的同时附带生产出来的非主要产品。在分配主产品和副产品的生产成本时，通常先确定副产品的生产成本，然后确定主产品的生产成本。

二、理解生产成本在完工产品和在产品之间的分配举例

1. 在产品成本按定额成本计价法

【例 8-5】 某公司C产品本月完工产品产量3 000个，在产品数量400个；在产品单位

定额成本为：直接材料 400 元，直接人工 100 元，制造费用 150 元。C 产品本月月初在产品和本月耗用直接材料成本共计 1 360 000 元，直接人工成本 640 000 元，制造费用 960 000 元。按定额成本计算在产品成本及完工产品成本。计算结果见表 8-11。

表 8-11　　成本计算表　　单位：元

项　　目	在产品定额成本	完工产品成本
直接材料	400×400＝160 000	1 360 000－160 000＝1 200 000
直接人工	100×400＝40 000	640 000－40 000＝600 000
制造费用	150×400＝60 000	960 000－60 000＝900 000
合　　计	260 000	2 700 000

根据 C 产品完工产品总成本编制完工产品入库的会计分录如下：

借：库存商品——C 产品　　2 700 000

　　贷：生产成本——基本生产成本——C 产品　　2 700 000

2. 约当产量法计算分配成本

【例 8-6】 某公司乙产品单位工时定额 400h，经两道工序制成。各工序单位工时定额为：第一道工序 160h，第二道工序 240h。为简化核算，假定各工序内在产品完工程度平均为 50%。则在产品完工程度计算结果如下：

第一道工序　$\frac{160\times 50\%}{400}\times 100\%=20\%$

第二道工序　$\frac{160+240\times 50\%}{400}\times 100\%=70\%$

【例 8-7】 某产品的材料随着生产进度陆续投入，其完工产品和各工序的消耗定额，以及某月末的在产品数量见表 8-12。

表 8-12　　材料消耗定额和在产品数量表

工　　序	本工序原材料消耗定额（kg）	月末在产品数量（件）
1	80	1 400
2	40	900
完工产品合计	120	—

在产品在本工序的消耗定额按 50%计算。该月初在产品原材料费用为 2 610 元，本月原材料费用为 4 890 元。该月完工产品 1 791 件。

要求：(1) 计算各工序在产品的完工率和月末在产品的约当产量；

(2) 采用约当产量比例法分配计算完工产品和在产品各应负担的原材料费用。

解　(1) 第 1 工序在产品完工率＝80×50%/120×100%＝33%

第 2 工序在产品完工率＝(80＋40×50%)/120×100%＝83%

该产品月末在产品约当产量＝1 400×33%＋900×83%＝462＋747＝1 209 件

(2) 原材料费用分配率＝(2 610＋4 890)/(1 791＋1 209) ＝2.5

完工产品应负担原材料费用＝1 791×2.5＝4 477.5

月末在产品应负担原材料费用＝1 209×2.5＝3 022.5

训练8-8

某产品连续加工而成，材料随着生产进度陆续投入，其完工产品和各工序的消耗定额，以及某月末的在产品数量见表8-13。

表8-13　材料消耗定额和在产品数量表

工序	本工序原材料消耗定额（kg）	月末在产品数量（件）
1	60	1 200
2	40	800
完工产品合计	100	—

在产品在本工序的消耗定额按50%计算。该月初在产品原材料费用为2 800元，本月原材料费用为6 800元。该月完工产品1 600件。

要求：(1) 计算各工序在产品的完工率和月末在产品的约当产量；

(2) 采用约当产量比例法分配计算完工产品和在产品各应负担的原材料费用。

解　(1) 第1工序在产品完工率＝

第2工序在产品完工率＝

该产品月末在产品约当产量＝

(2) 原材料费用分配率＝

完工产品应负担原材料费用＝

月末在产品应负担原材料费用＝

3. 联产品成本的分配

【例8-8】　某公司生产E产品和F产品。E产品和F产品为联产品。3月份生产完工入库E产品为700个，F产品为300个；发生加工成本12 000 000元。E产品和F产品在分离点上的销售价格总额为15 000 000元，其中E产品的销售价格总额为9 000 000元，F产品的销售价格总额为6 000 000元。

采用售价法分配联合成本：

E产品：12 000 000/(9 000 000＋6 000 000)×9 000 000＝7 200 000元

F产品：12 000 000/(9 000 000＋6 000 000)×6 000 000＝4 800 000元

假定采用实物数量法分配联合成本：

E产品：12 000 000/(700＋300)×700＝8 400 000元

F产品：12 000 000/(700＋300)×300＝3 600 000元

4. 副产品成本的分配

【例8-9】　某公司在生产主要产品的同时，还生产了某种副产品。该种副产品可直接对外出售，公司规定的售价为每千克100元。某月主要产品和副产品发生的生产成本总额为500 000元，副产品的产量为500kg。假定该公司按预先规定的副产品的售价确定副产品的成本。

副产品的成本＝100×500＝50 000元

主要产品应负担的成本＝500 000－50 000＝450 000元

任务四 掌握产品成本计算方法

生产成本归集分配完毕后，应按成本核算对象编制成本计算单，并选择一定的成本计算方法，计算各种产品的总成本和单位成本。企业在进行成本计算时，应当根据其生产经营特点、生产经营组织类型和成本管理要求，确定成本计算方法。成本计算的基本方法有品种法、分批法和分步法三种。

一、品种法

（一）品种法要点

1. 品种法概念和适用范围

品种法，是指以产品品种作为成本核算对象，归集和分配生产成本，计算产品成本的一种方法。这种方法一般适用于单步骤、大量生产的企业，如发电、供水、采掘等企业。在这种类型的生产中，产品的生产技术过程不能从技术上划分为步骤，管理上不要求按照生产步骤计算产品成本，都可以按照品种计算产品成本。

2. 品种法计算成本的主要特点

（1）成本核算对象是产品品种。如果生产多种产品，间接生产成本则要采用适当的方法，在各成本核算对象之间进行分配。

（2）品种法下一般定期（每月月末）计算产品成本。

（3）如果企业月末有在产品，要将生产成本在完工产品和在产品之间进行分配。

3. 品种法成本核算一般程序

（1）按产品品种设置成本明细账，归集和分配计入要素费用。

（2）登记有关成本、费用明细账。

（3）归集和分配辅助生产费用。

（4）归集和分配制造费用。

（5）计算和分配完工产品和在产品成本。

（6）结转完工产成品成本。

温馨提示

根据产品成本计算单（称基本生产成本明细账）编制完工产品入库的会计分录为：

借：库存商品——×产品

　　贷：生产成本——基本生产成本——×产品

（二）品种法训练

训练8-9

某建筑企业下属独立核算的商品混凝土搅拌站于2010年8月生产完成200号商品混凝土6 000m³，300号商品混凝土4 000m³，月初无余额，8月份发生费用如下：

（1）生产200号商品混凝土，领用400号水泥2 000t，每吨300元；生产300号商品混凝土，领用 500 号水泥 1 200t，每吨 350 元。

（2）共耗用黄沙 5 000t，每吨 65 元，按每立方米商品混凝土耗用 0.48t 黄砂比例分配。

（3）共耗用石子 10 000t，每吨 50 元，200 号、300 号商品混凝土分别按每立方米耗用 0.92t、0.91t 石子比例分配。

（4）共耗用外加剂 85t，每吨 2 000 元，按每立方米商品混凝土耗用 8.4kg 外加剂比例分配。

（5）分配生产工人工资 12 000 元，管理人员工资 2 000 元。其中 200 号、300 号商品混凝土分别耗用 7 000、5 000 工时。

（6）以银行存款支付水电费 3 000 元。

（7）计提固定资产折旧费 5 000 元。

（8）以银行存款支付差旅费 800 元，办公费 600 元。

（9）领用一次损耗的生产工具 900 元。

（10）按工时比例分配、结转间接费用。

（11）产品全部完工并验收入库，结转实际成本。

要求：

（1）按成本项目设置生产成本、制造费用明细账（表 8-14～表 8-16）。

(2) 编制会计分录（列示“生产成本”、“制造费用”明细科目，会计分录写在题目后面）。

(3) 登记生产成本明细账、生产车间制造费用明细账。

表 8 - 14 **制造费用明细账**

生产部门：

年		凭证号数	摘要	费用项目								合计
月	日											

表 8 - 15 **生产成本明细账**

产品品种：

年		凭证号数	摘要	借方（成本项目）				合计
月	日			直接材料	直接人工	制造费用		

表 8 - 16 **生产成本明细账**

产品品种：

年		凭证号数	摘要	借方（成本项目）				合计
月	日			直接材料	直接人工	其他直接费	制造费用	

续表

年		凭证号数	摘要	借方（成本项目）				合计
月	日			直接材料	直接人工	其他直接费	制造费用	

二、分批法

（一）分批法要点

1. 分批法概念和适用范围

分批法，是指以产品的批别作为产品成本核算对象，归集和分配生产成本，计算产品成本的一种方法。这种方法主要适用于单件、小批生产的企业，如造船、重型机器制造、精密仪器制造等，也可用于一般企业中的新产品试制或试验的生产、在建工程以及设备修理作业等。

2. 分批法计算成本的主要特点

（1）成本核算对象是产品的批别。由于产品的批别大多是根据销货订单确定的，因此，这种方法又称订单法。成本核算对象是购买者事先订货或企业规定的产品批别。

（2）产品成本的计算是与生产任务通知单的签发和结束紧密配合的，因此产品成本计算是不定期的。成本计算期与产品生产周期基本一致，但与财务报告期不一致。

（3）由于成本计算期与产品的生产周期基本一致，因此在计算月末在产品成本时，一般不存在完工产品和在产品之间分配成本的问题。

3. 简化分批法

简化分批法是将每月发生的人工费用和制造费用等间接费用累计起来，待产品完工时，按照完工产品工时的比例，在各批完工产品之间进行分配的一种成本计算方法。这种方法被称为“间接费用累计分配法”。

其特点是：同时开设基本生产成本明细账与二级账；用各项累计间接费用分配率作为各批完工产品之间和在完工产品与月末在产品之间分配各项间接费用的依据；对当月完工的不同批次的产品，在成本计算工作中，均根据同一个累计间接费用分配率进行分配。

简化分批法的成本计算程序是：产品投产时，设置基本生产成本明细账与基本生产成本二级账；对当月发生的生产费用和生产工时按不同的要求在基本生产成本明细账与二级账上进行登记；有完工产品的月份，确定累计间接费用分配率，计算完工产品成本。

如果月末无完工产品的批次，不必分配登记间接费用。全部产品的在产品成本只分成本项目以总数反映在基本生产成本二级账中，无需按产品的批别分配记入各基本生产成本明细账。在运用简化分批法计算产品成本过程中，关键是掌握生产成本二级账的设置与登记方法，累计间接费用分配率的计算与运用。

（二）简化分批法例题

【例 8-10】 某厂生产有第 0102009、0103004、0104001 等订单产品，其成本和工时总数汇总登记在“生产成本——基本生产成本”二级账中，见表 6-5。第 0102009、0103004、0104001 订单的生产成本，见表 8-17～表 8-20。

表 8-17 **基本生产成本二级账** 20××年 4 月

月	日	摘　　要	直接材料	生产工时	直接人工	制造费用	合计
3	31	累计生产费用和生产工时	58 160	400	1 880	2 160	62 200
4	30	本月发生费用和生产工时	62 880	600	3 120	3 840	69 840
	30	累计生产费用和生产工时	121 040	1 000	5 000	6 000	132 040
	30	累计间接计入费用分配率			5	6	
	30	完工转出成本	47 200	520	2 600	3 120	52 920
4	30	已累计费用和生产工时	73 840	480	2 400	2 880	79 120

根据基本生产成本二级账计算

累计工资及福利费分配率＝5 000/1 000＝5 元/工时

累计制造费用分配率＝6 000/1 000＝6 元/工时

根据产品成本明细账计算

本月转出完工产品成本中的直接人工＝520×5＝2 600 元

本月转出完工产品成本中的制造费用＝520×6＝3 120 元

单位成本＝52 920/10＝5 292 元/件

根据产品成本明细账验算二级账

基本生产成本二级账月末在产品直接材料费用＝23 840＋50 000＝73 840 元

基本生产成本二级账月末在产品生产工时＝300＋180＝480 工时

表 8-18 **产 品 成 本 明 细 账**

产品批号：0102009　　　　开工日期：20××年 2 月

产品名称：　　　　批量：10 台　　　　完工日期：20××年 4 月

月	日	摘　　要	直接材料	生产工时	直接人工	制造费用	合计
2	28	发生额	27 040	80			
3	31	发生额	17 520	240			
4	30	发生额	2 640	200			
	30	累计数及分配率	47 200	520	5	6	
	30	本月转出完工产品成本	47 200	520	2 600	3 120	52 920
	30	单位成本	4 720		260	312	5 292

表 8-19　　产品成本明细账

产品批号：0103004　　开工日期：20××年3月15日

产品名称：　　批量：5台　　完工日期：

月	日	摘　　要	直接材料	生产工时	直接人工	制造费用	合计
3	31	发生额	13 600	80			
4	30	发生额	10 240	220			
	30	月末累计数	23 840	300			

表 8-20　　产品成本明细账

产品批号：0104001　　开工日期：20××年4月5日

产品名称：　　批量：4台　　完工日期：

月	日	摘　　要	直接材料	生产工时	直接人工	制造费用	合计
4	30	发生额	50 000	180			
	30	月末累计数	50 000	180			

训练8-10

某企业小批生产A、B、C、三种产品，采用分批法计算产品成本。2003年2月有关资料如下：

(1) 2月份产品生产批号及投入产量

1005批号：C产品20台，上月投产，本月完工6台。

1006批号：A产品15台，上月投产，本月全部完工。

2001批号：A产品10台，本月投产，本月完工2台。

2002批号：B产品10台，本月投产，本月全部完工。

(2) 2月份投入生产费用如下：

1005批号：上月投入：原材料12 000元，工资及福利费2 320元，制造费用3760元；本月投入：原材料8 000元，工资及福利费8 000元，制造费用10 000元；该批产品原材料已全部投入，在产品完工程度80%，采用约当产量法计算产品成本。

1006批号：上月投入：原材料18 000元，工资及福利费1 400元，制造费用2 000元；本月投入：工资及福利费6 000元，制造费用8 100元；

2001批号：本月投入：原材料6 200元，工资及福利费3 400元，制造费用6 600元；完工产品按定额计算成本。A产品单位定额成本：材料400元，工资320元，制造费用650元。

2002批号：本月投入：原材料14 000元，工资及福利费9 000元，制造费用12 300元。

要求：根据上述资料，开设并登记生产成本明细账，计算各批产品的完工产品成本和在产品成本。产品成本计算单格式见表8-21～表8-24。

表 8-21 **产品成本计算单**

产品生产批次：　　投产日期：　年　月　　投产数量：　　产品名称：

项　目	原材料	工资及福利费	制造费用	合　计

表 8-22 **产品成本计算单**

产品生产批次：　　投产日期：　年　月　　投产数量：　　产品名称：

项　目	原材料	工资及福利费	制造费用	合　计

表 8-23 **产品成本计算单**

产品生产批次：　　投产日期：　年　月　　投产数量：　　产品名称：

项　目	原材料	工资及福利费	制造费用	合　计

表 8-24 **产品成本计算单**

产品生产批次：　　投产日期：　年　月　　投产数量：　　产品名称：

项　目	原材料	工资及福利费	制造费用	合　计

三、分步法

(一) 概述

1. 分步法概念和适用范围

分步法是指按照生产过程中各个加工步骤（分品种）为成本核算对象，归集和分配生产成本，计算各步骤半成品和最后产成品成本的一种方法。这种方法适用于大量大批的多步骤生产，如冶金、纺织、机械制造等，在这类企业中，产品生产可以分为若干个生产步骤的成本管理，通常不仅要求按照产品品种计算成本，而且还要求按照生产步骤计算成本，以便为考核和分析各种产品及各生产步骤的成本计划的执行情况提供资料。

2. 分步法计算成本的主要特点

(1) 成本核算对象是各种产品的生产步骤。

(2) 月末为计算完工产品成本，还需要将归集在生产成本明细账中的生产成本在完工产品和在产品之间进行分配。

(3) 除了按品种计算和结转产品成本外，还需要计算和结转产品的各步骤成本。其成本核算对象，是各种产品及其所经过的各个加工步骤。如果企业只生产一种产品，则成本核算对象就是该种产品及其所经过的各个生产步骤。其成本计算期是固定的，与产品的生产周期不一致。

(二) 分步法成本计算程序

在实际工作中，根据成本管理对各生产步骤成本资料的不同要求（如是否要求计算半成品成本）和简化核算的要求，各生产步骤成本的计算和结转，一般采用逐步结转和平行结转两种方法，称为逐步结转分步法和平行结转分步法。

1. 逐步结转分步法

逐步结转分步法是为了分步计算半成品成本而采用的一种分步法，也称计算半成品成本分步法。它是按照产品加工的顺序，逐步计算并结转半成品成本，直到最后加工步骤完成才能计算产成品成本的一种方法。

逐步结转分步法是按照产品加工顺序先计算第一个加工步骤的半成品成本，然后结转给第二个加工步骤，这时第二步骤把第一步骤结转来的半成品成本加上本步骤耗用的材料成本和加工成本，即可求得第二个加工步骤的半成品成本。这种方法适用于大量大批连续式复杂生产的企业。这种类型的企业，有的不仅将产成品作为商品对外销售，而且生产步骤所产半成品也经常作为商品对外销售。例如，钢铁厂的生铁、钢锭、纺织厂的棉纱等，都需要计算半成品成本。

逐步结转分步法在完工产品和在产品之间分配生产成本，即在各步骤完工产品和在产品之间进行分配。其优点：一是能提供各个生产步骤的半成品资料；二是为各生产步骤的在产品实物管理及资金管理提供资料；三是能够全面地反映各生产步骤的生产耗费水平，更好地满足各生产步骤成本管理的要求。其缺点：成本结转工作量较大，各步骤的半成品成本如果采用逐步综合结转方法，还要进行成本还原，增加了核算的工作量。

逐步结转分步法按照成本在下一步骤成本计算单中的反映方式，还可以分为综合结转和分项结转两种方法。这里仅就综合结转加以介绍。

综合结转法，是指上一步骤转入下一步骤的半成品成本，以“直接材料”或专设的“半成品”项目综合列入下一步骤的成本计算单中。如果半成品通过半成品库收发，由于各月所生产的半成品的单位成本不同，因而所耗半成品的单位成本可以如同材料核算一样，采用先进先出法或加权平均方法计算。

【例 8-11】 某企业 A 产品生产分两个步骤，分别由第一、第二两个生产车间进行。第一车间生产半成品，直接交第二车间生产。两个车间月末在产品均按定额成本计价。该企业采用采用逐步综合结转分步法计算 A 产品成本。要求：

（1）计算填列第一车间“产品成本明细账”（表 8-25）；

（2）计算填列第二车间“产品成本明细账”（表 8-26）。

表 8-25 **产品成本明细账**

车间名称：第一车间

产品名称：半成品 A 单位：元

项　　目	直接材料	直接人工	制造费用	合　　计
月初在产品定额成本	6 000	3 800	2 900	12 700
本月生产费用	30 200	21 500	16 500	68 200
生产费用合计	36 200	25 300	19 400	80 900
完工半成品成本	29 900	22 500	17 600	70 000
月末在产品定额成本	6 300	2 800	1 800	10 900

注 直接材料栏生产费用合计＝6 000＋30 200＝36 200

完工半成品成本＝36 200－6 300 ＝29 900

表 8-26 **产品成本明细账**

车间名称：第二车间

产品名称：产成品 A 单位：元

项　　目	半成品	直接人工	制造费用	合　　计
月初在产品定额成本	27 600	2 450	2 600	32 650
本月生产费用	70 000	19 600	15 400	10 500
生产费用合计	97 600	22 050	18 000	137 650
完工半成品成本	83 800	16 800	14 000	114 600
月末在产品定额成本	13 800	5 250	4 000	23 050

注 70 000 元由第一车间抄入，因为第一车间生产半成品，直接交第二车间生产。

其他计算方法同第一车间。

2. 平行结转分步法

平行结转分步法也称不计算半成品成本分步法。它是指在计算各步骤成本时，不计算各步骤所产半成品的成本，也不计算各步骤所耗上一步骤的半成品成本，而只计算本步骤发生的各项其他成本，以及这些成本中应计入产成品的份额，将相同产品的各步骤成本明细账中的这些份额平行结转、汇总，即可计算出该种产品的产成品成本。

（1）成本核算对象和成本结转程序。采用平行结转分步法的成本核算对象是各种产成品及其经过的各生产步骤中的成本份额。而各步骤的产品生产成本并不伴随着半成品实物的转移而结转。

各生产步骤均不计算本步骤的半成品成本，尽管半成品的实物转入下一生产步骤继续加工，但其成本并不结转到下一生产步骤的成本计算单中去，只是在产品最后完工人产成品库时，才将各步骤生产成本中应由完工产品负担的份额，从各步骤成本计算单中转出，平行汇总计算产成品的成本。

(2) 产品生产成本在完工产品和在产品之间的分配。采用平行结转分步法，每一生产步骤的生产成本也要在其完工产品与月末在产品之间进行分配。但是完工产品是指企业最后完工的产成品；在产品是指各步骤尚未加工完成的在产品和各步骤已完工但尚未最终完成的产品。

这种方法的优点是：各步骤可以同时计算产品成本，平行汇总计入产成本，不必逐步结转半成品成本；能够直接提供按原始成本项目反映的产成品成本资料，不必进行成本还原，因而能够简化和加速成本计算工作。缺点是：不能提供各个步骤的半成品成本资料；在产品的费用在产品最后完成以前，不随实物转出而转出，即不按其所在的地点登记，而按其发生的地点登记，因而不能为各个生产步骤在产品的实物和资金管理提供资料：各生产步骤的产品成本不包括所耗半成品费用，因而不能全面地反映备该步骤产品的生产耗费水平（第一步骤除外），不能更好满足这些步骤成本管理的要求。

【例 8-12】 某工厂生产 B 产品，分两个生产步骤连续加工，直接材料在第一步骤开始时一次投入，成本计算采用平行结转分步法。两个步骤的完工产品“份额”和广义在产品之间的费用分配，均采用定额比例法。第一步骤直接材料成本按直接材料定额费用比例分配，第一步骤和第二步骤的工资及制造费用，都按定额工时比例分配。2010 年 3 月份有关资料如下：

(1) 第一步骤和第二步骤的定额资料见表 8-27。

表 8-27　　定 额 资 料 表

项目	第一步骤		第二步骤	
	完工产品	在产品	完工产品	在产品
直接材料定额费用（元）	30 000	6 000		
定额工时（工时）	22 000	8 000	4 500	1 200

(2) 月初在产品成本，见表 8-28。

表 8-28　　在 产 品 成 本 表　　单位：元

生产步骤	直接材料	直接人工	制造费用	合　计
第一步骤	5 200	3 100	3 400	11 700
第二步骤		504	480	984

(3) 本月发生的生产费用，见表 8-29。

表 8-29　　本月发生的生产费用表　　单位：元

生产步骤	直接材料	直接人工	制造费用	合　计
第一步骤	29 000	9 500	10 400	48 900
第二步骤		3 600	3 339	6 939

(4) 本月完工产量：500t。

解 该企业的成本计算如下：

(1) 根据有关费用资料，登记各步骤产品成本明细账，见表8-30。

表8-30 **产品成本明细账**

第一步骤：B产品 2010年3月 单位：元

项目		直接材料	直接人工	制造费用	合计
月初在产品成本		5 200	3 100	3 400	11 700
本月生产费用		29 000	9 500	10 400	48 900
生产费用合计		34 200	12 600	13 800	60 600
分配率		0.95	0.42	0.46	—
应计入产成品成本"份额"	定额	30 000	22 000	22 000	—
	实际	28 500	9 240	10 120	47 860
月末在产品成本	定额	6 000	8 000	8 000	—
	实际	5 700	3 360	3 680	12 740

说明：

1) 直接材料费用分配

$$直接材料费用分配率=\frac{34\ 200}{30\ 000+6\ 000}=0.95$$

应计入产成品的直接材料费用"份额"＝30 000×0.95＝28 500元

月末广义在产品的直接材料费用"份额"＝34 200－28 500＝5 700元

2) 直接人工费用的分配

$$直接人工费用分配率=\frac{12\ 600}{22\ 000+8\ 000}=0.42$$

应计入产成品的直接人工费用"份额"＝22 000×0.42＝9 240元

月末广义在产品直接人工费用"份额"＝12 600－9 240＝3 360元

3) 制造费用的分配

$$制造费用分配率=\frac{13\ 800}{22\ 000+8\ 000}=0.46$$

应计入产成品的制造费用"份额"＝22 000×0.46＝10 120元

月末广义在产品的制造费用"份额"＝13 800－10 120＝3 680元

产品成本明细账见表8-31。

表8-31 **产品成本明细账**

第二步骤：B产品 2010年3月 单位：元

项目	直接材料	直接人工	制造费用	合计
月初在产品成本		504	480	984
本月生产费用		3 600	3 339	6 939
生产费用合计		4 104	3 819	7 923
分配率		0.72	0.67	—

续表

项　　目		直接材料	直接人工	制造费用	合　计
应计入产成品成本“份额”	定额		4 500	4 500	—
	实际		3 240	3 015	6 255
月末在产品成本	定额		1 200	1 200	—
	实际		864	804	1 668

说明：

1）直接人工费用的分配

$$直接人工费用分配率=\frac{4\ 104}{4\ 500+1\ 200}=0.72$$

应计入产成品的直接人工费用“份额”＝4 500×0.72＝3 240元

月末广义在产品直接人工费用“份额”＝4 108－3 240＝864元

2）制造费用的分配

$$制造费用分配率=\frac{3\ 819}{4\ 500+1\ 200}=0.67$$

应计入产成品的制造费用“份额”＝4 500×0.67＝3 015元

月末广义在产品制造费用“份额”＝3 829－3 015＝804元

（2）根据各步骤产品成本明细账，登记产品成本汇总表（表8-32）。

表8-32　　　　产品成本汇总表

产品名称：B　　　　2010年3月　　　　产量：500吨　　　　单位：元

成本项目	第一步骤“份额”	第二步骤“份额”	总成本	单位成本
直接材料	28 500		28 500	57.00
直接人工	9 240	3 240	12 480	24.96
制造费用	10 120	3 015	13 135	26.27
合计	47 860	6 255	54 115	108.23

（3）根据产成品成本汇总表和产成品入库单，编制产成品入库的会计分录：

借：库存商品——B产品　　54 115

　贷：生产成本——基本生产成本——B产品（一车间）　　47 860

　　　　　　　　　　　　　　——B产品（二车间）　　6 255

训练8-11

某建筑企业下属内部独立核算的混凝土预制品厂，专门生产吊车梁和大型屋面板，设置钢筋车间、灌制车间，产品分两步加工完成。2010年9月份，有关资料如下：

（1）钢筋车间、灌制车间产品数量，见表8-33。

表 8-33 钢筋车间、灌制车间产品数量表

车间	项目	单位	吊车梁	大型屋面板
钢筋车间	月初在产品	t	10	4
	本月完成	t	40	50
	月末在产品	t	20	—
预制车间	本月完成	m^3	400	500
	月初、月末在产品	m^3	—	—

(2) 钢筋车间月初在产品成本（单位：元），见表 8-34。

表 8-34 月初在产品成本表

项目	吊车梁	大型屋面板
材料费	14 000	4 800
人工费	800	240
间接费用	600	180
合计	15 400	5 220

(3) 钢筋车间、灌制车间本月发生费用（单位：元），见表 8-35。

表 8-35 本月发生费用表

项目	钢筋车间（第一步骤）		灌制车间（第二步骤）	
	吊车梁	大型屋面板	吊车梁	大型屋面板
材料费	70 000	48 000	52 800	55 440
人工费	7 920	5 280	10 560	15 488
间接费用	4 680	3 120	6 240	9 152
合计				

(4) 钢筋车间生产领用的材料在开工时一次发生，加工费用逐步转结。月初、月末在产品的约当产量均按50%计算。钢筋车间完成的产品全部用于灌制车间生产混凝土预制品。

要求：用综合逐步结转分步法计算吊车梁成本；用平行结转分步法计算大型屋面板成本，见表 8-36～表 8-40。

表 8-36 产品成本明细账

车间名称：

产品名称：吊车梁半成品 单位：元

项　目	直接材料	直接人工	制造费用	合　计
月初在产品成本				
本月生产费用				
生产费用合计				
总约当产量				

续表

项　目	直接材料	直接人工	制造费用	合　计
单位成本				
完工半成品成本				
月末在产品成本				

表 8-37　　产品成本明细账

车间名称：

产品名称：吊车梁产成品　　单位：元

项　　目	半成品	直接材料	直接人工	制造费用	合　　计
月初在产品成本					
本月生产费用					
生产费用合计					
总约当产量					
单位成本					
完工半成品成本					
月末在产品成本					

表 8-38　　产品成本明细账

车间名称：

产品名称：大型屋面板半成品　　单位：元

项　　目	直接材料	直接人工	制造费用	合　　计
月初在产品成本				
本月生产费用				
生产费用合计				
总约当产量				
分配率				
完工成品成本“份额”				
月末在产品成本				

表 8-39　　产品成本明细账

车间名称：

产品名称：大型屋面板产成品　　单位：元

项　　目	半成品	直接材料	直接人工	制造费用	合　　计
月初在产品成本					
本月生产费用					
生产费用合计					
总约当产量					
分配率					

续表

项　　目	半成品	直接材料	直接人工	制造费用	合　　计
完工成品成本“份额”					
月末在产品成本					

表 8-40　　产品成本汇总表

产品名称：大型屋面板产成品　　2010 年 9 月　　产量：　　单位：元

成本项目	第一步骤“份额”	第二步骤“份额”	总成本	单位成本
直接材料				
直接人工				
制造费用				
合计				

任务五　成本费用报表编制

制造业成本费用报表主要有产品生产成本表、主要产品单位成本表、制造费用明细表等。

一、产品生产成本表的编制

产品生产成本表是反映企业在报告期内生产的全部产品的总成本的报表。该表一般分为两种，一种按成本项目反映，另一种按产品种类反映。

（一）按成本项目反映的产品生产成本表的编制

按成本项目反映的产品生产成本表是按成本项目汇总反映企业在报告期内发生的全部生产成本以及产品生产成本合计额的报表。

在按成本项目反映的产品生产成本表中，上年实际数应根据上年 12 月份本表的本年累计实际数填列；本年计划数应根据成本计划有关资料填列；本年累计实际数应根据本月实际数加上上月份本表的本年累计实际数计算填列。

【例 8-13】 某公司按成本项目编制的产品生产成本表（空白表）见表 8-41。

表 8-41　　产品生产成本表（按成本项目反映）

××公司　　2007 年 12 月　　单位：元

项　　目	上年实际	本年计划	本月实际	本年累计实际
生产成本：				
直接材料成本				
直接人工成本				
制造费用				
生产成本合计				
加：在产品、自制半成品期初余额				
减：在产品、自制半成品期末余额				
产品生产成本合计				

（二）按产品种类反映的产品生产成本表的编制

按产品种类反映的产品生产成本表是按产品种类汇总反映企业在报告期内生产的全部产品的单位成本和总成本的报表（表8-42）。

表8-42　　产品生产成本表（按产品种类反映）

××公司　　2007年12月　　单位：元

产品	计量单位	实际产量		单位成本			本月总成本			本年累计实际总成本		
		本月实际	本年实际	上年实际	本年计划	本年实际	上年实际	本年计划	本月实际	上年实际	本年计划	本年实际
可比产品												
甲 乙												
不可比产品												
丙												
合计												

在按产品种类反映的产品生产成本表中各项数据填制方法：

各种产品的本月实际产量，应根据相应的产品成本明细账填列。

本年累计实际产量，应根据本月实际产量，加上上月本表的本年累计实际产量计算填列。

按上年实际平均单位成本计算的本月总成本和本年累计总成本，应根据本月实际产量和本年累计实际产量，乘以上年实际平均单位成本计算填列。

按本年计划单位成本计算的本月总成本和本年累计总成本，应根据本月实际产量和本年累计实际产量，乘以本年计划单位成本计算填列。

本月实际总成本，应根据产品成本明细账或产成品成本汇总表填列。

本年累计实际总成本，应根据产品成本明细账或产成品成本汇总表本年各月产成品成本计算填列。如果有不合格品，应单列一行，并注明“不合格品”字样，不应与合格产品合并填列。

对于可比产品，如果企业规定有本年成本比上年成本的降低额或降低率的计划指标，还应根据产品生产成本表资料计算成本的实际降低额或降低率，作为该表的补充资料填列在表的下端。如果本年可比产品成本比上年不是降低，而是升高，上列成本的降低额和降低率应用负数填列；如果企业可比产品品种不多，其成本降低额和降低率，也可以按产品品种分别计划和计算。

可比产品成本的降低额和降低率的计算公式如下

可比产品成本降低额＝可比产品按上年实际平均单位成本计算的本年累计总成本－本年累计实际总成本

$$\text{可比产品成本降低率}=\frac{\text{可比产品成本降低额}}{\text{可比产品按上年实际平均单位成本计算的本年累计总成本}}\times 100\%$$

【例8-14】　企业2010年度有关可比产品的产量及成本资料见表8-43。

表 8-43 **产量及成本资料表**

品名	产量（件）		单位成本（元）			本年累计实际总成本（元）		
	计划	实际	上年平均	本年计划	本年实际	按上年平均单位成本算	按本年计划单位成本算	按本年实际单位成本算
A	70	80	12	14				1 040
B	110	100	20	18				1 900

要求：

（1）填列产品生产成本（按产品种类反映）表；

（2）计算可比产品成本的计划降低额和计划降低率；

（3）计算可比产品成本的实际降低额和实际降低率；

（4）确定企业可比产品成本降低计划的完成情况。

解 （1）填列产品生产成本（按产品种类反映），见表 8-44。

本年实际单位成本＝1 040/80＝13

按本年实际产量、上年平均单位成本计算的总成本＝80×12＝960

表 8-44 **产品生产成本表（按产品种类）**

品名	产量（件）		单位成本（元）			按实际产量计算的成本（元）		
	计划	实际	上年平均	本年计划	本年实际	按上年平均单位成本算	按本年计划单位成本算	按本年实际单位成本算
A	70	80	12	14	13	960	1 120	1 040
B	110	100	20	18	19	2 000	1 800	1 900
合计	—	—	—	—	—	2 960	2 920	2 940

（2）计算可比产品成本的计划降低额和计划降低率。

计划降低额＝(70×12－70×14)＋(110×20－110×18)＝80 元

计划降低率＝80/(70×12＋110×20)×100%＝2.63%

（3）计算可比产品成本的实际降低额和实际降低率。

实际降低额＝2 960－2 940＝20 元

实际降低率＝20/2 960×100%＝0.68%

（4）确定企业可比产品成本降低计划的完成情况。

实际脱离计划的差异：降低额＝20－80＝－60 元（未完成成本降低计划）

降低率＝0.68%－2.63%＝－1.95%（未完成成本降低计划）

训练8-12

某企业 2002 年年度有关产品成本资料见表 8-45。

表 8-45 **产品成本资料表**

产品名称	计量单位	本月实际产量	本年实际产量	单位成本		
				上年实际平均	本年计划	本年实际平均
可比产品						

续表

产品名称	计量单位	本月实际产量	本年实际产量	单位成本		
				上年实际平均	本年计划	本年实际平均
甲	台	100	1 000	900	800	750
乙	台	40	500	700	650	600
不可比产品						
丙	台	20	200		420	400

要求：编制产品成本报表（表 8-46）。

表 8-46　　**产品成本报表**

产品	计量单位	实际产量		单位成本			本月总成本			本年累计实际总成本		
		本月实际	本年实际	上年实际	本年计划	本年实际	上年实际	本年计划	本月实际	上年实际	本年计划	本年实际
可比产品												
甲 乙												
不可比产品												
丙												
合计												

二、主要产品单位成本表

主要产品单位成本表是反映企业在报告期内生产的各种主要产品单位成本构成情况的报表。该表应当按照主要产品分别编制，是按产品种类反映的产品生产成本表中某些主要产品成本的进一步反映。

如主要产品单位成本见表 8-47。

表 8-47　　**主要产品单位成本表**

××公司　　2010 年 12 月　　单位：元

产品名称　　本月实际产量　　本年累计实际产量

项　　目	历史先进水平	上年实际	本年计划	本月实际	本年累计实际
直接材料成本					
直接人工成本					
制造费用					
生产成本合计					
主要技术指标					
1. 主要材料					
2.					

三、制造费用明细表

制造费用明细表是反映制造费用各成本项目具体情况的报表。制造费用明细表的格式见表 8 - 48。

表 8 - 48 **制造费用明细表**

××公司 2010 年 12 月 单位：元

成本项目	本年计划数	上年同期实际数	本月实际数	本年累计实际数
机物料消耗				
职工薪酬				
折旧费				
办公费				
水电费				
停工损失				
其他				
合计				

该表的本年计划数应根据本年制造费用计划填列；上年同期实际数应根据上年同期本表的本月实际数填列；本月实际数应根据“制造费用”总账科目所属各个基本生产车间制造费用明细账的本月合计数汇总计算填列；本年累计实际数应根据这些制造费用明细账本月末的累计数汇总计算填列。如果需要，也可以根据制造费用的分月计划，在表中加列本月计划数。

任务六 项 目 综 合 实 训

一、资料（一）

（1）原材料 A，上年末库存 1 000t，单位成本 55 元。

（2）库存商品甲，上年末库存 100 件，单位成本 110 元。库存商品乙，上年末库存 20 件，单位成本 350 元。

（3）原材料按实际成本核算，采用先进先出法计算发出成本。

（4）甲、乙两种产品生产成本上年末无余额。

二、资料（二）

2012 年 1 月份××工厂（一般纳税人）发生下列经济业务：

（1）1 日：向工商银行借入期限 6 个月的借款 5 000 元。

（2）2 日：向 B 厂购入 A 材料 100t，单价 50 元，增值税率 17%，材料已验收入库，款未支付。

（3）8 日：李明厂长出归来，报销差旅费 200 元，余款 50 元以现金交回财务科。

（4）10 日：通过银行支付本月应付职工工资 12 600 元。

（5）12 日：用银行存款交清上月欠交的应交所得税 50 000 元和增值税 10 000 元。

（6）16 日：生产甲产品领用 A 材料 600t，生产乙产品领用 A 材料 448t。

（7）25 日：用银行存款支付产品广告费 2 000 元；甲产品 475 件、乙产品 100 件完工并验收入库。

(8) 28 日：出售甲产品 480 件，单价 200 元，乙产品 80 件，单件 500 元，增值税率 17%，价税款通过期限 5 个月的商业承兑汇票一张收讫。

(9) 31 日：计提本月固定资产折旧费，其中生产车间负担 22 000 元，厂部负担 600 元。

(10) 31 日：分配本月应付工资，其中生产甲产品工人工资 5 000 元，生产乙产品工人工资 4 600 元，车间管理人员工资 2 000 元，行政管理人员工资 1 000 元。

(11) 31 日：计算本月应交增值税，并用银行存款交清。

(12) 31 日：按生产工人工资比例分配本月发生的制造费用。

(13) 31 日：结转本月完工入库产品成本，其中甲产品 475 件，乙产品 100 件（甲、乙两种产品全部完工）。

(14) 31 日：结转本月已销甲产品生产成本（按一次加权平均法）。

要求：(1) 编制有关记账凭证。

(2) 登记制造费用、生产成本明细账。

(3) 登记 A 材料、甲、乙两种产品明细账。

(4) 计算甲、乙两种产品生产成本。

具体见表 8-49～表 8-55。

表 8-49　　**明　细　账**

总账户名称：　　明细账户名称：

年		摘要	收入			发出			结存		
月	日		数量	单价	金额	数量	单价	金额	数量	单价	金额

表 8-50　　**明　细　账**

总账户名称：　　明细账户名称：

年		摘要	收入			发出			结存		
月	日		数量	单价	金额	数量	单价	金额	数量	单价	金额

表 8 - 51 **明　细　账**

总账户名称：　　　　明细账户名称：

年		摘要	收入			发出			结存		
月	日		数量	单价	金额	数量	单价	金额	数量	单价	金额

表 8 - 52 **制 造 费 用 明 细 账**

生产车间：

年		摘　要	借方							贷方	余额
月	日		原材料	工资及福利费	折旧费	修理费	水电费	其他费用	合计		

表 8 - 53 **制 造 费 用 分 配 表**

车间：　　　　年　　月　　日　　　　单位：元

分配对象	分配标准（生产工人工资）	分配率	分配金额
合计			

主管：　　　　审核：　　　　制表：

表 8-54　　**生产成本明细账**

产品品种：

年		凭证号数	摘要	借方（成本项目）			合计
月	日			直接材料	直接人工	制造费用	

表 8-55　　**生产成本明细账**

产品品种：

年		凭证号数	摘要	借方（成本项目）			合计
月	日			直接材料	直接人工	制造费用	

小　结

本项目主要学习附属企业生产成本核算，内容包括附属企业生产成本核算程序、要素费用的归集和分配、生产成本在完工产品和在产品之间的分配、产品成本计算方法、成本费用报表编制。

本项目附属企业是指施工企业的附属生产性企业。成本核算一般程序是：

（1）确定成本核算对象。

（2）确定成本项目。

（3）设置有关成本和费用明细账。

（4）收集发生成本费用的凭证，并对所有已发生费用进行审核。

（5）归集所发生的全部费用，并按照确定的成本计算对象予以分配，按成本项目计算各种产品的在产品成本、产成品成本和单位成本。

（6）结转产品销售成本。

要素费用的归集和分配主要有材料费、工资费、折旧费等。生产成本在完工产品和在产品之间的分配方法通常有：在产品不计算成本法、在产品按固定成本计价法、在产品按所耗用直接材料成本计价法、约当产量比例法、在产品按定额成本计价法和定额比例法。大体分为两类。

企业在进行成本计算时，应当根据其生产经营特点、生产经营组织类型和成本管理要求，确定成本计算方法。成本计算的基本方法有品种法、分批法和分步法三种。制造业成本费用报表主要有产品生产成本表、主要产品单位成本表、制造费用明细表等。

练　习

一、单项选择题

1. 成本会计的最基本职能是（　　）。

A. 成本预测　　B. 成本决策

C. 成本核算　　D. 成本分析

2. 生产经营费用按费用的（　　）分类形成要素费用。

A. 经济内容　　B. 经济性质

C. 经济用途　　D. 经济作用

3. 下列项目中不能计入产品成本的费用是（　　）。

A. 企业管理人员的工资及福利费　　B. 企业管理支付的动力费用

C. 生产工人的工资及福利费　　D. 车间管理人员工资及福利费

4. 对大量大批生产的产品，应当以（　　）作为产品成本计算对象。

A. 产品的品种　　B. 产品的批次

C. 产品的生产步骤　　D. 产品的类别

5. 李某本月生产甲零件 2 000 只，其中合格品 1 950 只，工废品 30 只，料废品 20 只。本月李某计算计件工资的甲零件数量是（　　）。

A. 2 000　　B. 1 980

C. 1 970　　D. 1 950

6. 下列各方法中，不属于计算产品成本方法的是（　　）。

A. 分批法　　B. 分步法

C. 品种法　　D. 约当产量法

7. 产品成本计算分批法的成本计算对象是（　　）。

A. 产品的品种　　B. 产品的类型

C. 产品的生产步骤　　D. 产品的批别

8. 产品成本计算品种法的成本计算对象是（　　）。

A. 产品类型　　B. 产品的品种

C. 产品的批别　　D. 产品的生产步骤

9. 产品成本计算分步法的成本计算对象是（　　）。

A. 产品类型　　B. 产品的品种

C. 产品的批别　　D. 产品的生产步骤

10. 最基本的产品成本计算方法是（　　）。

A. 分批法　　B. 分步法

C. 品种法　　D. 分类法

11. 不计算半成品成本的分步法是（　　）。

A. 逐步分项结转分步法　　B. 平行结转分步法

C. 按实际成本综合结转分步法　　D. 按计划成本综合结转分步法

12. 可比产品成本实际降低额＝（　　）－可比产品本年累计实际总成本。

A. 全部产品按上年实际平均单位成本计算的本年累计总成本

B. 可比产品按上年实际平均单位成本计算的本年累计总成本

C. 全部产品按本年计划平均单位成本计算的本年累计总成本

D. 可比产品按本年计划平均单位成本计算的本年累计总成本

13. 下列报表中不属于成本费用报表的是（　　）。

A. 主要产品单位成本表　　B. 制造费用明细表

C. 销售费用明细表　　D. 主营业务收支明细表

二、判断题

1. 费用界限的划分过程实际上就是产品成本的计算过程。（　　）

2. 产品成本构成要素不同于要素费用。（　　）

3. 外购动力费用通常是先分配计入有关的成本费用，再支付价款的。（　　）

4. 辅助生产费用的一次交互分配法，只需进行一次分配。（　　）

5. 凡是修复后可以正常使用的废品就是可修复废品。（　　）

6. 本期发生的废品损失应当全部由本期的完工产品负担。（　　）

7. 成本计算对象是区别产品成本计算方法的主要标志。（　　）

8. 只要产品批次多，就应该采用简化的分批法计算产品成本。（　　）

9. 分批法一般不需要在完工产品和在产品之间分配生产费用，但一批产品跨月陆续完工时，则需要在完工产品和在产品之间分配生产费用。（　　）

10. 采用逐步结转分步法计算成本时，每一个步骤的成本计算都是一个品种法，实际上

是品种法的多次连续应用。（ ）

11. 不可比产品仅指企业从来没有生产过的产品。（ ）

三、简答题

1. 企业发生的直接材料成本和直接人工成本有哪些分配方法？
2. 简述企业发生的辅助生产成本的直接分配法分配公式。
3. 企业发生的制造费用有哪些分配方法？
4. 生产成本在完工产品和在产品之间进行分配有哪些分配方法？
5. 产品成本计算的方法有哪几种？各种方法的特点是什么？

四、实务题

1. 某公司生产A产品，本月完工产品产量500件，月末在产品100件。完工程度按平均50%计算，材料在开始时一次投入，其他费用按约当产量比例分配。A产品本月耗用直接材料共计24 000元，直接人工费用11 000元，制造费用5 500元。

要求：根据以上资料，采用约当产量法计算完工产品总成本和月末在产品成本。

2. 一般纳税企业兴华公司2011年12月的原始凭证，要求：编制会计分录，计算产品成本，填写产品成本计算单（所有计算过程中分配率保留四位小数，计算结果保留两位小数；材料采购时，运费的7%按规定准予扣除进项税额；材料的收发按实际成本核算；有些原始凭证要求补充填制）。

业务1：支付采购材料的材料运费（表8-56）。

表8-56　运输公司发票

托运单位：黄河公司　　2011年12月8日　　第015478号

货物名称	计量单位	数量	运距（千米）	单位运价	金额						
					万	千	百	拾	元	角	分
A材料	件	300	400	0.02	￥	2	4	0	0	0	0
合　计	人民币（大写）贰仟肆佰元整				￥	2	4	0	0	0	0

复核：（章）　　制单：（章）

工商银行转账支票存根

支票号码：N 03908571

科　目：

对方科目：

签发日期：2011年12月8日

收款人：黄河公司
金　额：￥2400.00
用　途：采购材料
备　注：

单位主管：　　会计：

复核：　　记账：韩芳

业务 2：采购员方明报销差旅费（表 8-57）。

表 8-57　**收　据**

2011 年 12 月 15 日　No.

付款单位：方明　收款方式：现收

人民币（大写）：陆佰元正　¥600.00

收款事由：报销差旅费 500 元，余款 100 元退回。

第二联　记账凭证

业务 3：销售产品（表 8-58）。

表 8-58　**增值税专用发票**

开票日：2011 年 12 月 25 日　N9.0028637

购货单位	名称				纳税人登记号																
	地址、电话				开户银行及账号																
商品或劳务名		计量单位	数量	单价	金额								税率%	税额							
					拾	万	千	百	拾	元	角	分		拾	万	千	百	拾	元	角	分
甲产品		台	1000	350									17								
合计																					
价税合计（大写）																					
销货单位	名称				纳税人登记号																
	地址、电话				开户银行及账号																
备注																					

销货单位：　（章）　收款人：　（章）　复核：　（章）　开票人：　（章）

第二联发票联　购货方记账

业务 4：领料汇总（表 8-59）。

表 8-59　**领 料 汇 总 表**

附　领料单 25 份　2011 年 12 月 31 日　单位：元

领料部门	原　料	燃　料	合　计
车间甲产品	55 000	22 000	
车间乙产品	21 000	12 000	
生产车间	7 000	800	
行政管理部门	1 100	1 300	
销售机构	1 500	900	
合　计			

主管：　（章）　仓库：　（章）　审核：　（印）　制单：　（印）

业务 5：工资分配（表 8 - 60）。

表 8 - 60 **工资分配汇总表**

2011 年 12 月 31 日

费用项目	甲产品	乙产品	生产车间	管理部门	销售机构	合　计
车间生产工人工资	320 000	180 000				
车间管理人员工资			22 000			
行政管理人员工资				32 000		
销售机构人员工资					15 000	
合　计						

制单：　　（章）　　　　复核：　　（章）

业务 6：住房公积金计提（表 8 - 61）。

表 8 - 61 **住房公积金计提表**

2011 年 12 月 31 日

部　门		工资总额	提取比例	提取金额	备　注
基本生产成本	甲产品				
	乙产品				
车间管理人员					
行政管理人员					
销售机构人员					
合　计			10%		

制单：　　（章）　　　　复核：　　（章）

业务 7：折旧费计提（表 8 - 62）。

表 8 - 62 **折旧费计提表**

2011 年 12 月 31 日　　　　单位：元

使用部门	本月应计折旧固定资产原值	折旧率	折旧额
基本生产用固定资产	300 000	0.60%	
管理部门用固定资产	220 000	0.50%	
销售机构用固定资产	20 000	0.40%	
合　计			

制单：　　（章）　　　　复核：　　（章）

业务 8：分配制造费用（表 8 - 63）。

表 8 - 63 **制造费用分配表**

2011 年 12 月 31 日　　　　单位：元

产品名称	分配标准（生产工人工资）	分配率	应分配金额	备　注
甲产品				
乙产品				

续表

产品名称	分配标准（生产工人工资）	分配率	应分配金额	备　注
合　计				

制单：　　（章）　　　　　　复核：　　（章）

业务 9：向希望小学捐款（表 8-64）。

表 8-64　　　　**收 款 收 据**

开票日期：2011 年 12 月 31 日　　　　N9.0073158　　　　单位：元

交款单位（或个人）		××公司		
款 项 内 容				金　额
捐　款				500
合计人民币（大写）：伍佰元整				500
执行单位财务专用章	向阳希望小学财务章	收款人（签名）	何辉	备注：现金收讫

业务 10：结转完工产品总成本（甲产品全部完工，产品入库单略；乙产品全部未完工），见表 8-65。

表 8-65　　　　**成 本 计 算 单**

名称 ：甲产品　　　　2011 年 12 月 31 日　　　　单位：元

项　目	直接材料	直接人工	制造费用	合　计
期初在产品	120 000	56 000	20 000	
本月发生生产费用				
合　计				
月末在产品成本	50 000	30 000	10 000	
完工产品总成本				

制单：　　（章）　　　　　　复核：　　（章）

参 考 文 献

[1] 张学英，涂申清．工程成本与控制．重庆：重庆大学出版社，2008.
[2] 赵玉霞．工程成本会计．北京：科学出版社，2009.
[3] 盛文俊．工程成本会计学．重庆：重庆大学出版社，2002.
[4] 李志远．建筑施工企业税务与会计．北京：市场出版社，2010.
[5] 王秀霞．在建筑公司当会计．保定：河北大学出版社，2009.
[6] 会计从业资格考试辅导教材编写组．会计基础．北京：财经出版社，2010.
[7] 财政部会计资格评价中心．初级财务会计．北京：经济科学出版社，2010.
[8] 中华人民共和国财政部．企业会计准则．北京：经济科学出版社，2007.